KB215194

복 있는 사람

오직 여호와의 율법을 즐거워하여 그 율법을 주야로 묵상하는 자로다.
저는 시냇가에 심은 나무가 시절을 좇아 과실을 맺으며 그 잎사귀가 마르지 아니함 같으니
그 행사가 다 형통하리로다. (시편 1:2-3)

하나님은 시대마다 믿는 이들의 길잡이 역할을 하는 '시대의 향도'를 주신다. 김기석 목사는 우리 시대의 구도적 그리스도인들에게 향도로서 주어진 귀한 선물이다. 그가 없었다면 짙어져만 가는 시대의 어둠 속에서 얼마나 많은 이들이 갈 바를 찾지 못하고 방황하게 되었을까 싶어서 감사하게 된다. 기독교 복음이 한편에서는 특정 이데올로기를 위한 각성제로 왜곡되고 다른 한편에서는 상업주의 기독교의 환각제로 변질되어 버린 오늘의 현실에서, 그는 복음 본래의 깊이와 높이와 색깔과 향기를 말로, 글로 그리고 올곧은 삶으로 전해 왔다. 이 책 『고백의 언어들』은 그가 살아온 신앙 여정과 걸어온 목회 여정을 통해 숙성된 묵상과 사유의 열매다. 김기석 목사는 함석헌 선생이 남긴 「하나님」이라는 시를 말잡이로 삼는다. 함석헌 선생은 이 시를 통해 자신이 닿았던 깊은 영적 차원을 표현하려 했다. 그것은 경험적 언어와 이성적 논리를 무용하게 만드는 차원이다. 그래서 그의 시어들은 알듯 말듯 하고, 그 의미는 잡힐듯 말듯 하다. 이 책은 동서양의 철학자와 문학가와 예술가를 소환하여 깊은 영적 차원을 풀이함으로써 그 매력적인 신 체험으로 독자들을 초청한다. 오래도록 읽히고 사랑받아 고전으로 남을 역작이다.

김영봉, 와싱톤사귐의교회 담임목사

김기석 목사가 쓴 훌륭한 책들이 많지만, 이 책 『고백의 언어들』이 갖는 의미는 특별하다. 목회를 마무리하는 시점에서 그동안 하나님과 동행한 시간을 돌아보며 그 여정을 고백의 형식으로 전달하기 때문이다. 이 책은 청년 시절 멀리서 들려오는 종소리를 듣고 어머니를 따라 교회에 첫발을 들여놓았던 기억에서 시작된다. 청년의 그 절망과 갈망이 '하나님 안에서, 하나님과 함께, 하나님을 향하여' 걸어오는 동안 어떻게 넓어지고 깊어졌는지를 저자는 진솔하게 들려준다. 그것은 한 개인의 여정이자, 하나님의 섭리가 역사적이고 우주적 차원에서 전개되어 온 과정이기도 하다.

김기석 목사의 글을 읽으며 늘 감탄하는 것은 성경의 언어에 다양한 시와 소설, 신학과 철학과 미술의 언어를 함께 짜 넣으며 다양한 해석의 지평을 열어 준다는 점이다. 그것은 '신학의 인간화'가 아니라, '주름 잡힌 텍스트'인 성경을 통해 진리의 모호성과 입체성을 드러내기 위함이다. 덕분에 우리가 익숙하게 알고 있던 성경 속 인물이나 이야기도 새롭게 보이고 오래 되새김질하게 된다. 성경의 인물들을 거울로 삼아 현대를 살아가는 신앙인으로서 스스로를 돌아보라고 이 책은 격려한다.

본회퍼의 말처럼 "지금 우리는 고백의 상황 속에" 있지만, 누구도 자기 실존의 부끄러움을 정직하게 드러내려고 하지 않는다. 시대의 어둠을 향해 눈을 돌리거나 걸어 들어가는 사람도 많지 않다. 김기석 목사가 늘 강조하는 '타자에 대한 존중과 책임', '환대의 윤리', '자비의 정치학'의 실현은 요원해 보이기도 한다. 그러나 이 책을 읽는 내내 나는 신앙이란 개념적 사변이 아니라 체험적 사건임을, 배타적 확신보다는 흔들리는 실존의 위기와 질문들에 깃든다는 사실을 뜨겁게 경험했다.

"인간이 당신에 대하여 말할 때 무엇을 감히 말할 수 있겠습니까?" 4세기가 끝나갈 무렵 성 어거스틴의 이 고백과 탄식은 오늘 우리의 것이기도 하다. 이 한계에 대한 무릎 꿇음에서 '일상의 성화'는 시작되지 않을까. 이제 우리는 성 어거스틴의 『고백록』에 비견할 만한 또 하나의 고백록을 읽을 수 있게 되었다.

나희덕, 시인, 서울과학기술대학교 문예창작학과 교수

김기석 목사의 글을 읽을 때마다 그의 목소리가 들려온다. "어떤 진리는 반드시 그 목소리로만 전달되어야 한다"던 미하엘 엔데의 말은 그의 많은 책들, 특히 이 책 『고백의 언어들』에 고스란히 적용된다. 지독한 방황으로 흔들리는 청년들과 대화하며 그들의 거친 질문을 고요한 깨달음으로 안내해 주던 목소리, 교회 주방에서 묵묵히 일하는 이들에게 다가가 그들의 수고를 빛나는 기쁨으로 바꿔 놓던 목소리, 호스피스 병동에 누워 마지막 호흡을 몰아쉬는 이의 얼굴을 쓰다듬으며 가만히 속삭이던 목소리, 갓 태어나 처음으로 교회에 나온 어린아이를 가슴에 품고 감사의 기도를 올리던 목소리, 신앙의 이름으로 무지와 편견과 폭력을 정당화하는 세력의 반(反)신앙을 꾸짖던 목소리, 진리에 목마른 청중에게 촉촉한 단비처럼 스며들던 그 목소리……. 이 책에는 그러한 그의 목소리가 들어 있다. 글에서 나온 글이 아니라 길에서 나온 글이라 그렇다. 뚜벅뚜벅 보행의 길, 조근조근 대화의 길, 향기로운 기도의 길. 그 길이 지금 우리를 향하고 있다. 아련하되 간절한 꿈을 꾸며 뒤척이던 젊은 영혼들은 이 책을 통해 마침내 인생의 멘토와 만나게 될 것이다. 그와 함께 두런두런 이야기를 나누면서 '야릇한 지혜의 뚫음', '따뜻한 사랑의 뛰놂', '영광 그윽한 빛의 타오름'에 다가서는 기쁨을 누릴 것이다. 이보다 더 큰 기쁨이 또 있을까!

손성현, 숨빛청파교회 담임목사

김기석 목사의 밴쿠버 강연을 기획하고 진행하고 현장에서 지켜보면서 느꼈던 짙은 여운과 감동이 고스란히 활자 속에 담긴 흔치 않은 신비를 마주한다. 하나님 앞에서 진실하고 신실하고자 달음질해 온 한 고독한 구도자의 삶과 신앙이 문학의 언어로 고백되어 우리 앞에 다가왔다. 수많은 설교와 강연, 저술을 해온 그이지만, 이 책은 그것들과는 사뭇 성격을 달리한다. 오롯한 한국의 그리스도교 사상가로서 김기석의 면모가 고스란히 녹아 있기 때문이다. 이 책을 읽는 독자들은 이 시대의 사상가를 만나게 된 것에 대한 감사의 고백과 더불어, 절대자 앞에 은총을 사모하여 무릎 꿇는 경험을 하게 될 것이다.

최종원, 밴쿠버기독교세계관대학원 교수

고백의 언어들

김기석

고백의 언어들

나의 인생, 나의 하나님

복 있는 사람

고백의 언어들

2024년 3월 29일 초판 1쇄 발행
2025년 1월 13일 초판 15쇄 발행

지은이 김기석
펴낸이 박종현

(주) 복 있는 사람
주소 서울특별시 마포구 연남동 246-21(성미산로23길 26-6)
전화 02-723-7183(편집), 7734(영업·마케팅)
팩스 02-723-7184
이메일 hismessage@naver.com
등록 1998년 1월 19일 제1-2280호

ISBN 979-11-7083-121-1 03230

날마다의 살림이 너희 성전이요 너희 종교다.
언제나 거기에 들어갈 때면 너희 전부를 가지고 들어가라.

— 칼릴 지브란, 『예언자』 중에서

서문

|

우리 삶의 의미는 우리가 사랑하는 바로 그 사람에 의해
사랑 안에서 우리에게 드러나는 비밀입니다. 우리는
다른 사람이든 하나님이든 우리 자신이 사랑에 빠지는 경험을
하지 못한다면 결코 충만한 실재가 될 수 없을 것입니다.[1]

— 토머스 머튼

내 앞에서 모든 문이 닫힌 것 같은 답답함에 스스로의 무게를
주체할 수 없었던 청년 시절의 어느 날이었다. 저녁 햇살을 받은 한
강물 위로 윤슬이 반짝일 때, 어디서도 설 자리를 찾지 못한 내 삶
에 대한 비애감이 한껏 고조되었다. 삶과 죽음의 경계에 선 듯 아
뜩할 때, 멀리서 아스라이 교회 종소리가 들려왔다. 그 소리를 듣는
순간 어떤 새로운 세계가 내 앞에 개시되고 있음을 직감할 수 있었
다. 알 수 없는 그리움이 밀려왔다. 뿌리를 헤아릴 수 없는 그리움
이 커졌다. 마침 내 옆을 지나가고 계시던 어머니의 뒤를 따라 생전
처음 교회에 발을 들여놓았다. 그것은 나의 인생 여정 가운데 전혀
예기치 못한 일이었다.

그날 내게 들려온 종소리는 만해 한용운의 표현을 빌리자면,
나의 운명의 지침을 돌려놓고 뒷걸음쳐서 사라진 날카로운 첫 키스
의 추억과 같았다. 내게 설 땅이 되어 주는 이들이 있는 곳, 그곳이

좋았다. 한동안 신앙생활을 하는 이들의 아름다움에 놀랐고, 다음 순간 신앙생활을 하는 이들의 위선에 분노했다. 그 부조화를 어떻게 이해해야 할지 도무지 알 수 없었다. 신학을 하기로 작정한 것은 그 부조화의 뿌리를 보고 싶었기 때문이다.

　신학을 공부한다고는 했지만 하나님은 여전히 내게 미지의 존재였고, 캄캄한 어둠 속에 계신 분이었다. 어둠 속을 더듬더듬 걷다가 어느 순간 섬광처럼 다가오시는 하나님의 존재 앞에서 경외감을 느낄 때도 있었고, 영혼의 어둔 밤을 지나야 했던 고독의 순간들도 많았다. 20대 이후 목회자로 살았지만 단 한 번도 하나님에 대해 확연하게 안다는 생각을 해본 적이 없다. 하나님은 언제나 한 걸음 앞에서 나를 이끄셨다. 그분은 언제나 새로운 사건으로 다가오셨고, 그때마다 깊은 경외심에 사로잡힐 수밖에 없었다. 아브라함 헤셸은 "하나님의 선율은 스타카토 식으로 전개되기에 여간 주의를 기울이지 않으면 알아차리기 어렵다"고 말했다. 정말 그렇다.

　목회를 마무리하는 시점에 이르렀지만 하나님에 대해서는 아는 것보다 모르는 것이 훨씬 많음을 시인하지 않을 수 없다. 욥의 고백이 더욱 절실하게 느껴진다. "잘 알지도 못하면서, 감히 주님의 뜻을 흐려 놓으려 한 자가 바로 저입니다. 깨닫지도 못하면서, 함부로 말을 하였습니다. 제가 알기에는, 너무나 신기한 일들이었습니다"(욥 42:3). 잘 알지 못함이 하나님에 대한 회의를 뜻하는 것은 아니다. 하나님의 뜻을 다 이해할 수 없고 하나님의 의지를 다 파악할 수 없지만 그분을 깊이 신뢰할 수 있게 되었으니 말이다. 알지 못해도 나를 전적으로 맡길 수 있는 분이 계시다는 사실이 얼마나 든든한지 모른다.

　"이상한 존재는 많지만, 인간보다 더 이상한 존재는 없다"는 소포클레스의 말을 요즘처럼 실감하는 때가 없다. 하늘을 잊은 채 사는 사람들, 경외해야 할 대상을 잃어버린 이들이 질주하는 세상은 시장 바닥과 다를 바 없다. 이익 동기가 다른 모든 가치를 블랙홀처럼 빨아들이는 세상에서 우리는 어떻게 살아야 할까? 자기를 초극하는 것이 사람됨의 과제라지만 욕망의 중력이 우리를 확고하게 사로잡고 놓아주지 않는다. 그 중력이 느슨해지는 것은 원치 않는 한계상황에 내몰릴 때다. 심연 앞에서 아뜩함을 느낄 때 은총이 우리를 위로 들어 올린다.

목회 은퇴를 앞두고 그동안 내가 만났고 지금도 여전히 만나고 있는 하나님이 어떤 분인지를 차분하게 돌아보고 싶었다. 사실 이런 무모한 용기를 낸 것은 함석헌 선생의 시 「하나님」이 그려 보이는 하나님 체험의 변화 양상이 가슴 절절하게 다가왔고, 그 시의 흐름을 따라 하나님 이야기를 할 수 있겠다는 생각이 들었기 때문이다. 이 책에는 아주 낯선 모습으로 다가오시는 절대 타자로서의 하나님으로부터 시작하여, 하나님과의 친밀한 사귐이 주는 기쁨과 든든함, 그리고 안다 싶은 순간 또다시 낯설어지는 하나님을 어떻게 믿어야 할지에 대한 고민이 담겨 있다.

불붙은 떨기나무 속에서 모세를 부르신 하나님은 자신을 이렇게 소개한다. "나는 너의 조상의 하나님, 곧 아브라함의 하나님, 이삭의 하나님, 야곱의 하나님이다"(출 3:6). 하나님은 개념으로 파악할 수 있는 분이 아니다. 히브리인들은 하나님을 설명하기 위해 개념을 사용하지 않고 이야기를 들려준다. 이야기는 인격과 인격의 만남 사이에서 빚어진다. 이 책이 개념을 통해 하나님을 설명하지 않고 이야기에 주목하는 것은 그 때문이다. 이야기는 또 다른 이야기를 부른다. 하나님을 깊이 이해하고 싶지만 그럴 수 없다는 좌절감에 사로잡힌 이들이 이 책을 읽고 자신이 이미 하나님의 구원 이야기의 일부임을 깨달을 수 있으면 좋겠다. 또한 하나님을 파악 가능한 존재처럼 여기는 이들이 이 책을 읽고 자신들의 견해가 대롱으로 하늘을 보는 것임을 자각할 수 있으면 좋겠다.

이 책을 출간하며 감사한 이들이 있다. 이 책은 2023년 8월 28일부터 9월 1일까지 캐나다 밴쿠버기독교세계관대학원VIEW에서 '하나님 안에서, 하나님과 함께, 하나님을 향하여'라는 주제로 다섯 차례에 걸쳐 진행한 강의를 정리한 것이다. 나의 생각을 정리할 수 있는 장을 마련해 준 밴쿠버기독교세계관대학원 최종원 교수에게 감사를 표한다. 그가 보여준 환대와 우정, 조용하지만 멈추지 않는 열정이 잊히지 않는다. 또한 출간을 주저하는 내게 끝없이 용기를 불어넣어 주고 강의를 할 수 있는 제반 여건을 마련해 준 '복 있는 사람' 박종현 대표에게 감사드린다. 초고 원고를 꼼꼼히 읽고 완성도를 높이기 위해 여러 모양으로 수고해 준 문준호 팀장에게도 감사드린다. 이 책이 나름대로 꼴을 갖춘 것은 전적으로 그의 덕분이다. 특별히 아주 긴 시간 동안 내가 몸담아 온 청파교회 교우들에게 고마운 마음을 표하고 싶다. 언제나 신뢰와 지지를 보내 준 교우들 덕분에 여기까지 올 수 있었다. 마지막으로, 언제나 내 책의 첫 번째 독자가 되어 준 내 인생의 고마운 동반자 김희우에게 감사를 전한다. 하나님과의 새로운 사랑이 우리를 기다리고 있다. 설레지 않은가?

2024년 3월
김기석

인간이라는
수수께끼

유한한 인간이 무한하신 하나님을
온전히 이해한다는 것은 불가능합니다.
그러나 유한한 인간 속에 영원에 대한
그리움이 있다는 사실이 참 신비합니다.
인간은 그 자체로 수수께끼입니다.

인간은 시간 속에서 안식을 누리지 못합니다.
불안이라는 숙명에서 벗어나기 어렵습니다.
간헐적으로 평화로운 순간을 경험하기도 하지만
대부분의 시간은 불안 속에서 지냅니다.
방황이 상수인 삶, 이게 바로 우리의 실존입니다.

안녕하세요. 귀한 자리에 초대해 주셔서 감사합니다. 이번 강의를 준비하면서 제가 그동안 목회자로 살아오면서 고민했던 부분을 솔직하게 나누면 좋겠다고 생각했습니다. 차분하게 이야기를 전개하다 보면 서로에 대한 이해가 깊어지고 공감대가 마련되리라 기대합니다.

　　이번 강의의 주제를 '하나님 안에서, 하나님과 함께, 하나님을 향하여'로 정했습니다. 이 주제는 저의 실존적 정황과도 관련됩니다. 저는 이제 몇 달 후에 은퇴할 예정입니다. 목회자로 살아온 43년을 돌아보니 만감이 교차합니다. 제가 처음 하나님을 알기 시작한 때부터 오늘에 이르기까지 나의 하나님 인식이 어떻게 형성되었고, 또 어떻게 변화되었는지 스스로 한번 돌아보아야겠다는 생각이 들었습니다. 그 계기가 된 것은 함석헌 선생의 시 「하나님」입니다. 길지 않은 시인데 하나님 체험이 깊어가는 과정을 절묘한 언어로 드러내고 있습니다. 이 시가 이번 강의의 단초라고 할 수 있습니다.

유한한 인간, 무한하신 하나님

　　43년을 목회자로 살아왔으니 하나님에 대해서 다 알 것 같지만 그렇지 않습니다. 누가 제게 "하나님에 대해 다 아십니까?" 하고 묻는다면 저는 "하나님의 옷자락을 슬쩍 보았을 뿐입니다"라고 말할 수밖에 없습니다. 겸양의 이야기가 아니라 아주 솔직한 고백입니다.

오래전 제가 어느 학교의 교목으로 있을 때의 일이 떠오릅니다. 어느 산길을 함께 걷던 물리 선생님이 문득 자신의 경험을 나누었습니다. 그가 처음 대학에 들어가서 일 년 동안 물리학을 공부하니 '세상에 설명하지 못할 물리적 현상은 없다'는 생각이 들더랍니다. 하지만 시간이 지나 4학년이 되었을 때 '내가 정확하게 알 수 있는 게 없다'는 사실을 아프게 깨달았다고 합니다. 이것은 공부를 열심히 한 사람만 할 수 있는 고백입니다.

하나님에 대해서도 똑같은 말을 할 수 있을 것 같습니다. 저는 하나님에 대해서 마치 다 아는 것처럼 이야기하는 사람은 가짜일 가능성이 매우 크다고 생각합니다. 어느 신학자는 "자기확신에 찬 설교자를 경계하라"고 했습니다. 우리는 하나님을 부분적으로 알 수 있을 뿐입니다. 하나님은 우리 인식의 범주 안에 오롯이 담기지 않는 분이십니다. 하나님은 인간의 언어로 포획할 수 없습니다. 노자의 『도덕경』 1장이 전하는 메시지도 그와 같은 맥락입니다.

도가도비상도 명가명비상명 道可道非常道 名可名非常名

도道라고 규정지을 수 있는 도는 이미 도가 아니고, 이름을 짓는 순간 그 이름의 실체는 비꾸러져 나간다는 말일 것입니다. 어떤 경험을 드러내기 위해 그것을 인간의 언어로 기호화하는 순간, 우리는 그 경험의 실상으로부터 멀어질 수밖에 없습니다. 하나님에 대해서도 똑같이 말할 수 있습니다. 시편의 시인들이 하나님을 은

유를 통해 드러내는 것은 그 때문입니다. 유한한 인간이 무한하신 하나님을 온전히 이해한다는 것은 불가능합니다. 그러나 유한한 인간 속에 영원에 대한 그리움이 있다는 사실이 참 신비합니다. 인간은 그 자체로 수수께끼입니다.

사람들은 복잡하기 이를 데 없는 인간의 현실을 설명하기 위해 '영'靈, '혼'魂, '육'肉이라는 삼분법을 사용하기도 합니다. 육은 그저 살덩어리만을 이야기하는 게 아닙니다. 몸을 가진 유기체로서 인간이 그 몸을 유지하기 위해 필요한 것들을 채우고자 하는 욕망을 모두 포함하는 개념입니다. 혼은 인간이 가지고 있는 이성적 능력 같은 것을 일컫는 말입니다. 뭔가를 추상하고 판단하는 능력, 도덕적 주체로서 결단하고 양심의 부름에 응답하여 사는 것이 모두 혼의 작용과 연결됩니다. 영은 인간을 인간이게 하는 특질입니다. 간단히 말해, 하나님을 그리워하는 마음이라 할 수 있습니다.

로키산맥 자락에서 화물 열차가 지나가는 것을 봤습니다. 세어 보니 백 량도 넘더군요. 그 어마어마한 무게를 끄는 기관차의 힘이 불가사의하게 느껴졌습니다. 생각해 보면 인생도 그와 같은 것 같습니다. 어떤 사람의 경우는 육이라는 기관차가 영과 혼을 끌고 갑니다. 육체적 본능에 충실한 사람입니다. 육이 요구하는 바를 채우는 일에 골몰하느라 영과 혼의 요구에 귀를 기울이지 않는 것이지요. 최승호 시인은 「몸」이라는 시에서 이런 삶을 가리켜 "온몸이 혓바닥뿐인 벌건 욕망들"이라고 노래했습니다.[1]

그런가 하면 혼을 기관차로 삼아 살아가는 이들도 있습니다. 그들은 윤리적 주체로서의 의식이 강해서 육체적 본능을 제어하고 영의 속삭임보다 타자의 눈을 의식하며 살아갑니다. 그들은 일견 도덕적으로 보이지만 때로는 사람을 질식하게 만들기도 합니다. 그는 자기 나름의 기준에 맞지 않는 사람들을 용납하기 어려워하기 때문입니다.

영을 기관차로 삼아 살아가는 이들도 있습니다. 그들은 본능에 따라 살기보다는 하나님께 길을 여쭈며 조심스럽게 삽니다. 예수님의 경우가 그러합니다. "나의 양식은, 나를 보내신 분의 뜻을 행하고, 그분의 일을 이루는 것이다"(요 4:34). '나의 뜻'이 아니라 '하나님의 뜻'을 이루는 것을 부담이 아니라 기쁨으로 받아들이는 사람이야말로 영의 사람이라 할 수 있습니다.

여기서 우리가 주의해야 할 것이 하나 있습니다. 육이 이끄는 삶을 사는 사람은 저열하고 영이 이끄는 인생을 사는 사람은 수준 높은 사람이라고 규정짓지 말아야 합니다. 자기 본능에 충실한 아기들을 가리켜 우리는 저급하다고 말하지 않습니다. 정도의 차이는 있지만 사람은 누구나 자기중심적입니다. 신앙이 깊어지면 자기로부터 해방되어 조금씩 타자에 대한 이해와 공감에 이르게 됩니다.

영적으로 성숙해진 사람의 특징은 자신의 부족함을 절감한다는 것입니다. 자기가 얼마나 작고, 자기 인식 세계가 얼마나 협소한지 알기 때문에 그는 교만할 수 없습니다. 그에 비해 육에 이끌리는 사람은 자기가 아는 세계가 전부인 양 처신할 때가 많습니다. 자기가 만든 틀에 들어맞지 않는 사람들은 배제하고, 혐오하고, 폭력적으로 제거하려 하기도 합니다.

이 빛나는 점을 보라

믿음이 깊어진다는 것은 어떤 것일까요? 하나님의 눈으로 세상을 바라보기 시작하는 것이 아닐까요? 유대인 종교 철학자인 아브라함 헤셸은 예언자를 가리켜 "하늘의 눈으로 인간 실존을 주석하는 자"라고 했습니다.[2] 중력처럼 우리를 아래로 끌어내리는 현실의 무게에 짓눌리지 않으려면 성찰적 거리를 확보해야 합니다. 북한산이나 도봉산에 올라가서 서울을 내려다보면 즐비하게 늘어선 아파트들이 성냥갑처럼 보이고, 도로를 질주하는 차들도 장난감처럼 보입니다. 그때 문득 드는 생각이 있습니다. '내가 저 속에서 지지고 볶고 살고 있단 말이지?' 저 산 아래에서 큰일로 여겼던 문제들이 사소하게 느껴지고, 사소한 일에 마음 끓이며 살았던 것에 화가 나기도 합니다.

　북한산보다 더 높이 올라갔다고 생각해 보세요. 비행기를 타고 땅을 내려다본 적이 있을 것입니다. 높은 산도 낮은 산도 고도의 차이가 별로 느껴지지 않습니다. 조금 더 올라가 볼까요? 지금 우리가 우주 공간 속에 있다고 상상해 보세요. 저 창창한 우주 공간 어딘가에서 지구를 내려다보면 어떨까요? 사람들을 갈라놓는 민족, 이데올로기, 정치적 입장, 피부색, 이런 것들은 사소한 문제에 지나지 않을 것입니다. 기회가 된다면 천문학자인 칼 세이건이 쓴 『코스모스』를 꼭 읽어 보시면 좋겠습니다.[3] 우리가 살고 있는 이 우주가 얼마나 놀라운 곳인지, 우리 삶이 왜 기적인지를 알 수 있을 것입니다. 그가 쓴 책 가운데 또 하나의 흥미로운 책이 있습니다. 『창백한 푸른 점』이라는 책입니다.[4] 1977년에 미국이 태양계를 탐사하기 위해 쏘아 올린 우주탐사선 보이저Voyager 1, 2호가 찍어 보낸 사진과 정보들을 바탕으로 쓴 책입니다. 보이저 호의 임무는 태양계에 있는 행성들에 대한 자료를 수집하는 것이었습니다.

　보이저 호 이전까지만 해도 과학자들은 수성에서는 사람이 살 수 없지만 금성에서는 생존 가능성이 있다고 여겼던 듯합니다. 금성의 표면 온도가 미국의 플로리다보다 조금 더 뜨거운 정도일 것이라 생각하는 이들이 많았습니다. 칼 세이건은 보이저 호 탐사 이전에 이미 과학적으로 계산하여 금성의 표면 온도가 섭씨 200도 내지 260도 정도 될 것이라고 제시했는데, 이를 두고 많은 천문학자들이 터무니없는 이론이라며 비판했습니다. 그런데 실제로 그곳을 탐사해 보니 칼 세이건의 계산이 맞았습니다. '화성에서 온 남자, 금성에서 온 여자'라고 말하는 것이 현실적으로 불가능하다는 말입니다. 금성에서도 살 수 있을 것이라는 과학자들의 생각은 지구에서 생존이 어려워지면 금성으로 이주해 살 수도 있을 것이라는 일종의 원망 사고wishful thinking에 불과했던 것입니다.

보이저 1호가 지구로부터 약 60억 킬로미터 떨어진 지점을 지날 무렵, 칼 세이건이 미국항공우주국NASA에 도발적인 제안을 합니다. 태양계의 먼 곳을 향해 고정되어 있던 카메라의 방향을 돌려 지구의 모습을 촬영해 보자는 것이었습니다. 하지만 그 제안이 흔쾌히 수용되지는 않았습니다. 태양계 탐사를 목적으로 고가의 장비를 싣고 가고 있는데 이 모험 때문에 광학장비가 고장 나면 임무를 수행하는 데 차질이 빚어지기 때문입니다. 결국 과학자들은 모험을 감행하기로 하고 보이저 호의 카메라 방향을 돌려 지구를 찍게 됩니다. 60억 킬로미터 떨어진 지점에서 바라본 지구의 모습은 태양 광선이 만든 스펙트럼 속에 찍힌 점 하나였습니다. 너무나 연약해 보이는 자그마한 점 하나. 과학자들은 그 점에 '창백한 푸른 점'Pale Blue Dot이라 이름 붙였습니다.

어쩌면 과학자들이 할 말을 잊었을지도 모릅니다. 그 점을 바라보는 순간 뭔가 가슴 뭉클한 게 솟아올랐을 것입니다. 아마 이런

1990년 2월 14일, 보이저 1호가 해왕성 궤도 밖에서 찍은 지구 사진.
태양 광선 속 파란색 동그라미 가운데 있는 '창백한 푸른 점'이 지구다.

느낌이 들지 않았을까요? '우리가 바로 여기에 살고 있단 말이지. 아, 우주 공간 속에서 지구라는 별은 얼마나 연약한가. 이 초록별 지구는 우주 공간 속에서 창백한 푸른 점 하나에 불과하구나.' 칼 세이건은 그 점을 만났을 때의 감동을 담아 이렇게 말합니다.

> 다시 이 빛나는 점을 보라. 그것은 바로 여기, 우리 집, 우리
> 자신인 것이다. 우리가 사랑하는 사람, 아는 사람, 소문으로
> 들었던 사람, 그 모든 사람은 그 위에 있거나 또는 있었던 것이다.
> 우리의 기쁨과 슬픔, 숭상되는 수천의 종교, 이데올로기,
> 경제이론, 사냥꾼과 약탈자, 영웅과 겁쟁이, 문명의 창조자와
> 파괴자, 왕과 농민, 서로 사랑하는 남녀, 어머니와 아버지, 앞날이
> 촉망되는 아이들, 발명가와 개척자, 윤리 도덕의 교사들, 부패한
> 정치가들, '슈퍼스타', '초인적 지도자', 성자와 죄인 등 인류의
> 역사에서 그 모든 것의 총합이 여기에, 이 햇빛 속에 떠도는
> 먼지와 같은 작은 천체에 살았던 것이다.[5]

조금 떨어져서 바라보면 우리를 사방으로 갈라놓고 있는 그 분열의 지점들이 사소한 것에 지나지 않는데, 사람들은 그것 때문에 서로 죽고 죽이는 싸움을 하고 있다는 것입니다. 소포클레스의 비극 『안티고네』에는 이런 말이 나옵니다. "이상한 존재는 많지만, 인간보다 더 이상한 존재는 없다." "이상한"이라고 번역된 그리스어 '데이논'deinon은 '무서운', '으스스한', '강력한', '경이로운', '이상한' 등의 의미를 지닙니다. 20세기 독일 철학자 마르틴 하이데거는 이 단어를 '으스스한'을 의미하는 독일어 'unheimlich'로 번역하며, "자기 집에 있지 않은 것, 말하자면 집에 있는 듯 익숙하고, 일상

적이고 위험이 없는 것 같은 안전한 상태에서 내던져진 상태"와 연결시켜 이 단어를 설명합니다. 이러한 상태를 인간 존재의 본질적인 특징으로 본 것입니다.[6] 일상적인 세계, 상식의 세계, 예측 가능한 세계가 무너질 때 삶은 혼돈으로 변합니다. 그런데도 인간은 그런 무난한 세계에 쉽게 싫증을 느낍니다. 일탈의 욕망은 그렇게 나타납니다. 이런 일탈의 욕망이 없다면 인간 세계는 지루함 때문에 지옥으로 변할지도 모릅니다. 하지만 그 욕망이 타자를 물화시키거나 그의 존엄을 훼손하기 시작할 때 심각한 문제가 발생합니다.

인간이란 무엇인가

그렇다면 우리는 어떻게 살아야 할까요? 우리 삶을 어떻게 받아들여야 할까요? 앞서 오랜 시간 신학을 공부하고 목회자로 지내왔음에도 하나님을 충분히 안다고 할 수 없는 한계에 대해 말씀드렸습니다. 나이가 든다고 인생이 환해지지 않더군요. 참으로 알 수 없는 게 인생입니다. "열 길 물속은 알아도 한 길 사람 속은 모른다"는 속담이 있습니다만, 알 수 없는 것은 타자의 마음만이 아닙니다. 내 마음조차 알 수 없는 게 문제라면 문제이겠습니다. 도무지 "인생은 이런 거야"라고 말할 수 없습니다. 너무 무책임하게 들리나요?

저는 젊은 시절부터 방황을 참 많이 했습니다. 어디 한 군데마음을 두지 못했다는 말입니다. 다른 사람들은 다 확신에 차서 사는 것 같은데 나 혼자 헤매는 것 같아 속상하기도 했습니다. 그러다가 괴테의 『파우스트』에 나오는 한 구절을 만났습니다.[7] 만났다고 말하는 것은 그 한 구절이 제 인생에 뭔가 답을 준 것 같았기 때문입니다. 파우스트의 방황을 고발하는 메피스토펠레스에게 하나님이 말씀하십니다. "사람은 노력하는 한 방황하게 마련이다." 저는 그 구절을 방패 삼아 저의 방황을 정당화하곤 했습니다.

독일 철학자 칸트가 쓴 세 비판서 『순수이성비판』, 『실천이성비판』, 『판단력비판』의 제목을 한 번쯤 들어 보셨을 것입니다. 어려운 책이니 이 책들을 읽지 못했다고 자책하실 필요는 없습니다. 먼저 『순수이성비판』은 '인간은 무엇을 알 수 있는가', '인간은 외적 혹은 내적 대상을 어떻게 카테고리화하고 인식하는가'를 다루는 책입니다.[8] 『실천이성비판』은 조금 다른 주제를 다룹니다.[9] 인간은 인식의 한계에 부딪히게 마련입니다. '알 수 없음' 앞에서 우리는 당혹감을 느낍니다. '하나님은 계시는가', '인간의 영혼은 불멸하는가', '세상에는 왜 악이 존재하는가.' 우리는 이런 질문에 대한 답을 나름대로 내놓을 수 있지만 그것을 과학적으로 인식할 수는 없습니다. 인식이 끝난 자리에서 시작되는 고민이 무엇입니까? '그렇다면 나는 어떻게 살아야 하는가'입니다. 칸트는 이 책을 통해 '인간은 무엇을 행해야 할 것인가'를 묻습니다. 거기서 나온 것이 바로 그 유명한 정언명령定言命令입니다. 나 자신이 소중한 존재로 대접받기 원하는 대로 다른 사람들을 수단이 아닌 목적으로 대해야 한다는 의미를 담고 있습니다. 행동은 선택입니다. 프랑스의 앙드레 말로 같은 작가는 "태초에 행동이 있었다"고 말합니다. 칸트가 던진 세 번째 질문은 '인간은 무엇을 아름답다고 느끼고 무엇을 추하다고 느끼는가', '인간은 무엇을 소망할 수 있는가'인데, 이런 질문들을 다루는 책이 『판단력비판』입니다.[10] 이 책은 아름다움의 본질과 숭고함의 문제를 다룹니다.

이 세 비판서는 하나의 질문으로 수렴됩니다. 칸트가 평생 고민했던 '도대체 인간이란 무엇인가'라는 질문입니다. 종교학자들은 구석기 시대에 인간 세계와 동물 세계가 갈라지는 지점을 몇 가지 이야기합니다.

첫째는 인간이 그림을 그렸다는 사실입니다. 프랑스의 라스코 동굴벽화나 스페인의 알타미라 동굴벽화가 유명하고, 한반도 선사 문화의 절정으로 여겨지는 울산 반구대 암각화도 예로 들 수 있겠습니다. 몇만 년 전 인간은 왜 사람들 눈에 띄지도 않는 동굴 깊은 곳에 그림을 그렸을까요? 여러 가지 추측이 있는데, 토템 짐승을 그린 것이라는 설도 있고, 사냥하기 전에 주술적 의미를 담아 그린 것이라는 설도 있고, 일종의 놀이 본능에서 나온 것이라는 설도 있습니다. 그런데 그 이유가 어떻든, 생각해 보면 그림을 그리는 행위야말로 인간만이 가지는 고유한 특징이라는 사실을 알 수 있습니다. 동굴에 들어가서 그림을 그렸던 사람들은 모델을 세워놓고 그린 것도 아니고, 찍은 사진을 보고 그린 것도 아닙니다. 시지각을 통해 들어온 정보를 기억했다가 재현하기 위해 추상화 작업을 해야 했을 것입니다. 생략할 것은 생략하고 도드라지게 보일 것은 강조하면서 형태를 만들었을 것입니다. 추상화할 수 있는 능력, 또 추상화한 것을 외화外化할 수 있는 능력이야말로 인간을 인간 되게 만든 것 가운데 하나입니다.

둘째는 인간이 도구를 만드는 존재라는 것입니다. 직립 보행을 하는 인간은 아주 연약한 상태로 태어납니다. 머리가 너무 커지면 어머니의 좁은 산도를 통과할 수 없기 때문입니다. 태어난 이후에도 인간에게는 오랜 돌봄의 기간이 필요합니다. 그와 대조적으로 네 발로 걷는 동물은 태어난 지 얼마 안 되어서 일어나 걷기도 하고 뛰기도 합니다. 세상에 대한 적응력이 참으로 경이롭습니다.

비슷한 크기의 다른 동물들에 비해 힘이 부족한 인간은 힘의 차이를 줄이기 위해 도구를 만들어 사용하기 시작했습니다. 살아남기 위해서 고도의 전략을 사용하지 않으면 안 되었던 것입니다. 수렵채취 시대의 사람들은 돌끼리 부딪쳐 떨어진 날카로운 것을 주워 사용했습니다. 이것을 뗀석기라고 합니다. 쓰다 보니 조금 더 편리하게 하기 위해서 보다 딱딱한 돌에 갈아서 모양을 다듬기도 했는데 이것을 간석기라고 합니다. 물론 짐승들도 도구를 사용하기는 합니다. 껍질이 두꺼운 알을 깨기 위해 부리로 돌을 굴려 떨어뜨리는 동물이 있는가 하면, 개미굴에 풀을 깊숙이 찔러 넣어 개미를 잡아먹는 동물도 있습니다. 그러나 오직 인간만이 필요에 따라서 도구를 제작합니다.

오래전에 몽골에서 제작한 다큐멘터리를 본 적이 있습니다. 그 영상에는 낙타가 새끼를 낳기 위해 집 울타리를 벗어나 광야로 가는 장면이 담겨 있었습니다. 낙타는 위험이 도사리고 있는 광야에서 외롭게 새끼를 낳았습니다. 이때 태어난 새끼는 빨리 일어나야 합니다. 사나운 들짐승이 오기 전에 일어나 어미젖을 물지 않으면 죽을 수밖에 없기 때문입니다. 낙타 새끼는 비틀거리며 긴 다리를 일으켜 세운 다음 어미젖을 찾습니다. 어미 낙타도 그런 사실을 잘 알기 때문에 굉장히 예민해집니다. 그때 몽골의 유목민들은 낙타의 몸에 마두금이라는 전통악기를 걸어 줍니다. 바람이 불자 마두금이 구슬프게 울리고 그 소리를 들은 어미 낙타는 안정을 되찾습니다. 낙타 주인이 낙타를 위해 노래를 불러 주는 장면에 이르러 마음속에 깊은 울림이 있었습니다. 어미 낙타는 그 노래를 들으며 눈물을 흘리기도 합니다. 낙타 주인은 그제야 어미와 새끼를 데리고 집으로 돌아옵니다.

인간 세계와 동물 세계가 갈라지는 세 번째 지점은 인간이 무덤을 만든다는 사실입니다. 물론 가족의 죽음을 슬퍼하고 애도하는 동물들도 있습니다. 한 영상에서 어느 개가 차에 치인 다른 개의 사체 옆에 머물며 사람의 접근을 막는 것을 본 일이 있습니다. 그러나 동물들이 할 수 있는 일은 거기까지입니다. 구석기 시대에 인간은 가족이나 동료의 주검이 동물들에 의해 훼손되는 것을 막기 위해 시신 위에 돌무더기를 쌓아 올리거나 항아리에 담아서 묻었습니다. 결국 인간은 죽음의 문제를 진지하게 여기는 존재라는 것입니다. 죽음은 모든 생명체가 직면할 수밖에 없는 자연스러운 과정이지만, 오직 인간만이 죽음을 문제 삼는 존재입니다.

정리하자면, 인간이 여타의 동물과 구별되는 첫 번째 능력은 예술적 재능입니다. 물론 여기서 말하는 예술은 미술, 음악, 건축, 문학 등을 포괄합니다. 인간은 무언가를 표현하려는 존재입니다. 인간은 상상력을 통해 낡은 세상을 넘어 새로운 세상을 꿈꿉니다. 상상력은 한마디로 '이미지'image의 '나라'nation를 구성하는 능력입니다. 두 번째 능력은 도구를 만드는 과학적 태도입니다. 인간은 도구를 제작하는 행위를 통해 스스로를 확장해 왔습니다. 과학 기술은 인간을 '호모 데우스'Homo Deus(신이 된 인간)적 존재로 만들어가고 있습니다. 포스트휴먼 시대를 우려하는 목소리가 들려오는 것은 과학이 이미 인간의 통제를 넘어설 지경에 이르렀음을 보여줍니다. 세 번째 능력은 죽음을 사유하는 능력입니다. 종교와 철학이 바로 여기서 탄생했다고 봐야 할 것입니다. 예술과 과학, 철학과 종교는 인간이 누구인지를 물을 때 피해 갈 수 없는 영역입니다.

인간이 다양한 학문을 통해 배우는 것

종교인들 가운데는 자기가 알고 있는 협량한 세계가 세상 모든 문제의 답이라고 큰소리치는 이들이 있습니다. "상황은 묻고, 성경은 대답한다"는 말이 있습니다. 자칫하면 세상 모든 문제의 해답이 성경에 있다는 말로 들릴 수 있습니다. 시대가 변해도 우리가 끝끝내 지향해야 할 삶의 방향은 성경의 세계관을 통해 가늠해 볼 수 있지만, 복잡한 세상에서 벌어지는 모든 문제에 대한 답을 성경에서만 찾으려 하는 것은 조금 문제가 있습니다. 우리의 낡아빠진 감각을 쇄신하거나 일상을 넘어선 세계와 접속하기 위해서는 예술가들로부터 배워야 합니다. 오늘의 세상을 이해하기 위해서는 과학자들의 말에 귀를 기울여야 합니다. 경제학자, 사회학자, 정치학자, 대중문화를 다루는 사람들로부터도 배우려는 자세가 중요합니다.

스스로 믿음이 좋다고 여기는 사람일수록 다른 이들의 말에 귀를 기울이지 않으려 합니다. 새로운 세계에 자기를 개방할 자신이 없는 사람들은 이미 구축한 자기만의 세계에 틀어박혀 나오려 하지 않습니다. 그런 이들일수록 자기와 다른 견해를 가진 사람을 견디지 못합니다. 그리스 철학자들은 우리가 감각에 의지하여 진실이라고 믿는 인식을 가리켜 '독사'doxa라고 말합니다. 번역하기가 까다로운 말인데, 근거 없는 억지 견해라는 의미로 '억견'臆見이라 하기도 합니다. 억견은 성찰의 과정을 통과하여 얻은 참된 지식인 '에피스테메'episteme와 구별됩니다. 자기의 부족함을 인정하고 기꺼이 배우려는 태도야말로 인문학적 태도가 아닐까요?

때때로 사람들이 제게 이렇게 질문을 할 때가 있습니다. "목사님의 설교는 인문학적입니다. 그건 인본주의가 아닌가요?" 저는 그런 말을 들을 때마다 속상한 마음이 듭니다. 자기가 바른 신앙을 가지고 있다고 자부하는 이들이 사용하는 언어 속에는 대화를 거부하는 완고함과 정신적 태만함이 스며들어 있습니다. 우리가 하나님을 믿는 것도 좋은 사람이 되기 위함이 아닌가요? 제가 설교나 강연 중 문학 작품이나 동양 철학, 인문학자들의 저서를 소개할 때가 있는 것이 사실입니다. 많이 안다고 과시하려는 의도는 물론 아닙니다. 저는 우리 삶을 순례로 이해합니다. 하나님이라는 중심을 향해 나아가는 것이 삶의 과정이라는 말입니다. 우리는 예수 그리스도를 길로 삼은 사람들입니다. 그런데 그리스도의 길을 제대로 이해하기 위해서 혹은 제대로 걷기 위해서는 다른 이들의 도움을 받아야 할 때도 있습니다.

군대 훈련 가운데 야간축성훈련이란 것이 있습니다. 지형지물을 이용하거나 변형시켜서 적의 시야에서 벗어날 수 있도록 하기 위한 것입니다. 야전삽이나 다른 도구를 사용하여 감쪽같이 진지를 구축했다고 해서 안심하면 안 됩니다. 진지나 은폐, 엄폐물을 만들면 반드시 반대쪽으로 가서 적의 입장에서 그곳을 살펴보아야 합니다. 그래야 나의 약점이 무엇인지 보이기 때문입니다. 신학이 아닌 다른 학문 분과의 도움을 받는다고 해서 신학적 관점을 포기하는 것은 결코 아닙니다. 오히려 우리 인식을 보다 확장하고 심화하기 위한 차원입니다.

한 가지 예를 들어 보겠습니다. 그리스도인 가운데 용서하라는 말을 들어 보지 않은 사람은 한 사람도 없을 것입니다. 예수님의 가르침의 핵심에 용서가 있다는 사실을 누가 부정하겠습니까? "너희가 각각 진심으로 자기 형제자매를 용서해 주지 않으면, 나의 하늘 아버지께서도 너희에게 그와 같이 하실 것이다"(마 18:35). 베드로가 "주님, 내 형제가 나에게 자꾸 죄를 지으면, 내가 몇 번이나 용서하여 주어야 합니까? 일곱 번까지 하여야 합니까?" 하고 물었을 때 주님은 놀랄 만한 말씀을 하십니다. "일곱 번만이 아니라, 일흔 번을 일곱 번이라도 하여야 한다"(마 18:21-22).

우리는 속으로 '주님, 그렇게는 못 합니다' 하고 비명을 지르지 않나요? 원수까지도 사랑하라고 말씀하시니 더욱 곤혹스러운 게 사실입니다. 사실 살다 보면 도저히 용서할 수 없는 사람이 있습니다. 무고한 사람들을 학살하고도 반성조차 하지 않는 이들을 어떻게 용서할 수 있겠습니까? 내게 피해를 입히고도 뻔뻔한 태도를 유지하고 있는 사람을 어떻게 용서할 수 있겠습니까? 용서해야 한다는 당위와 용서할 수 없는 현실 사이의 갈등 속에서 그리스도인들은 이중적 태도를 보이기 쉽습니다. 분노를 풀지 못했으면서도 가해자를 짐짓 외면함으로 용서의 몸짓을 할 수도 있고, 용서할 수 없는데도 용서한 것처럼 처신하는 자기 자신을 용납할 수 없어 고통을 받기도 합니다.

문학은 인간을 다양한 상황 속에 놓음으로 우리가 붙들고 있는 가치가 제대로 작동되고 있는지를 살펴보게 합니다. 관념은 구체적인 삶의 정황 속에서 무기력할 때가 많습니다. 이창동 감독의 「밀양」이라는 영화 아시지요? 이 작품의 원작은 이청준의 소설 『벌레 이야기』입니다. 이 소설은 다음과 같은 문장으로 시작합니다. "아내는 알암이의 돌연스런 가출이 유괴에 의한 실종으로 확실시되고 난 다음에도 한동안은 악착스럽게 자신을 잘 견뎌 나가고 있었다." 다리 한쪽이 불편한 아들인 알암이를 '아내'(알암이 엄마)는 지극정성으로 키웁니다. 그러던 어느 날 학원에 갔던 알암이가 실종되고 맙니다. 끈질긴 희망과 기원으로 아이가 돌아오기를 기다리지만 알암이는 돌아오지 않습니다. 절망에 빠진 아내를 일으켜 세운 것은 가까운 곳에서 이불집을 하던 김 집사였습니다. 김 집사는 그녀가 지금 감당할 수 없는 영혼의 상처를 입었는데 혼자서는 그 상처를 치유할 수 없다며 주님의 사랑을 의지하라고 권고합니다. 아내는 혹시라도 기적이 일어날까 하는 소망으로 교회에 다닙니다. 하지만 그런 소망을 비웃기라도 하듯 알암이는 끝내 시신이 되어 돌아옵니다. 그녀는 깊은 절망에 빠지지만 무서운 의지력으로 자신을 지탱해 나갑니다. 희망 때문이 아니라 원망과 분노와 복수의 집념 때문이었습니다. 범인이 잡혔지만 아내는 더 깊은 절망에 빠집니다. 범인이 경찰의 보호 아래 있었던 것입니다. 무너져가고 있던 아내에게 김 집사는 범인을 용서하라고 권고합니다.

> 인간에겐 도대체 어느 경우를 막론하고 다른 사람을 심판할 권리가 없다고 하였다. 인간을 마지막으로 심판할 수 있는 것은 오직 하느님 한 분뿐이며, 사람에겐 오직 남을 용서할 의무밖에 주어지지 않았다는 것이었다. 그것을 거역하여 인간이 스스로 남을 원망하고 심판하려 할 때는 그 원망과 심판이 거꾸로 자신에게로 돌아오게 된다고 하였다.[11]

아내에게 그것은 참으로 받아들이기 어려운 이야기였습니다. 그나마 그녀가 교회를 떠나지 않은 것은 아이의 내세의 구원을 빌기 위해서였습니다. 시간이 조금 지난 뒤 아내는 저주와 원망으로부터 벗어나 주님의 참사랑을 깨닫기 시작한 것처럼 보입니다. 거기서 그쳤더라면 좋았을 텐데, 지금까지 원망과 복수의 표적이었던 범인을 찾아가 용서한다고 말하고 싶은 마음이 듭니다. 마침내 범인을 만나고 돌아온 아내는 오히려 절망덩어리로 바뀌고 맙니다. 범인 또한 교도소에서 예수를 영접하였고, 그 때문인지 침착하고 평온한 모습으로 아내와 마주 앉았던 것입니다. 그녀의 외침은 우리에게 깊은 도전이 됩니다.

> 나는 새삼스레 그를 용서할 수도 없었고, 그럴 필요도 없었지요. 하지만 나보다 누가 먼저 용서합니까. 내가 그를 아직 용서하지 않았는데 어느 누가 나 먼저 그를 용서하느냐 말이에요. 그의 죄가 나 밖에 누구에게서 먼저 용서될 수가 있어요? 그럴 권리는 주님에게도 있을 수가 없어요. 그런데 주님께선 내게서 그걸 빼앗아가 버리신 거예요. 나는 주님에게 그를 용서할 기회마저 빼앗기고 만 거란 말이에요. 내가 어떻게 다시 그를 용서합니까.[12]

아무도 아내의 절망을 달래 줄 수 없었습니다. 절망의 심연에 이끌리던 아내는 결국 스스로 목숨을 끊어 버리고 맙니다. 절망의 뿌리를 자르기 위한 것이었습니다. 그러한 선택을 두고 이런저런 논란이 가능하겠지만 여기서는 그것을 따질 겨를이 없습니다. 이청준 선생은 5·18 민주화운동을 겪은 뒤 이 책을 구상했습니다. 역사 속에서 용서의 문제가 너무 쉽게 발화되면 안 된다는 게 그의 생각인 것 같습니다. 인간의 마당에서 벌어진 갈등은 인간들끼리 풀기 위해 최선을 다해야 하고, 그래도 풀리지 않을 때 신 앞에 가져가야 한다는 것이겠지요. 우리가 알암이 엄마의 처지에 있다면 김 집사처럼 쉽게 용서하라고 말할 수 있을까요? 딜레마입니다.

인간 실존, 방황이 상수인 삶

　　성 어거스틴 혹은 아우구스티누스라는 인물을 아시나요? 그
가 쓴 『고백록』은 수많은 사람들이 애독하고 인용하는 책입니다.
읽지 않은 이들은 이 책이 젊은 시절에 방탕했던 한 사람이 회개하
고 돌아와 성자처럼 변모한 과정을 보여준다고 생각합니다. 아주
틀린 말은 아니지만 그게 이 책의 핵심 내용은 아닙니다. 오히려 하
나님의 은총의 신비를 기리기 위한 저술이라고 보아야 합니다. 『고
백록』은 수사학적인 관점에서도 매우 중요한 책입니다. 어거스틴
은 기독교로 개종하기 전에 이미 뛰어난 수사학자로 로마 제국에서
인정받던 사람입니다. 왕실학교의 수사학 교수였을 뿐만 아니라 밀
라노에서 황제의 연설문을 작성하기도 했습니다. 그의 글은 유려합
니다. 『고백록』은 하나님과의 깊은 만남의 여정을 참으로 아름답고
적실하게 그려 보여줍니다. 이 책 전체의 방향을 알려 주는 구절이
제1권에 등장합니다.

> 당신은 우리 인간의 마음을 움직여 당신을 찬양하고 즐기게
> 하십니다. 당신은 우리를 당신을 향해서 ad te 살도록
> 창조하셨으므로 우리 마음이 당신 안에서 in te 안식할 때까지는
> 편안하지 않습니다. 오 주여, 나에게 지혜를 주시어 당신을 불러
> 아뢰는 것이 먼저인지 그렇지 않으면 당신을 찬양함이 먼저인지,
> 혹은 당신을 아는 것이 먼저인지 그렇지 않으면 당신을 불러
> 아뢰는 것이 먼저인지를 깨달아 알게 하소서.[13]

　　여기서 "당신"은 물론 '하나님'입니다. 어거스틴은 하나님이

인간의 마음을 움직여서 당신을 찬양하고 즐기게 하신다고 고백합니다. 그다음에 나오는 구절이 참 중요합니다. "당신은 우리를 당신을 향해서 살도록 창조하셨으므로." "당신을 향해서"라는 구절은 라틴어로 '아드 테'ad te입니다. 'te'는 '당신'이라는 뜻인데 문제는 'ad'입니다. 영어로 번역할 때 사람들은 이것을 'for'로 번역하기도 하고 'toward'로 번역하기도 합니다. 다시 말해 '당신을 위하여'라고 할 수도 있고 '당신을 향하도록'이라고 할 수도 있다는 말입니다. 어거스틴 신학 전문가인 선한용 박사는 "향해서 살도록"이라고 번역했습니다. 이것이 중요합니다. 하나님은 인간을 '당신을 향하는 존재', 다시 말해 '하나님에 대한 그리움을 품고 있는 존재'로 창조하셨다는 게 어거스틴의 인간에 대한 본질 규정인 셈입니다. 그런 본질이 있는지 없는지의 문제는 여기서 따져 볼 겨를이 없습니다.

그런데 인간의 실존은 어떠합니까? "편안하지 않습니다"라는 말 속에 그 해답이 있습니다. 인간은 시간 속에서 안식을 누리지 못합니다. 불안이라는 숙명에서 벗어나기 어렵습니다. 간헐적으로 평화로운 순간을 경험하기도 하지만 대부분의 시간은 불안 속에서 지냅니다. 이것을 뭐라고 하면 좋을까요? '안식 없음', '고향 상실' 등의 단어가 떠오릅니다. 에덴 이후 시대의 인간은 늘 두려움 속에 살게 마련입니다. 성경은 가인이 동생을 죽인 뒤 자기가 살던 땅을 떠나서 에덴 동쪽 놋에 정착했다고 말합니다(창 4:16). '놋'은 '유리하다', '방황하다'라는 뜻입니다. 방황이 상수인 삶, 이게 바로 우리의 실존입니다.

이러한 불안은 언제 그칠까요? 어거스틴은 "우리 마음이 당신 안에서 안식할 때"라고 답합니다. 하나님의 품에 닻을 내릴 때 우리는 비로소 불안이라는 숙명에서 벗어날 수 있다는 말입니다.

시편 107편 시인은 바다를 항해하는 뱃사람들이 풍랑에 시달리다가 절박하게 하나님께 부르짖자 하나님이 그 고통 가운데서 그들을 구해내셨다고 노래합니다.

> 사방이 조용해지니 모두들 기뻐하고, 주님은 그들이 바라는
> 항구로 그들을 인도하여 주신다(시 107:30).

하나님을 떠남, 방황, 하나님께로 돌아감. 어쩌면 이것이 서양 문화의 기본적인 도식인지도 모르겠습니다. '실낙원'에서 '복낙원'으로의 과정이 삶인 셈입니다.

누가복음 15장에 나오는 '탕자의 비유'도 같은 구조를 보여줍니다. 아버지 집에서 평안을 누리던 작은아들은 집을 떠납니다. 평안함이 권태로웠던 것일까요? 그는 자기 재산과 젊음을 탕진한 뒤에야 비로소 자기가 비참한 처지에 빠졌음을 절감합니다. 비로소 제정신이 든 그는 "내 아버지의 그 많은 품꾼들에게는 먹을 것이 남아도는데, 나는 여기서 굶어 죽는구나"(눅 15:17)라고 탄식합니다. 그러고는 부끄러움을 무릅쓰고 아버지께로 돌아갑니다. 아버지는 그를 있는 모습 그대로 받아들입니다.

호메로스의 서사시 『오뒷세이아』도 마찬가지입니다.[14] 트로이 전쟁이 벌어져서 고향을 떠나 트로이까지 갔던 그리스 연합군들, 그 가운데서도 오뒷세우스가 전쟁이 끝난 뒤 아내 페넬로페가 기다리는 고향 이타카로 돌아가는 과정에서 겪는 모험이 이 작품 속에서 흥미롭게 전개됩니다. 조금 전문적인 이야기일 수도 있겠습니다만, 그 과정은 오뒷세우스가 잃어버렸던 자기 이름을 찾는 과정이기도 합니다. 귀향 이야기는 서양 문학에서 즐겨 다루는 주제

이기도 합니다.

앞서 말했듯이 저는 젊은 시절부터 사상적 방황을 많이 했습니다. 신학교에 들어갔을 때 지금까지 익숙했던 세계와는 상당히 다른 세계에 들어왔다는 생각에 사로잡혔습니다. 신앙생활을 늦게 시작했던 탓일까요? 저는 동기들이 당연하게 전제하는 것들에 의문부호를 붙이곤 했습니다. 그러므로 대화는 늘 어긋날 수밖에 없었습니다. 서로의 전제를 확인하는 시간이 길어졌기 때문입니다. 지금 생각해 보면 사실은 누구도 확실하게 말할 수 없는 질문들이었습니다. 신학이 객관적 사실의 언어가 아니라 고백의 언어라고 할 때, 고백의 언어가 모두에게 보편적으로 통용될 수 있다는 생각 자체가 문제입니다. 하지만 그 당시에 저는 그런 전제들을 하나하나 헤쳐 보지 않고 적당히 넘어가는 것은 지적 태만이라고 생각했던 것 같습니다. 그러던 차에 어느 신학자의 책을 읽다가 내게 구원과도 같은 단어를 만났습니다. '모호함'ambiguity이 그것입니다. 그 신학자가 그 단어를 어떻게 사용했는지 충실히 파악하기도 전에 저는 그것을 제게 주어진 사유의 구원줄처럼 여겼던 것입니다.

사람들은 모호한 것을 좋아하지 않습니다. 모호하다는 것은 '분명하지 않다', '흐릿하다'는 뜻이므로 확신에 찬 사람들이 보기에는 문제가 많은 개념입니다. 하지만 인생은 모호하기 이를 데 없으며, 인간의 인식이라는 게 모호한 것이라는 사실을 받아들이는 순간 사유의 여백이 열리는 것을 경험할 수 있었습니다. 나와 다른 사람들을 대하는 태도에도 여백이 생겼습니다. 이때 만났던 한 편의 시는 그런 확신과 태도를 더욱 강화해 주었습니다. 오규원의 「살아 있는 것은 흔들리면서」라는 시로 다음과 같이 시작합니다.

살아 있는 것은 흔들리면서
튼튼한 줄기를 얻고
잎은 흔들려서 스스로
살아 있는 몸인 것을 증명한다.

시인은 마지막 연에서 "피하지 마라/빈 들에 가서 깨닫는 그
것/우리가 늘 흔들리고 있음을"이라고 노래합니다.[15] 이 구절이 마
치 저를 위로하는 것처럼 들렸습니다. 그때부터 저는 흔들림을 두
려워하지 않게 되었습니다.

밴쿠버에 와서 지내면서 공원을 걷는 것이 제게 큰 즐거움이
었습니다. 그런데 공원 곳곳에 넘어진 나무들이 있더군요. 큰 나무
가 맥없이 쓰러져 있었습니다. 기후 조건이 좋기 때문에 뿌리를 깊
이 안 내려서 세찬 바람이 불어오면 쉽게 넘어진다지요? 흔들림의
여지가 별로 없었기 때문일 것입니다. 흔들림은 어쩌면 회복 탄력
성인지도 모르겠습니다. 척박한 땅에 있는 나무들은 뿌리를 깊이
내리기 때문에 웬만한 바람이 불어도 넘어지지 않습니다. 흔들림은
나쁜 게 아니라 오히려 깊어지기 위한 길임을 알 수 있습니다. 저는
목회자로 살아오는 동안 많은 사람들을 만났습니다. 신념에 찬 사
람보다 방황하는 젊은이를 보면 참 반가웠습니다. 신념이라는 고치
를 만들어 그 속에 들어가 웅크리지 않고 온몸으로 세상과 맞선 사
람들을 보면 참 장하다는 생각이 들었던 것입니다. 사람은 누구도
그렇게 확고하지 않습니다.

나는 누구인가

　여러분도 잘 아는 디트리히 본회퍼 목사 이야기를 잠시 해보려 합니다. 그는 20대 초반에 박사학위 논문을 썼습니다. 그 논문을 보고 20세기를 대표하는 신학자 칼 바르트가 "신학적 기적"이라 평했다고 합니다. 대가가 천재를 알아본 것이지요. 20대 초반에 쓴 신학 논문을 신학적 기적이라고 할 정도면 그가 얼마나 탁월한 사유를 했는지 미루어 짐작할 수 있습니다. 본회퍼의 생애를 들여다보면 저는 조금 열등감이 느껴져서 질투어린 말을 하게 됩니다. '이런 집안에서 이런 사람이 나오는구나.' 그의 친가와 외가 모두 학문하는 집안입니다. 그는 독일 사람의 인문적, 음악적, 미술적 교양을 어린 시절부터 가정에서 충분히 쌓았습니다. 시대만 잘 타고났더라면 그는 정말 세계 신학계에 더 큰 기여를 했을지도 모릅니다.

　하지만 본회퍼는 학문을 숭상하는 사람이 아니라 하나님께 속한 사람이었습니다. 이 부분이 중요합니다. 1932년 나치가 역사의 전면에 등장하면서 본회퍼의 고민이 시작됩니다. 아돌프 히틀러는 스스로를 '총통'이라고 칭합니다. 지도자나 영도자라는 뜻이 있지만, 그는 내심 자신을 신적 존재로 내세우고 싶었던 것인지도 모릅니다. 본회퍼는 히틀러가 '유사-주'pseudo-lord로 떠받들려지고 있음을 간파합니다. 대부분의 독일 교회가 총통을 지지하는 쪽으로 동원되기 시작합니다. 처음에는 히틀러의 정책에 반대하던 목회자들도 꽤 있었습니다. 그런데 악한 사람들은 사람들의 숨통을 죄는 방법을 너무나 잘 압니다. 그 당시나 지금이나 독일의 신자들이 종교세를 내는 것을 아십니까? 국가는 그것을 가지고 목회자들의 생활비를 지급합니다. 히틀러 체제에 동조하는 제국교회는 나치에 협력하기를 거부하는 목회자들에게 생활비를 지급하지 않았고, 경제적인 어려움이 다가오자 많은 목회자들이 자신의 소신을 버리고 잠재적 동조자가 됩니다. 양심이 어떠하든지 간에 살기 위해서 비루해진 셈입니다.

본회퍼를 비롯한 의식 있는 신학자들은 그 시대가 위기의 상황임을 직감했습니다. 그래서 그들은 함께 모여 "지금 우리는 고백의 상황 속에 있다. 우리의 주님이 누구인지 분명한 고백을 해야 한다"는 공동 인식에 이르게 됩니다. 1934년에 일단의 신학자들이 "예수 그리스도만이 복종의 대상이요 하나님의 계시"임을 천명하는 바르멘 선언문을 발표했는데, 이것이 바로 제국교회에 맞서 세워진 고백교회의 시작입니다. 고백교회에는 칼 바르트, 마르틴 니뮐러, 디트리히 본회퍼 등이 포함됩니다.

고백교회에 속한다는 것은 그 자체만으로 위험 속으로 뛰어드는 행위이자 신앙적 모험이었습니다. 본회퍼의 재능을 아끼던 사람들은 그를 미국 뉴욕으로 불러 교수생활을 할 수 있게 해주었습니다. 하지만 그는 양심의 명령에 따라 위기에 처한 고국으로 돌아갑니다. 이후 그는 히틀러 암살 작전에 가담하게 되고, 우리가 아는 바와 같이 암살 계획이 사전에 발각되어 가담자들이 모두 붙잡히고 맙니다. 본회퍼도 재판을 통해 사형을 선고받습니다. 하지만 그는 처형당하기 직전까지도 자기가 큰 죄를 저지른 것은 아니기 때문에 석방될 것이라 생각했습니다. 그리고 나치 독일이 패망하기 불과 몇 달 전에 형장의 이슬로 사라지고 맙니다. 20세기 신학의 기적은 그렇게 스러졌습니다.

사후에 그가 감옥에서 가족과 친구들에게 썼던 편지를 엮은 책이 출간되었습니다. 『옥중서신-저항과 복종』이라는 책인데, 여기에는 본회퍼가 쓴 몇 편의 시가 수록되어 있습니다. 그중 「나는 누구인가?」라는 시는 사람들의 마음에 깊은 울림을 줍니다.

나는 누구인가?
남들은 종종 내게 말하기를
감방에서 나오는 나의 모습이
어찌나 침착하고 쾌활하고 확고한지
마치 성에서 나오는 영주 같다는데.

나는 누구인가?
남들은 종종 내게 말하기를
간수들과 대화하는 내 모습이
어찌나 자유롭고 사근사근하고 밝은지
마치 내가 명령하는 것 같다는데.

나는 누구인가?
남들은 종종 내게 말하기를
불행한 나날을 견디는 내 모습이
어찌나 한결같고 벙글거리고 당당한지
늘 승리하는 사람 같다는데.

남들이 말하는 내가 참 나인가?
나 스스로 아는 내가 참 나인가?

본회퍼는 타자들의 눈에 비추어진 자기 모습과 실제의 자기 모습을 마주 세워 놓고 있습니다. 제가 이 시에 깊이 공감하는 것은 목회자로 살아온 제 삶의 궤적과 조금은 유사하다고 느끼기 때문입니다. 목회자는 요동하고 있는 자기 감정을 잘 드러내지 못합니다. 사람들은 목회자들이 늘 친절하고 다정하고 활기차고 침착하기를 바랍니다. 거기에 부응하는 동안 속이 다 뭉그러지기도 합니다. 저는 가끔 목회자들도 감정 노동자라는 말을 하곤 합니다. 감옥에서 본회퍼는 비로소 성찰적 거리를 가지고 자기 실존을 돌아봅니다. 자신의 연약함을 부끄러워하지 않고 노출합니다.

> 새장에 갇힌 새처럼 불안하고 그립고 병약한 나
> 목 졸린 사람처럼 숨을 쉬려고 버둥거리는 나
> 빛깔과 꽃, 새소리에 주리고
> 따스한 말과 따스한 인정에 목말라하는 나
> 방자함과 사소한 모욕에도 치를 떠는 나
> 좋은 일을 학수고대하며 서성거리는 나
> 멀리 있는 벗의 신변을 무력하게 걱정하는 나
> 기도에도, 생각에도, 일에도 지쳐 멍한 나
> 풀이 죽어 작별을 준비하는 나인데.

많은 목회자들이 이 대목에서 자기 모습을 볼 것입니다. 사람들의 기대에 부응하기 위해 살아온 스스로의 모습에 기막혀서 눈물을 흘릴지도 모르겠습니다. 본회퍼의 자기반성은 통렬하게 이어집니다.

나는 누구인가?

이것이 나인가? 저것이 나인가?

오늘은 이 사람이고 내일은 저 사람인가?

둘 다인가?

사람들 앞에서는 허세를 부리고,

자신 앞에선 천박하게 우는소리 잘하는 겁쟁이인가?

내 속에 남아 있는 것은

이미 거둔 승리 앞에서 꽁무니를 빼는 패잔병 같은가?

나는 누구인가?

고독한 물음이 나를 조롱합니다.

내가 누구인지

당신은 아시오니

나는 당신의 것입니다,

오, 하나님![16]

흔들리고 있지만 그가 결코 포기할 수 없는 한 가지 확신은
"나는 당신의 것"이라는 사실입니다. 부정을 통한 강력한 긍정입니
다. 두려워 떠는 것도, 당당하고 의연한 것도 다 내 모습입니다. 둘
중 어느 것이 네 참 모습이냐고 묻지 마십시오. '페르소나'persona는
'가면'을 뜻하는 라틴어입니다. 이 단어에서 유래된 것이 '인격'을
뜻하는 '퍼스널리티'personality입니다. 고대 그리스에서는 연극을 할
때 배우들이 가면을 썼습니다. 가면의 캐릭터가 되어 연기를 했다
는 말입니다. 가면을 쓰고 연기를 하다 보면 내가 타자에게 보여주
려고 하는 나의 가면이 때때로 나의 성격적 특질이 되기도 합니다.

타자에게 보여주려 하거나 드러난 나의 모습이 위선적이라고 단정할 필요는 없습니다. 물론 타자들이 알고 있는 내 모습과 내가 아는 내 모습이 다를 수 있습니다. 그 두 가지가 다 나의 인격을 구성합니다.

평상시에는 모르지만 위기의 순간이 되면 내 속에 무엇이 있는가에 따라서 우리 삶이 달라집니다. 과거에 통일부총리를 지내고 대한적십자사 총재를 역임한 한완상 박사가 자기 삶의 경험을 들려준 적이 있습니다. 1980년 5·18 민주화운동이 일어났을 때 진보적인 지식인이었던 그는 요원들에게 체포되어 남산 중앙정보부 조사실로 끌려갔습니다. 한 박사는 서울대 교수라는 직함 덕분이었는지 잠을 재우지 않는 고문을 당하기는 했지만 물리적 폭력을 당하지는 않았다고 합니다. 다른 방에 수감되어 있는 사람 가운데는 이름만 대면 알 만한 목사가 있었는데, 그는 종종 끌려 나가서 끔찍한 고문을 당하고 돌아오곤 했습니다. 그로서는 그 모습을 지켜보는 게 여간 힘든 게 아니었습니다. 날이 갈수록 목사의 낯빛이 점점 어두워지고, 어떤 날은 교도관에게 몸을 의지한 채 발을 질질 끌며 돌아오기도 했습니다. 마치 깊은 물속에 잠겨들어 가는 것 같은 암담한 상황이었습니다. 그때 한 박사에게 신약성경이 한 권 있었는데, 어느 날 문득 그에게 한 생각이 떠올랐습니다. '성경도 없이 목사가 시련을 이겨낼 수 있겠나?' 그래서 교도관에게 부탁했습니다. "이 성경을 저 목사님에게 전달해 주시오." 그러자 그가 난처해하며 대답했습니다. "위에서 지시가 없으면 그럴 수 없습니다." 며칠 후 한 박사가 그 윗사람을 대면한 자리에서 성경을 목사에게 전달해도 되겠냐고 물었는데 아무 대답이 없었다고 합니다. 그래서 돌아가서 교도관에게 "내가 윗사람에게 얘기했다"고 말합니다. 거짓말은 아니지요? 허락을 받은 것은 아니지만 이야기는 했으니까요. 그제야 그는 그렇게 하겠다고 대답했습니다. 그런데 그때 불안한 마음이 엄습합니다. '성경 없이 내가 이 시련의 시간을 견뎌낼 수 있을까?' 고민 끝에 그는 성경의 복음서 부분과 서신서 부분을 찢었습니다. 그중 어느 부분을 넘길지 잠시 고민이 되었는데, 아무래도 목사이니 복음서를 보는 게 좋겠다 싶어서 복음서를 넘겼습니다. 한 박사는 그 시절을 회상하듯 잠시 멈추었다가 증언을 이어갔습니다. 성경을 넘긴 다음 날부터 그 방에서 찬송가 소리가 들려오고, 기도 소리가 들려오고, 끌려 나갈 때 자세가 당당해지고, 며칠 동안 고문을 당하고 오면서도 본회퍼가 그러했듯이 자기 성에 돌아오는 성주처럼 그 목사의 발걸음이 당당해졌습니다. 한 박사는 그 이야기 끝에 이렇게 말했습니다. "예수가 들어가니까 삽디다!" 지금도 이 말을 생각하면 제 온몸에 전류가 흐르는 것 같았던 기억이 되살아납니다. 극한적인 상황을 경험하지 않은 사람들은 알 수 없는 진실이 거기에 담겨 있습니다.

인간은 관계적 존재다

김광규 시인의 「나」라는 시가 있습니다. '이런 게 시라면 나도 쓸 수 있겠다' 하는 생각이 드실지도 모르겠습니다. 시는 싱거울 정도로 자기와 연결된 사람들을 하나하나 떠올립니다. 물론 그들은 고유명사가 아니고 일반명사로 서술됩니다. "살펴보면 나는/나의 아버지의 아들이고/나의 아들의 아버지고/나의 형의 동생이고/나의 아내의 남편이고/나의 누이의 오빠고/나의 아저씨의 조카고/나의 조카의 아저씨고/나의 선생의 제자고/나의 제자의 선생이고/

나의 나라의 납세자고/나의 마을의 예비군이고/나의 친구의 친구고/나의 적의 적이고/나의 의사의 환자고/나의 단골술집의 손님이고/나의 개의 주인이고/나의 집의 가장이다."[17] 누구나 할 수 있는 말이지요? 따지고 보면 우리는 수없이 많은 관계 속에서 살아갑니다. '나'를 중심으로 하여 얽히고설킨 관계의 그물망이 펼쳐집니다. 인간은 관계를 맺는 존재입니다. 내가 잘 산다는 것은 그 관계 하나하나에 충실한 것인지도 모르겠습니다.

부모와의 관계가 좋은 것을 가리켜 효孝라 하고, 형제와의 관계에 충실한 것을 가리켜 제悌라 합니다. 우애를 가리키는 말입니다. 그 다양한 관계가 순조로우면 좋겠지만 그렇지 못할 때가 많습니다. 나와 친밀한 관계를 맺고 있는 이들이 어려움에 처하면 나의 존재 또한 출렁이게 마련입니다. 그물망을 생각해 보십시오. 그물코 하나를 당기면 주변 전체가 흔들립니다. 우리는 그렇게 영향을 주고받으며 살아갑니다. 기독교가 가르치는 이웃 사랑의 본질은 자기 실존의 관계 속에 있음을 알아차리는 것과 무관하지 않습니다. 내가 잘 살아야 우리 이웃들의 삶도 아름다워집니다. 구체적인 어떤 실천만이 이웃 사랑이 아닙니다. 남에게 폐를 덜 끼치고 악을 저지르지 않고 사는 것도 소극적이지만 이웃 사랑입니다. 김광규 시인의 시를 조금 더 따라가 보겠습니다.

시인은 그다음 대목에서 "그렇다면 나는 아들이고/아버지고/동생이고/형이고(중략)"라는 식으로 기술체를 바꿔 서술합니다. 그리고 그 연의 마지막 구절은 첫 구절인 "그렇다면 나는"과 연결되면서 대반전이 일어납니다. "그렇다면 나는 (중략) 오직 하나뿐인/나는 아니다"라고 말하는 것입니다. 다른 이들과의 관계로부터 독립한 고유한 나라는 게 과연 무엇인가를 묻고 있는 것입니다. "과연/

아무도 모르고 있는/나는 무엇인가/그리고/지금 여기 있는/나는 누구인가." 관계를 통해 정립되는 게 '나'라는 사실을 부정할 수는 없지만 그래도 아무도 모르는 '나'란 없는 것이냐고 묻고 있는 것입니다. 지금 지구상에 대략 80억 명에 이르는 사람들이 살고 있지만 나와 똑같은 존재는 단 한 명도 없습니다. 이것을 다른 말로 하면 '나는 대체 불가능한 존재'라는 말입니다. 흔히 어떤 사람이 현직에서 은퇴할 때 그를 기리는 말 가운데 최고의 찬사가 무언인지 아십니까? "그 누구도 그분을 대체할 수 없다"라는 말입니다.

이것을 조금 철학적인 용어로 설명해 보겠습니다. 이렇게 다양한 관계를 맺으며 살아가는 인간의 삶을 설명하기 위해 하이데거는 '세계-내-존재'In-der-Welt-Sein라는 말을 만들어 냅니다. 당연한 말 같지만 이것을 이해하는 게 중요합니다. '세계'를 뜻하는 'Welt'는 우리가 터를 잡고 살아가는 자연, 사회, 환경뿐 아니라, 나와 더불어 관계의 그물망을 맺고 있는 이들까지 포괄하는 개념입니다. 하이데거가 인간을 가리키는 아주 중요한 단어가 있습니다. 'Dasein'이라는 말인데 보통 우리말로 '현-존재'라고 번역합니다. 'Da'는 '거기'라는 뜻이고 'Sein'은 '있다'는 뜻입니다. 현존재로서의 인간은 자기의 고유한 존재가 드러나는 장소입니다. 하이데거는 현존재로 사는 것을 가리켜 '본래적 실존'이라고 말합니다.

인간을 나타내는 또 다른 용어가 있습니다. 독일 철학은 이렇게 새로운 용어를 만들어 사용하기 때문에 어렵게 느껴집니다. 'Mit-einander-sein'이라는 말을 들어 보셨나요? 'Mit'는 '함께'라는 뜻이고 'einander'는 '서로서로'라는 뜻입니다. 인간은 '서로 함께하는 존재'라는 말을 그와 같이 표현한 것입니다. 인간은 맥락의 의미 작용 속에 있습니다. 그 맥락 속에서 내가 제대로 살아야 인생이 번듯해집니다. 그러나 앞에서 잠시 언급한 것처럼 인간에게는 맥락으로 환원될 수 없는 고유한 영역이 있습니다. 대체 불가능한 영역 말입니다. 이 두 가지가 함께 있습니다.

앞에서 말했듯이, 인간은 그 자체로 수수께끼입니다. 이 수수께끼 같은 인간을 이해하기 위해서 수많은 사람들이 고심을 거듭했습니다. 제가 너무 단순화시켜서 이야기하는 감이 있긴 합니다만, 과학적 무신론자인 리처드 도킨스 같은 사람들은 인간을 단순하게 유전자를 나르는 도구로 이해합니다. 나치가 등장하기 전에 독일에서는 이런 주장이 자주 인용되었다고 합니다.

> 인간의 몸은 비누 일곱 조각을 만들어 낼 수 있는 지방질과 중간 크기의 못 하나 만들 수 있는 철분, 성냥 알 2천 개를 만들 수 있는 인燐 그리고 한 사람의 몸에 붙어 있는 벼룩을 모두 없앨 수 있는 유황을 포함하고 있다.[18]

「에누마 엘리시」에 담긴 인간 본성

창세기의 첫 대목은 세상의 창조에 대한 이야기입니다. 창세기가 주목하고 있는 것은 세상과 인간이 어떻게 존재하게 되었느냐의 문제가 아닙니다. 과학은 '어떻게'를 묻지만 신학은 '왜'를 묻습니다. '왜'라는 질문에 답을 할 수 있어야 '어떻게' 살아야 할지도 알 수 있습니다. '왜 세상 혹은 나는 없지 않고 있는가', '왜 세상에는 죽음이 존재하는가', '왜 우리는 땀을 흘리며 살아야 하는가', '왜 우리는 평화롭게 공존하지 못하는가.' 근본적인 질문들입니다. 어떤 문화권에서든 창조 이야기가 있다는 사실은 그런 질문이 매우 보편적이라는 사실을 암시합니다. 하지만 그 질문에 대한 답은 비슷하기도 하지만 구별되기도 합니다. 성경의 창조 이야기는 바벨론의 창조 이야기와 맞세울 때 그 의미가 오롯이 드러납니다.

고대 근동 신화에서 「에누마 엘리시」는 바벨론의 창조 이야기를 담고 있는 일종의 시입니다. 이 신화에 따르면 세상은 압수라는 신과 티아맛이라는 신이 주재하고 있었습니다. 압수는 민물의 신이고 티아맛은 짠물의 신입니다. 이 둘은 부부였습니다. 바벨론 신화는 세상이 물로부터 시작되었다고 말합니다. 밀레토스 학파의 시조인 탈레스보다 먼저 그런 주장을 한 것입니다. 이 둘로부터 많은 신들이 태어납니다. 태어난 신들은 몹시 소란스러웠습니다. 아이들은 원래 생명덩어리잖아요? 막 뛰어다니고 소리를 지르고 주변을 마구 어지럽힙니다. 제가 여러 단어로 상황을 설명했지만, 한마디로 말하면 이 신들이 혼돈을 만들었다는 것입니다. 둘이 조용히 지내던 압수와 티아맛으로서는 여간 성가신 일이 아니었습니다. 그래서 하위 신들을 없애 버릴 계획을 세웁니다. 일이 계획대로 진행될 리가 없지요. 압수와 티아맛 사이에 태어난 신 가운데 에아라는 신이 있었습니다. 지혜의 신입니다. 에아가 그 계획을 미리 알아차립니다. 에아는 자기 어머니의 도움을 받아 압수를 깊이 잠들게 한 뒤 그를 제압해 버립니다. 큰 공을 세운 에아는 리더십을 인정받아 신들의 지배자가 됩니다. 이 일을 못마땅하게 여긴 티아맛은 복수를 다짐하고 많은 괴물들을 만들어 자기편이 되게 합니다. 그 가운데 가장 강력한 힘을 가지고 있던 존재가 킹구입니다. 킹구는 자기 힘을 주체하지 못합니다. 그래서 젊은 신들과 전쟁을 벌입니다. 티아맛과 킹구 연합에 맞선 젊은 신들의 대표는 에아의 아들 마르둑이었습니다. 젊은 신들은 마르둑을 절대적으로 신뢰하고 전폭적으로 후원합니다. 마침내 양자 사이에 격렬한 전투가 벌어지고, 마르둑은 치열한 전투 끝에 티아맛을 제압합니다. 킹구 역시 죽습니다. 마르둑은 티아맛의 몸을 반으로 갈라 그 일부로 하늘을 만들고 다른 일부로 땅을 만듭니다. 그다음 해와 달과 별을 적재적소에 배치합니다.

젊은 신들은 승리를 거둔 마르둑을 찾아와 투덜거립니다. 자기들도 명색이 신인데 허드렛일이나 하고 있으니 체면이 말이 아니라는 것이었습니다. 마르둑은 그 말이 일리가 있다고 여겨 노예처럼 신들을 섬길 존재를 만들기로 작정합니다. 그게 바로 인간입니다. 바벨론의 창조 이야기에서 인간은 신들의 노예로 만들어진 존재입니다. 마르둑은 티아맛 편에 가담하여 싸웠던 킹구의 피로 인간을 만듭니다. 바벨론의 창조 이야기를 관통하고 있는 것은 투쟁입니다. 신들의 싸움 이야기는 그리스 신화에서도 단골 주제입니다. 정의를 세우기 위해 폭력을 사용하는 것은 당연한 일로 여겨졌습니다.

이런 신화가 형성된 것은 결국 체제의 정당성을 확보하기 위함입니다. 인간 세상은 신들의 세계를 그대로 복제합니다. 최고신으로 등극한 마르둑의 지상적 대리자는 바벨론 왕입니다. 그는 신적 존재로서 사람들을 지배합니다. 킹구의 피로 만들어진 인간은 신들을 섬기기 위해 만들어졌습니다. 바벨론 신화는 사람들 속에 체념이라는 병균을 주입합니다. 숙명론입니다. 신분 질서는 신들이 정한 것이기에 바꿀 수 없다고 믿게 만드는 것입니다. 여기서 인간은 목적이 아니라 수단입니다. 바로 이것이 폭력 기계로서 제국의 전형적인 논리입니다. 인간은 대체 불가능한 존재가 아니라 언제라도 대체될 수 있는 존재일 뿐입니다. 너무 부정적으로만 이야기한

감이 있습니다만 제게는 그렇게 읽힙니다.

「길가메시 서사시」에 담긴 인간 본성

성경의 세계로 진입하기 전에 한 가지만 더 이야기하고 넘어가겠습니다. 그래야 성경의 새로움이 무엇인지를 확연히 깨달을 수 있기 때문입니다. 세상에서 가장 오래된 서사시가 무엇인지 아십니까? 「길가메시 서사시」입니다.[19] 지금으로부터 약 4,800년 전에 쓰인 인류 최초의 서사시입니다. 많은 목회자들이 「길가메시 서사시」를 인용하는데, 노아의 홍수 이야기와 거의 똑같은 이야기가 이 시에 등장하기 때문입니다. 다시 말해, 홍수 이야기가 꾸며 낸 이야기가 아니라 실제로 있었던 이야기라는 것을 입증하기 위해 인용하는 것입니다. 하지만 그 내용을 잘 아는 이가 그리 많지는 않은 것 같습니다.

메소포타미아 문명이 인류 최초의 문명이라고 말하는 이들이 있습니다. 기원을 따지는 것은 제가 할 일이 아니기에 그런 견해가 있다고 말씀드리는 것입니다. 유장하게 흐르는 유프라테스강과 다소 급하게 흐르는 티그리스강 주변에서 고대 문명이 발생한 것은 분명합니다. 수메르, 아카드, 앗시리아, 바벨론, 신바벨론 등의 문명들이 차례로 일어나고 스러졌습니다. 「길가메시 서사시」는 최초의 문명이라 할 수 있는 수메르의 도시 국가 우르쿠 왕이었던 길가메시 이야기를 전합니다. 이 서사시에 따르면, 길가메시는 세상 최고의 남자입니다. 체격도 압도적으로 큽니다. 그래서일까요? 남성적 에너지가 흘러넘칩니다. 그 앞으로는 남자든 여자든 지나갈 수 없습니다. 색욕에 사로잡힌 길가메시는 여성들의 정조를 유린하는 일도 마다하지 않습니다. 자기 힘을 과신했던 그는 평화를 교란하는 존재였습니다. 백성들의 탄원이 하늘에까지 닿았습니다.

　　창조의 여신 아루루는 다른 신들의 부탁을 받고 길가메시와 힘과 모습이 엇비슷한 존재를 만듭니다. 그의 이름은 엔키두입니다. 그는 어떤 의미에서 길가메시의 두 번째 자아입니다. 그는 길가메시와 힘이 비슷합니다. 둘이 마주치면 싸울 수밖에 없습니다. 최고는 하나뿐이니까요. 둘이 맞붙어 싸우지만 쉽게 승부가 가려지지 않았습니다. 요란한 싸움 끝에 둘이 함께 쓰러지면서 그들의 난폭한 성질 또한 사라집니다. 그리고 이 두 영웅 사이에 묘한 기류가 생깁니다. 일종의 우정입니다.

　　그 이후 편안하게 살던 길가메시는 어느 날 꿈을 꾸게 되고 엔키두가 그 꿈을 해석해 줍니다. "신들의 아버지께서 당신을 왕으로 삼으셨습니다. 그것이 당신의 운명입니다. 그러나 영원한 생명은 당신의 것이 아닙니다." 자신을 왕으로 삼았다는 말은 고마웠지만 영원한 생명을 누릴 수 없다는 말이 그에게 슬픔을 안겨 주었습니다. 신의 피와 인간의 피가 섞여 완전한 신적 존재가 아니기 때문에 죽을 수밖에 없었던 것입니다. 그의 속에서 영생을 얻기 위한 모험의 욕구가 끓어오릅니다. 죽음이라는 운명을 받아들이기 싫었던 것입니다. 그는 신들의 명령을 어긴 채 친구인 엔키두와 함께 모험길에 오릅니다. '어차피 죽을 수밖에 없는 게 내 운명이라면 다른 형태의 불멸을 얻으면 되겠지?' 길가메시가 추구하는 불멸은 잊히지 않는 명성을 얻는 것이었습니다. '비록 내 몸은 죽더라도 내 이름은 사라지지 않게 하겠다.' 길가메시와 엔키두, 아주 걸출한 두 영웅이 모험을 떠났으니 그들이 원하는 명성을 얻는 것은 그다지 어려운 일이 아니었습니다. 사람들은 길가메시를 보면서 "길가메시야말로 가장 뛰어난 영웅이며, 인간 중 가장 위대한 분이십니다"라고 칭송합니다. 하지만 그것은 신들의 명령을 어기는 일이었으므로 신들은 엔키두를 처벌하기에 이르고, 결국 그는 끔찍한 고통을 겪다가 죽음을 맞이합니다.

길가메시는 죽음이 고통스럽다는 것을 친구의 죽음을 통해 경험하게 됩니다. 그렇게 용감하고 생명이 넘쳤던 엔키두의 육체가 한낱 벌레에 파먹히고 있다는 사실이 그에게 깊은 충격으로 다가왔습니다. 그래서 그는 영생을 얻어야겠다고 작정합니다. '나는 죽지 않으리라.' 모두가 말리면서 그것은 불가능한 일이라고 했지만 그는 영생을 찾기 위한 모험에 나섭니다. 그 여행에서 길가메시는 바닷가에 살면서 포도주를 만드는 여인 시두리를 만납니다. 시두리는 한 잔의 술을 길가메시에게 넘겨주는데, 그것은 망각과 도취의 음료였습니다. 시두리는 길가메시에게 영생은 신에게만 속한 것이니 인간의 한계를 받아들이고 결혼하여 아이를 낳고, 잔치를 벌이며 기뻐하며 살라고 충고합니다. 불멸은 인간의 것이 아니니 차라리 모든 것을 잊고 지금 이 순간을 만끽하라는 것입니다. '현재를 즐겨라'는 의미의 '카르페 디엠'Carpe diem이라는 말이 있지요? 니체 식으로 이야기하면 '아모르 파티'Amor Fati 곧 '자기 운명을 사랑하라'는 이야기입니다.

길가메시는 영생을 얻고 싶은 갈망을 버릴 수 없었습니다. 중간에 나오는 그 유명한 홍수 이야기는 건너뛰고 이야기를 진행하겠습니다. 집요할 정도로 영생을 갈망하는 길가메시를 두고 신들이 대책 회의를 열기로 합니다. 우투나피시팀이 길가메시에게 신들이 회의를 하는 6박 7일 동안 잠을 자지 않고 견뎌내면 영원한 생명을 얻을 수 있을 것이라고 말합니다. 길가메시는 쏟아지는 잠을 뿌리치며 그 시간을 견뎠습니다. 하지만 이야기꾼은 능청스레 이렇게 말합니다. "길가메시가 허리를 기대고 쉬는 동안 잠의 안개가 실뭉치에서 풀리는 보드라운 실처럼 그를 덮쳤다." 영웅적인 존재조차도 잠을 견디지 못합니다. 육체의 한계를 벗어날 수 없는 게 인간이라는 말입니다. 잠 때문에 영생의 기회는 완전히 사라지고 말았습니다.

절망에 빠진 채 집으로 돌아가는 길가메시를 위로하기 위해 우투나피시팀은 바다 밑 깊은 곳에서 자라는 식물 하나를 알려 줍니다. 그 식물을 얻으면 다시 젊음을 회복할 수 있다는 것이었습니다. 어렵게 그 식물을 얻어 돌아가던 길가메시는 찬물이 솟아오르는 샘을 보고 목욕을 하러 들어갑니다. 그런데 그때 그 샘에 살고 있던 뱀 한 마리가 그 식물을 빼앗고 다시 청춘을 얻은 뒤 허물을 벗고 달아나 버립니다. 이제 길가메시에게 남은 것은 뱀의 허물뿐이었습니다. 영웅 길가메시는 영생도 얻지 못하고 불로도 얻지 못하게 되었습니다. 실의에 빠진 그에게 엔릴 신은 영생을 얻지 못하는 것이 그의 운명이었다면서 겸허하게 죽음을 받아들이라고 말합니다. 길가메시는 결국 무덤 속에 눕습니다. "운명의 침대 위에 그가 누워 있으니 다시는 일어나지 않으리." 생명과 사랑에 대한 욕망이 가득하여 철저히 '에로스'Eros적인 삶을 추구하던 길가메시는 결국 '타나토스'Thanatos 곧 소멸과 죽음의 운명을 받아들일 수밖에 없었습니다. 결론적으로 「길가메시 서사시」는 인간의 유한성을 받아들이는 것이 지혜임을 우리에게 알려 줍니다.

주름 잡힌 텍스트, 성경

성경 이야기를 하기 위해 아주 먼 길을 우회해 온 것 같습니다. 우리가 성경 이야기를 제대로 이해하고 그 이야기의 새로움이 무엇인지를 알기 위해서는 성경이 형성되던 시대의 역사적, 문화적 맥락을 먼저 알아야 할 필요가 있습니다. 문제의식은 대체로 동일하지만 삶과 세상을 대하는 태도는 문화권에 따라 조금씩 다릅니다. 사회 경제적 요인도 있을 테고, 종교적인 요인도 있을 것입니다. 다양한 이야기들에 귀를 기울이는 것은 우리가 머물고 있는 세계를 보다 또렷하게 보기 위함입니다.

하나님 체험은 실로 다양합니다. 예를 들어, 독일의 신학자이자 종교학자인 루돌프 오토는 인간의 종교 체험을 '누미노제'Das Numinöse라는 말로 설명합니다. 우리의 이해를 넘어서는 낯선 현실과 만날 때 우리는 외경심에 사로잡히게 마련입니다. 외경심은 두려움의 감정이지만 그 속에는 매혹 곧 끌림도 있습니다. 웃시야 왕이 죽던 해에 이사야는 보좌에 앉아 계시는 주님을 뵈었습니다. 스랍들이 큰소리로 주님을 찬양했습니다. 그때의 광경을 이사야는 이렇게 전합니다. "우렁차게 부르는 이 노랫소리에 문지방의 터가 흔들리고, 성전에는 연기가 가득 찼다"(사 6:4). 이때 이사야는 깊은 두려움에 사로잡힙니다. 입술이 부정한 자로서 하나님을 뵈었기 때문입니다.

하나님을 체험한 사람들은 그 사건을 자기 삶에 통합하기 위해 깊이 생각하지 않을 수 없습니다. 이런 과정을 '내면화'內面化라고 합니다. 이해되는 부분도 있고 이해를 넘어서는 부분도 있습니다. 누군가가 제게 묻습니다. "요즘 무슨 일 있으세요? 조금 달라지신 것 같아요." 그때 제가 경험한 것을 그에게 전달하기 위해서는 언어라는 기호를 사용할 수밖에 없습니다. 이 과정을 가리켜 '외면화'外面化라고 합니다. 언어는 기호의 세계입니다. 언어라는 기호는 체험의 세계를 가리킬 뿐 체험 자체는 아닙니다. 사람들의 하나님 체험 가운데서 보편적인 부분을 언어화해 놓은 것을 가리켜 '도그마' 곧 '교리'敎理라고 합니다. 도그마의 라틴어 어원인 '도그메인'은 '근사치'라는 뜻입니다. 다시 말해, 도그마는 우리가 맛보았던 하나님 체험을 가리키기는 하지만 그것이 전부라고 말할 수는 없습니다. 언어라는 기호는 우리의 경험을 담는 매우 중요한 그릇이지만 더 깊은 세계를 가리켜 보이는 것입니다. 불교가 말하는 불립문자不立文字는 기호의 세계에 고착되면 안 된다는 사실을 가르칩니다. 우리는 누군가와 대화를 할 때 말을 사용하지만 말보다 더 전달력이 높은 것이 있습니다. 기호화된 말보다 그 이외의 것들이 의사소통을 좌지우지하는 경우가 많습니다. 사람들은 마주 선 사람들이 말하는 태도, 표정, 어투 등에 민감합니다. 성경은 실로 다양한 인간 경험을 담고 있지만 텍스트 속에 감추어진 이야기가 훨씬 많다고 보아야 합니다. 교리를 절대화한 나머지 그 교리에서 조금이라도 벗어나는 것 같은 사람을 보면 싸우자고 대드는 이들이 많습니다.

저는 성경을 가리켜 매끈한 텍스트가 아니라 주름 잡힌 텍스트라고 말하곤 합니다. 성경에는 정말 수없이 많은 이야기가 담겨 있습니다. 장구한 세월 동안 인류가 경험한 일들이 압축되어 있다는 말입니다. 그 주름을 펼치면 인류의 모습이 보입니다. 성경을 읽는다는 것은 그 주름의 갈피 속에 숨겨져 있는 이야기들과 내 삶을 연결하는 일입니다. 성경은 엄밀히 말하자면 이미 해석된 말씀입니다. 해석을 위해 다층적으로 필요한 것은 텍스트의 삶의 자리를 이해하는 능력, 그 텍스트 속에 담긴 숨겨진 이야기들을 발견하는 능력, 그리고 그것을 우리 삶의 언어로 번역하는 능력입니다. 그 과정에서 상상력은 필수적인 능력입니다. 허무맹랑한 공상을 하라는 말이 아닙니다. 앞으로 다룰 예정입니다만, 하나님이 아브라함에게 백 세에 얻은 아들 이삭을 바치라고 했을 때 그의 마음이 어떠했을지 한번 헤아려 보십시오. 자식을 잃은 경험이 있는 이들이라면 이 것이 얼마나 부당한 요구인지를 어렵지 않게 알 수 있습니다. 사실 그런 경험이 꼭 필요한 것도 아닙니다. 상상해 보는 것만으로도 우리는 깊은 당혹감에 휩싸이게 됩니다. 사람들은 흔히 순종하는 믿음의 표상으로 아브라함이 이삭을 결박한 사건을 떠올립니다. 이해할 수 없지만 하나님의 지시에 '아멘' 하는 것이 믿음이라는 것이지요. 정말 그런 것일까요? 성경은 우리를 중층적 세계로 안내합니다. 삶은 참 복잡하고 미묘합니다. 그 복잡성 속에서 길을 잃을 때가 많습니다.

다시 처음으로 돌아가 볼까요? 성경이 들려주는 창조 이야기는 인류와 세상의 기원에 대한 이야기입니다. 이 이야기가 수천 년이 지난 지금도 여전히 살아 있는 것은 성경이라는 경전 속에 담겨 있기 때문이기도 하지만, 그 이야기가 사람들에게 여전히 의미 있게 다가오기 때문이 아닐까요? 성경의 창조 이야기는 다른 문화권에도 있는 창조 이야기와 어떻게 다를까요? 앞에서 바벨론 창조 설화 이야기와 길가메시 이야기를 들려드린 까닭은 비교점을 제시하고 싶었기 때문입니다. 「에누마 엘리시」가 던지고 있는 질문은 어떤 것이었습니까? '세상은 왜 존재하는가', '세상에서 인간은 왜 갈등하며 사는가.' 이런 질문들에 대한 답이 나름대로 제시되어 있습니다. 「길가메시 서사시」도 성경의 창조 이야기와 거의 동일한 질문을 다루고 있습니다. '인간은 왜 죽는가', '인간은 왜 불멸을 누리

지 못하는가', '인간은 왜 이별의 고통을 겪어야 하는가.' 이런 질문
은 우리 모두에게 근본적 질문입니다. 그렇게 보면 성경의 문제의
식과 그렇게 동떨어져 있지 않음을 알 수 있습니다. 하지만 그런 질
문에 답하는 방식이 서로 다릅니다. 성경의 새로움이 바로 여기에
있습니다.

성경의 창조 이야기

모두가 아시는 것처럼 성경에는 두 개의 창조 이야기가 등장
합니다. 창세기 1장과 2장은 서로 다른 창조 이야기를 전해 주고 있
습니다. 1장에서는 하나님이 말씀으로 세상을 창조하십니다. '있으
라' 혹은 '생기라'는 명령과 '있었다' 혹은 '생겼다'는 결과 사이에
틈이 없습니다. 명령과 수행이 한 치의 오차 없이 전개됩니다. 그
모든 일을 가능하게 하는 것은 하나님의 권위 있는 말씀입니다. 그
놀라운 말씀을 듣는 이들은 경외감에 휩싸일 수밖에 없습니다. 인
간의 상상으로 미치기 어려운 일이기 때문입니다.

인간의 미적 감성을 이야기할 때 숭고미가 빠질 수 없습니다.
숭고함의 감정은 어떠할 때 일어날까요? 어떤 대상이 우리 속에 경
외감을 불러일으켜서 영혼을 고양시킬 때입니다. 넓은 바다, 별이
총총한 하늘, 눈 덮인 높은 산은 우리의 일상을 넘어서는 보다 근원
적인 세계와 접속하도록 만듭니다. 제가 아는 한 선배가 들려준 이
야기가 떠오릅니다. 그는 육십이 넘어서 처음으로 히말라야에 갔습
니다. 안나푸르나가 보이는 베이스캠프에 도착하자, 눈앞에 서 있
는 설산을 보고 말할 수 없는 감동이 밀려왔다고 합니다. 시간이 흘
러가는지 멈추었는지 알 수 없는 상황에서 함께 간 후배들이 그 감

동적인 순간을 깨웠습니다. "형님, 추운데 들어갑시다." 후배들은 춥다고 숙소로 들어가고 선배는 오랫동안 안나푸르나 앞에 머물렀습니다. 그 이야기를 제게 해주면서 선배가 이렇게 말하더군요. "그 녀석들이 그 장엄한 설산을 보고도 춥다고 들어가 자더라. 나 걔들하고 다시는 산에 안 가." 압도적인 크기 앞에 설 때 자신의 작음을 절감하게 마련입니다. 칼 세이건은 『코스모스』 첫머리에서 우리를 장엄한 세계 앞으로 데려갑니다.

> 코스모스COSMOS는 과거에도 있었고 현재도 있으며 미래에도
> 있을 그 모든 것이다. 코스모스를 정관靜觀하노라면 깊은 울림을
> 가슴으로 느낄 수 있다. 나는 그때마다 등골이 오싹해지고
> 목소리가 가늘게 떨리며 아득히 높은 데서 어렴풋한 기억의
> 심연으로 떨어지는 듯한, 아주 묘한 느낌에 사로잡히고는 한다.
> 코스모스를 정관한다는 것이 미지未知 중 미지의 세계와
> 마주함이기 때문이다. 그러므로 그 울림, 그 느낌, 그
> 감정이야말로 인간이라면 그 누구나 하게 되는 당연한 반응이
> 아니고 무엇이겠는가.[20]

바로 이런 게 숭고함의 경험이 아닐까요? 사람들은 사방이 탁 트인 바다에 가게 되면 저마다 탄성을 지릅니다. "파도가 집채만 하네", "수평선은 정말 오랜만에 본다", "기러기 소리도 참 낭만적이네." 그러다가 어느 순간 말을 잊습니다. 일상 속에서 잃어버렸던 근원의 세계와 마주하고 있음을 영혼이 직감하기 때문일 것입니다. 몽골 초원에 가보신 적 있습니까? 그믐달이 뜰 무렵 인공의 불빛 한 점 없는 곳에 가본 적이 있습니다. 별이 이쪽 지평선에서 저쪽

지평선까지 가득 채우고 있더군요. 같이 간 이들 중 한 분이 바닥에 누워 밤하늘을 응시하다가 문득 윤동주의 「별 헤는 밤」을 떠올립니다. "별 하나에 추억과/별 하나에 사랑과/별 하나에 쓸쓸함과/별 하나에 동경과/별 하나에 시와/별 하나에 어머니, 어머니."[21] 즐겁게 이야기를 나누던 이들도 얼마 지나지 않아 입을 다물고 맙니다. 우리가 잊고 있었던 높음의 세계가 우리 앞에 있음을 느끼기 때문일 것입니다. 『숭고함에 관하여』라는 책을 쓴 그리스 수사학자 롱기누스의 책을 해설하면서 제가 이름을 기억하지 못하는 어떤 프랑스 학자는 숭고함의 경험을 말하기 위해 성경을 인용합니다. 그는 "'빛이 생겨라' 하시니, 빛이 생겼다"(창 1:3)는 말이야말로 가장 숭고한 말이라고 말합니다. 없음에서 있음이 나온다는 것처럼 큰 말이 어디 있겠습니까? 창세기 1장의 하나님은 우리에게 압도적이고 초월적인 모습으로 표상됩니다.

그런데 창세기 2장에 등장하는 하나님은 마치 다정한 예술가와 같습니다. 물이 퐁퐁 솟아올라 땅이 축축해지고 흙이 보들보들해지자, 하나님은 그 보드라운 흙으로 사람을 공들여 빚으십니다. 저는 이 대목을 읽을 때마다 라이너 마리아 릴케의 「기도 시집」의 첫 구절이 떠오릅니다.

> 지금 시간이 기울어가며 나를
> 맑은 금속성 울림으로 가볍게 톡 칩니다.
> 나의 감각이 바르르 떱니다. 나는 느낍니다, 할 수 있음을,
> 그리하여 나는 조형造形의 날을 손에 쥡니다.[22]

시간이 기울어가며 자기를 톡 쳤대요. 시인들은 참 놀라운 사

람들입니다. 하나님도 그런 의미에서 참 시적인 분이십니다. 보들보들한 흙을 보면 뭔가 만지고 싶지 않던가요? 창세기 1장의 하나님은 인간의 상상을 무한히 뛰어넘는 초월적인 분입니다. 그런데 2장의 하나님은 무언가를 조물조물 만드십니다. 우리에게 매우 친숙한 이미지입니다. 그런 예술가 하나님이 사람을 공들여 만드시고 그 속에 호흡을 불어넣으심으로 인간이 생령이 되었습니다. 호흡을 불어넣는 광경이 머리에 그려지지 않나요?

앞에서 들려드린 이야기를 떠올려 보십시오. 바벨론의 창조 설화인 「에누마 엘리시」에서 창조의 기본은 무엇이었습니까? 폭력과 갈등입니다. 압수와 티아맛이 나중에 태어난 신들을 제압하여 없애 버리려 했고, 그것을 알아차린 지혜의 신 에아가 선수를 쳐서 압수를 제압합니다. 그러자 화가 난 티아맛이 젊은 신들을 죽이려 하지만, 마르둑이 나서서 신들을 규합하여 티아맛과 전투를 벌입니다. 결국 티아맛은 제압당하여 죽고 맙니다. 마르둑은 티아맛의 몸을 갈라 하늘과 땅을 만들고, 킹구의 피로 인간을 만듭니다. 다시 말해, 인간의 질료는 혼돈의 힘인 킹구입니다. 「에누마 엘리시」에서 폭력과 지배는 당연한 것입니다. 제국의 신화는 늘 지배하는 자들의 폭력이 원형적으로 정당하다고 주장합니다.

그러나 성경의 창조 이야기는 전혀 다릅니다. 하나님은 누군가와 싸우시지 않습니다. 폭력도 없고, 오직 능력 있는 말씀 혹은 따뜻한 분위기만 있습니다. 하나님은 자신의 뜻대로 만들어진 세상을 바라보며 기뻐하셨습니다. "하나님 보시기에 좋았다." 창조 이야기에서 "보시기에 좋았다"는 말이 몇 번 나오지요? 일곱 번입니다. 굳이 헤아려 보지 않아도 짐작할 수 있습니다. 성경은 7이라는 숫자에 집착합니다. 그런데 "좋았다"는 표현이 매일 균등하게 배분되어 있지는 않습니다. 첫째 날, 하나님은 빛을 창조하셨고 창조된 세상이 하나님의 마음에 들었습니다. 둘째 날, 하나님은 공간을 창조하십니다. 혼돈의 물속에 궁창을 집어넣어 들어 올림으로 공간이 생기게 하십니다. 그런데 뜻밖에도 여기에는 "좋았다"는 말이 안 나옵니다. 셋째 날, 하나님은 땅과 바다를 구별하시고 땅에 식물들을 채워 넣으십니다. 이날은 "좋았다"는 말이 두 번 나옵니다. 땅과 바다를 만드신 다음 한 번, 땅에서 식물이 돋아나게 한 다음 한 번 나옵니다. 넷째 날에 하나님은 큰 빛과 작은 빛, 큰 광명과 작은 광명을 만들어 시간의 질서를 만드십니다. 그 질서가 하나님 보시기에 좋았습니다. 다섯째 날에 하나님은 물과 공중에 온갖 생물을 만들어 내십니다. 꿈틀거리며 자유롭게 노니는 동물들이 하나님 보시기에 좋았습니다. 지금까지 "좋았다"는 말이 몇 번 나왔지요? 다섯 번입니다. 여섯째 날에 만드신 것은 두 가지인데 먼저 땅에 사는 짐승입니다. 그 짐승들을 보며 하나님은 기뻐하셨습니다. 그날 하나님은 바쁘십니다. 짐승을 만드신 뒤에 사람을 만드셨기 때문입니다.

창조 이야기의 정점, 인간 창조

인간 창조는 창조 이야기의 정점입니다. 그렇기에 우리는 이 부분에서 "보시기에 좋았다"는 표현이 나올 것을 기대합니다. 그런데 놀랍게도 그 말이 없습니다. 다만 인간에게 복을 주시며 생육하고 번성하라고 말씀하실 따름입니다. 하나님은 이 모든 일을 마치고 창조된 세상을 둘러보시며 매우 기뻐하십니다. 성경은 그 마지막 대목에서 "보시기에 참 좋았다"고 말합니다. '참'이라는 부사가 첨가된 것입니다.

하나님이 사람을 창조한 이후에 "보시기에 좋았다"고 하시지 않아 조금 서운한 느낌이 들지 않으세요? 하나님은 사람을 보고 뭔가 불길한 조짐을 보셨던 것일까요? 어떤 학자는 이것을 하나님이 인간을 윤리적 주체로 만드셨다는 뜻으로 해석하기도 합니다. 인간은 가능태입니다. 하나님이 기뻐하시는 삶을 살 수도 있고, 하나님을 배신할 수도 있다는 말입니다. 다시 말해, 인간은 존재 자체로 하나님께 흐뭇한 기쁨을 안겨드리는 존재가 아닙니다. 인간은 주체적인 결단을 통해 하나님께 기쁨을 안겨드려야 합니다. 하나님의 '좋음'은 인간에게 열린 가능성입니다. 인간은 참 미묘한 존재입니다.

창세기의 창조 이야기에서 무엇보다 제가 주목하는 것은 제국의 창조 신화가 전제하고 있는 폭력성을 일절 배제했다는 사실입니다. 폭력과 갈등의 소란스러움이 아니라 하나님의 '좋음'이 지배하고 있는 세상, 얼마나 아름답습니까? 많은 그리스도인들이 날마다 반복하는 이야기가 있습니다. 인간의 죄에 대한 이야기입니다. 요즘에는 죄에 대한 이야기를 조금 덜 한다고 해도, 인간이 원죄原罪 가운데 있다는 이야기는 교회 강단에서 끊임없이 울려 퍼지고 있습니다. 그런데 인간에게 주어진 원복原福 곧 '오리지널 블레싱'original blessing에 대해서는 말하는 이들이 드뭅니다. 죄에 대한 강조가 곧 그리스도의 구속 사역과 관련되기 때문일 것입니다. 하지만 원죄보다 먼저 있는 게 원복입니다. 하나님은 이 세상에 인간을 창조하시기 전에 생명들이 살 수 있는 터전을 먼저 마련하셨습니다. 빛과 창공, 땅과 바다, 식물, 해와 달과 별, 물고기와 새, 짐승을 만드시고 마침내 인간을 만드셨습니다. 인간은 하나님이 만드신 은혜의 세계에 초대받은 존재입니다. 그 일을 다 마치신 뒤 하나님은 비로소 안식하셨습니다. 안식하셨다는 말은 하나님이 숨을 돌리셨다는 말입니다. 어쩌면 하나님의 안식을 방해하지 않는 것이 인간의 소명인지도 모르겠습니다.

인간 창조에 대한 이야기를 보다 자세히 살펴볼까요? 창세기 2장을 보면 하나님은 '아담'Adam을 먼저 창조하셨습니다. 아담은 히브리어로 '흙'을 뜻하는 '아다마'אֲדָמָה에서 유래한 이름입니다. 인간은 그 질료가 흙입니다. 어느 시인은 흙에 불안을 더하면 인간이고, 인간에게서 불안을 빼면 흙이 된다고 노래했습니다. 저는 이 대목에서 한 가지 깨달음을 얻었습니다. 불안은 인간의 상수이고 행복과 기쁨이 오히려 변수가 아닐까요? 불안을 느끼고 방황하는 것이 인간의 본질인지도 모르겠습니다. 그러므로 왜 내 인생이 이렇게 힘들고 불안하냐고 투덜거리지 마십시오. 불안을 품고 사는 게 인생 아니겠습니까?

조금 더 들어가 볼까요? 하나님은 흙으로 아담을 빚으신 뒤 그 코에 생기를 불어넣으십니다. 매우 즉물적인 표현입니다. 지금 우리가 숨을 쉬고 있다는 사실 자체가 신비입니다. 내가 숨을 쉬고 있는 것처럼 보이지만 숨은 쉬어지는 것이지 쉬는 게 아닙니다. 잠깐 동안 호흡을 중단할 수는 있지만, 아무리 의지가 굳건해도 몇십 분 이상 숨을 멈추기란 불가능합니다. 숨이 쉬어진다는 것은 그런 뜻입니다. 우리가 숨을 쉬고 있다는 사실은 하나님의 창조가 지속되고 있음을 보여줍니다. 그러므로 지금 우리의 존재 자체가 기적인 것이지요.

창세기 1장은 "하나님 보시기에 좋았다"는 말이 연이어 나오면서 뭔가 생명의 축제가 벌어진 것처럼 보였습니다. 그런데 2장에서는 사람을 만들어 에덴 동산에 두시고, 땅에 있는 모든 것을 다스리라고 명하신 하나님 마음에 들지 않은 것이 하나 있었습니다. "남자가 혼자 있는 것이 좋지 않으니, 그를 돕는 사람, 곧 그에게 알맞은 짝을 만들어 주겠다"(창 2:18). 이 부분이 참 중요합니다. '홀로 있음', 이것이 하나님 보시기에 좋지 않았습니다. '홀로 있음'은 수도자들의 소망이고, 저 또한 고독을 그리워하며 삽니다. 어떤 분은 외로움은 '홀로 있음의 괴로움'이고 고독은 '홀로 있음의 영광'이라고 구별하기도 했습니다. 그러나 창세기에서 '홀로 있음'은 쓸쓸함입니다.

서양적 주체를 상징하는 인물이 누구일까요? 바로 나르키소Narcissos, 우리가 나르시스Narcissus라고 이야기하는 신화 속 인물입니다. 그는 연못에 비친 자기 모습에 반합니다. 자기에게 몰두한 나머지 타자들의 부름에 응답하지 못합니다. 숲의 요정이 나르시스를 연모하지만 그는 요정에게 관심이 없습니다. 실연을 당한 숲의 요정이 슬픔에 잠겨 결국 목소리만 남기고 사라지는데, 그 요정의 이름이 에코Echo(메아리)입니다. 나르시스는 홀로 있는 주체입니다. 자기에게 빠져 있을 뿐입니다. 존재론적 쓸쓸함이 그를 사로잡습니다.

이름을 안다는 것

성경은 하나님이 남자가 혼자 있는 것을 보고 "그를 돕는 사람"을 만들기로 작정하셨다고 말합니다. 그는 아직 이름을 부여받지 못했습니다. 아담이라는 이름이 처음 등장하는 것은 창세기 3:20입니다. 아담이라는 이름은 하와와 더불어 등장합니다. 하나님은 처음부터 "그를 돕는 사람"을 만드시지 않고 흙으로 들의 짐승과 공중의 새를 빚어서 "그 사람"에게로 이끌고 오십니다. 그리고 그 사람이 그것들을 무엇이라고 하는지 가만히 지켜보십니다. 그 사람이 살아 있는 동물 하나하나를 이르는 것이 그대로 동물들의 이름이 되었습니다(창 2:19).

　이름을 붙여 준다는 것은 중요한 일입니다. 지금은 잘 다니지 못합니다만 저는 산에 다니는 것을 좋아했습니다. 계절마다 변하는 산을 바라보는 기쁨이 컸습니다. 가끔 동행하는 젊은이들에게 길가에 핀 꽃을 가리키며 그 이름을 아는지 묻곤 했습니다. 안타깝게도 젊은이들 가운데서 꽃 이름을 아는 이를 찾아보기가 어려웠습니다. 세상에서 명멸하는 정보에는 민감하게 반응하면서 우리 산야에 피어나는 꽃들에 대해 무관심한 것이 참 안타까웠습니다.

　이름은 구별하기 위한 기호입니다. '이름 명'名이라는 한자를 머리에 그려 보십시오. '저녁 석'夕 자에 '입 구'口 자가 결합된 단어입니다. 지금이야 밤조차 밝지만 옛날에는 밤이 되면 세상이 온통 어둠으로 뒤덮였습니다. 시각이 작동하기 어려웠다는 말입니다. 낮이라면 눈짓으로도 사람을 부를 수 있지만, 해가 지면 그럴 수 없습니다. 그래서 다른 이들과 구별되는 기호를 만들었습니다. 그것이 이름입니다. 그런데 꼭 그런 것만은 아닙니다. 인간은 자기 경험을 언어화할 때 비로소 그 경험이 무엇인지를 인식하게 됩니다. 누군가가 어떤 음료를 마셨는데 아주 익숙한 맛이었습니다. 그런데 뭔가 가물가물해서 옆에 있는 사람에게 묻습니다. "이게 무슨 맛이지요?" 그가 "살구맛이잖아요" 하면 그제야 비로소 "맞아" 하고 맞장구를 칩니다.

　이름을 붙인다는 것은 또한 그 외적 대상과 관계가 시작되었음을 상징합니다. 학생들이 선생님들의 별명을 붙이는 것도 그런 이유에서가 아닐까요? 김춘수의 시 「꽃」은 이것을 절묘하게 보여줍니다.

> 내가 그의 이름을 불러주기 전에는
> 그는 다만
> 하나의 몸짓에 지나지 않았다.
>
> 내가 그의 이름을 불러주었을 때
> 그는 나에게로 와서
> 꽃이 되었다.[23]

이름을 붙여 주는 순간 단순한 몸짓에 지나지 않았던 대상이 내게 가까이 다가와 꽃이 됩니다. 이름을 붙인다는 것은 그 대상이 내게 친숙해진다는 뜻입니다. "그 사람"이 동물들의 이름을 지었다고 하는 것은 그가 자기 외부 세계와 유의미한 관계를 열기 시작했다는 것을 뜻합니다. 산에 오르면서 마주하는 나무들을 가리키며 "저게 무슨 나무인지 알아?" 하고 물을 때, 잘 알지 못하는 이들에게는 이게 혼돈입니다. 소나무든, 잣나무든, 전나무든 그저 다 비슷해 보입니다. 이름을 안다는 것은 그만큼 중요한 일입니다. "그 사람"은 동물들의 이름을 붙여 주었지만 쓸쓸함에서 벗어나지는 못했던 것 같습니다.

경탄의 세계로의 초대

영연방 최고 랍비였던 조너선 색스가 이 장면을 다루면서 하나님이 동물을 "그 사람" 앞에 이끌고 오신 까닭은 함께 경탄하자는 초대였다고 말하더군요. 저는 한 번도 그렇게 생각해 본 적이 없었기에 그 부분을 읽고 무릎을 쳤습니다. 인간의 인간됨은 하나님의 기쁨에 동참하는 것임을 깨달았기 때문입니다. 하나님의 눈으로 세상을 볼 때 우리는 외경심에 사로잡히지 않을 수 없습니다.

자본주의 세상, 돈이 주인노릇을 하는 세상이 사람에게서 빼앗아가는 매우 중요한 능력이 무엇인지 아세요? 바로 경탄의 능력입니다. 빠름 속에서는 경탄이 터져 나오기 어렵습니다. 분주함이 신분의 상징이 된 세상에서 느림은 악덕입니다. 미하엘 엔데의 소설『모모』는 시간을 팔아 버린 사람들의 곤고한 삶을 보여줍니다.[24] 경탄이 사라진 자리를 차지한 것은 불평과 불만족입니다. 여러분도 잘 아는 나태주 시인의『풀꽃』이라는 시를 한번 떠올려 보세요.

> 자세히 보아야
> 예쁘다
>
> 오래 보아야
> 사랑스럽다
>
> 너도 그렇다.[25]

말랑말랑합니다. 감성적인 사람들의 마음을 건드립니다. 시인이 그것을 의도했는지는 모르겠으나, 저는 이 시에서 우리 문명의 거울 이미지를 봅니다. 거울 이미지는 뒤집힌 것이지요. "자세히 보아야/예쁘다"는 말은 우리는 절대로 자세히 보지 않는다는 사실을 반증합니다. 그저 슬쩍슬쩍 보고 맙니다. 그래서 주변에 있는 아름다운 것들을 향유하지 못합니다. "오래 보아야/사랑스럽다"는 말은 무엇이든 공들여 보지 않고 대충대충 보는 우리의 부박한 마음을 돌아보게 만듭니다. 분절된 시간을 사는 우리는 어느 한 가지에 오래도록 머물지 못합니다. 빛의 속도로 생산되고 소비되는 정보의 바다에서 허우적거리느라 정신을 차리지 못합니다. 사랑은 순간적으로 발생하기도 하지만, 그 사랑이 깊어지려면 시간의 숙성이 필요합니다. 그러나 그럴 시간이 없습니다. 사랑스러운 사람보다 밉살스러운 사람이 많은 것은 그 때문입니다. 이 짧은 시가 시가 되는 지점은 연을 바꿔 쓴 "너도 그렇다"라는 대목에 있습니다. 이 구절은 우리가 타자들과 관계를 맺는 방식을 돌아보게 만듭니다. 시간과 정성을 들여 만나고, 이해하기 위해 노력해야 비로소 우리는 다른 이들의 아름다움에 눈을 뜹니다. 하지만 시간에 쫓기는 우리는 시간의 향기를 잊고 삽니다. 경탄의 능력이 퇴화된 것은 그 때문입니다. "우리는 기적들 사이를 앞 못 보는 사람처럼 지나친다"는 누군가의 고백이 참 적실합니다.

아직 "그 사람"은 유감스럽게도 경탄의 세계에 눈을 뜨지 못했습니다. 그러자 하나님은 다른 조치를 취하십니다. 그 남자를 깊이 잠들게 하신 다음, 그가 잠든 사이에 그의 갈비뼈 하나를 뽑고 그 자리는 살로 메우십니다. 하나님은 그 갈비뼈를 가지고 여자를 만드시고 그 여자를 남자에게로 데리고 오십니다.

인간은 서로에게 속한 존재다

이 대목에서 한 가지 궁금증이 생깁니다. 하나님이 흙으로 남자를 빚으셨던 것처럼 여자를 빚으실 수는 없었던 것일까요? 왜 굳이 그렇게 어려운 외과수술을 감행하셨을까요? 하나님은 전능하시므로 그 정도는 일도 아니라고 하면 할 말이 없습니다. 가부장적 세계관에서 벗어나지 못하는 남자들 가운데는 여자가 남자의 갈비뼈에서 나왔기 때문에 태생적으로 열등하다고 말하는 이들도 있습니다. 못난 사람들입니다. 다시 묻습니다. 왜 하필이면 갈비뼈를 뽑아서 여자를 만드셨을까요? 그것은 중근동의 문화와 연관되는 것으로 보아야 할 것 같습니다. 아랍인들에게 갈비뼈는 절친한 친구를 나타내는 말입니다. 수메르어로 갈비뼈는 '생명'을 뜻한다고 하더군요. 성경 기자가 여기에서 영향을 받은 것인지도 모르겠습니다.

그래서 저는 이것을 이렇게 해석하고 싶습니다. 하나님이 남자의 갈비뼈로 여자를 만드셨다는 말은 남자와 여자의 생명이 한 뿌리에서 나왔음을 암시하는 것이 아닐까요? 인간은 서로에게 속한 존재입니다. 이 말을 달리 이야기하면, '너 없이는 나도 없다'는 말입니다. 남자의 갈비뼈를 뽑아 여자를 만들었지만, 여자가 존재하기 전에는 남자도 없습니다. 세상에 음陰이 없으면 양陽이 없듯이, 빛이 없으면 그림자도 없듯이 말입니다. 이웃 사랑의 계명은 바로 이런 인식에서 탄생한 것이 아닐까요?

잠에서 깨어난 남자는 자기 앞에 등장한 낯설기도 하고 낯익기도 한 존재를 바라보면서 탄성을 지릅니다. 앞서 동물들을 볼 때 아담은 참 무뚝뚝했습니다. 서술어가 없이 이름만 붙여 주었습니다. "돼지야, 네 코는 정말 멋지구나", "닭아, 네 벼슬은 어쩜 그리도 아름답냐", "사슴아, 네 뿔은 정말 예술이다." 이런 이야기가 없습니다. 그런데 그 남자는 자기 앞에 나타난 여자를 보고 이렇게 노래합니다.

이제야 나타났구나, 이 사람! 뼈도 나의 뼈, 살도 나의 살,

남자에게서 나왔으니 여자라고 부를 것이다(창 2:23).

갑자기 그 남자가 시인이 되었습니다. 최고의 사랑 고백입니다. 저는 인간이 직조해 낸 최초의 문장이 사랑 고백이라고 말하곤 합니다. 참으로 거칠고 험한 말들이 횡행하는 시대이기 때문에 그런 생각이 더 절실합니다. 성경이 들려주는 이야기를 통해 우리는 인간을 인간답게 하는 것은 지배와 피지배 관계가 아님을 알 수 있습니다. 너 없이는 나도 없다고 하는 사실을 깊이 자각하고, 다른 이들을 아끼고 존중하고 사랑하는 것이 인간의 인간됨이 아닐까요?

하나님의 형상으로서의 인간

'하나님의 형상'에 관하여 앞으로 더 이야기하겠습니다만, 지금은 조금 단순화시켜서 생각해 보려고 합니다. 창조된 모든 인간이 하나님의 형상이라는 선언은 혁명적 선언입니다. 고대 세계에서 신의 형상 혹은 신의 아들은 배타적으로 왕들에게 적용되던 말입니다. 왕들은 통치 영역 모든 곳에 있을 수 없었기 때문에 왕의 모습을 담은 흉상 같은 것을 곳곳에 세우기도 했습니다. 제국의 틈바구니에서 생존을 도모해야 했던 이스라엘, 특히 이집트나 바벨론에서 시련의 시간을 감내해야 했던 이들은 자신들을 존엄한 주체로 인식하기가 어려웠습니다. 그러나 성경은 모든 인간이 하나님의 형상대로 지음받았다고 선언합니다(창 1:27). 일종의 인권 선언입니다. 하나님의 형상과 관련하여 다른 측면도 있습니다. 인간에게만 있는 고유한 특질을 하나님의 형상으로 이해하려는 이들도 있습니다. 양

심, 이성, 판단력, 상상력, 도덕적 행위 능력 등이 그것입니다. 하나님의 형상에 관한 다양한 해석이 존재합니다.

여기서 제가 주목하는 것은 '하나님의 형상이라는 구절이 우리 실존에 어떤 의미를 갖는가'입니다. 복잡하게 말할 것 없습니다. 우리가 하나님의 형상이라는 것은 우리 존재의 실상인 동시에 과제입니다. 내가 하나님의 형상이라면, 사람들이 나를 보며 하나님을 느낄 수 있어야 합니다. 하나님의 현존을 느끼게 해야 한다는 말입니다. 어느 날 빌립이 예수님께 와서 청합니다. "주님, 우리에게 아버지를 보여주십시오. 그러면 좋겠습니다"(요 14:8). 그러자 예수님이 대답하십니다. "빌립아, 내가 이렇게 오랫동안 너희와 함께 지냈는데도, 너는 나를 알지 못하느냐? 나를 본 사람은 아버지를 보았다"(요 14:9). 간결하지만 단호한 말씀입니다. 누군가는 "예수님이니까 그렇게 말씀하실 수 있었겠지요"라고 말할 수도 있습니다. 맞습니다. 하지만 하나님의 존재를 드러내는 것이 하나님의 형상으로서 우리의 과제입니다.

하나님을 창조주로 믿는 이들은 세상에 존재하는 그 어떤 것도 우연히 존재하지 않는다는 사실을 인정하는 이들입니다. 세상 모든 것 속에 하나님의 숨결이 깃들어 있습니다. 정말 그렇게 믿는다면, 세상의 그 어떤 것도 함부로 대할 수 없습니다. 창조주 하나님을 믿는다 하면서도 사람들을 존중하지 않는 이들은 이율배반 속에 빠져 있는 것입니다. 다른 이들을 존중하지도 않고, 아끼지도 않고, 멋대로 배척하고 혐오하고 따돌리는 이들은 하나님을 알지 못하는 이들입니다. 하나님의 형상으로서 내가 존중받아야 하는 것처럼, 다른 이들을 하나님의 형상으로 대하는 것이 모든 그리스도인의 윤리적 실천의 토대입니다. 오늘 강의는 여기서 마치겠습니다.

하나님
안에서
태어나다

살다 보면 부득이하게 한계상황 속에 직면할 때가 있습니다.
그때는 내가 무엇을 어떻게 해볼 수가 없습니다.
그런 상황에 직면할 때 어떤 사람은 무너지지만,
어떤 사람은 실존적 도약을 시도합니다.

그런데 아무리 도약을 감행해도 발이 땅에 닿지 않는 경우도
있습니다. 불가항력적인 일들입니다.
이런 경험을 할 때 사람은 비로소
'아, 이 세상에는 인간의 이성이나 경험으로 통합할 수 없는
더 큰 세계가 있구나'라는 것을 깨닫게 됩니다.
더 큰 세계와의 접속, 거룩한 것과의 만남은 그렇게 시작됩니다.

여러분도 보셨는지 모르겠습니다만, 제가 본 다큐멘터리 중 기억에 남는 작품이 있습니다. 바로 「어른 김장하」입니다. 전직 지역신문 기자와 방송사 피디가 의기투합하여 만든 취재기 형식의 다큐멘터리입니다. 김장하 선생은 중학교를 졸업하고 한약방에서 머슴살이를 하다가 열아홉 살에 한약종상 시험에 합격해 한약사가 되었습니다. 싼 값에 좋은 약재를 쓰니 손님이 많을 수밖에 없었습니다. 그는 그렇게 번 돈으로 호의호식하지 않고, 공부를 하고 싶은데 형편이 어려워서 기회를 잡지 못하는 이들에게 장학금을 주기 시작했습니다. 50년 이상 지속되었으니 그가 지급한 장학금은 액수로 환산할 수 없을 정도입니다. 그 수혜자들 가운데서 유능한 인재들이 많이 나왔고 현재 사회 도처에서 훌륭한 역할을 하고 있습니다. 그들의 기억 속에 김장하라고 하는 인물은 '참 아름다운 어른', '이 시대의 어른'입니다. 그는 형평衡平 운동을 적극적으로 지원하기도 했습니다. 과거에 백정들이 얼마나 천대받고 어려움을 겪었는지 돌아보면서 오늘날 여전히 공고한 사회의 차별을 안타까운 마음으로 바라봅니다. 그러다 보니 아주 보수적인 이들로부터 욕도 먹고 전화로 위협까지 당합니다. 그럼에도 김장하 선생은 자신의 일을 침착하고 꾸준하게 해나갔습니다. 그는 걷는 것을 좋아합니다. 지금은 연세가 많아 약간 구부정한 모습으로 종종걸음을 하듯 걷습니다. 출

연자 중 한 사람이 "어떻게 이렇게 걸으세요?" 하고 묻자, 그는 간단하게 대답합니다. "사부작사부작 꼼지락꼼지락 가면 돼." 그렇습니다. 살다 보면 가야 할 길이 너무 멀다는 생각에 막막하고 암담할 때가 있습니다. 사부작사부작, 꼼지락꼼지락. 이렇게 조금씩 걷는 게 인생의 지혜가 아닐까요? 성큼성큼 걸어도 목표에 도달할 수 없다고 여겨 줄달음질하는 이들도 있지만, 조급해한다고 해서 인생이 수월해지는 것은 아닙니다. 조금씩이라도 꿈틀거리면서 앞으로 나아가는 은근함이 필요합니다.

때를 분별하며 산다는 것

"사부작사부작 꼼지락꼼지락"이란 구절은 박노정의 「사부작 꼼지락」이라는 시에서 가져온 말 같습니다. 다음은 저자가 달팽이를 보며 쓴 시입니다.

> 사부작거리는 게 네 장점이야
> 있는 듯 없는 듯 꼼지락꼼지락
> 거리는 것만으로 아무렴
> 살아가는 충분한 이유가 되고도 남지
> 사부작사부작
> 꼼지락꼼지락
> 황홀해
> 눈부셔[1]

이것이 이 시의 전부입니다. 달팽이를 보면 속이 터지는 분들이 있지요? 그 속도가 적응이 되지 않기 때문입니다. 하지만 달팽이를 보고 느리다고 말하면 안 됩니다. 달팽이는 그저 자기 속도대로 가는 것입니다. 자기 속도로 걸어야 숨이 가쁘지 않을 텐데, 우리는 과속에 익숙해져 있기에 늘 숨이 가쁘고 우리를 추월하는 사람들을 보며 눈을 흘깁니다.

자기에게 주어진 인생의 때를 분별하며 사는 게 지혜라지요? 전도서 3장을 보면 '때'에 대한 이야기가 나옵니다. "모든 일에는 다 때가 있다. 세상에서 일어나는 일마다 알맞은 때가 있다"(전 3:1)는 대전제를 제시한 뒤 우리가 살아가는 중에 경험하는 다양한 때를 열거합니다. 무언가를 심을 때가 있는가 하면, 거두어야 할 때도 있습니다. 세워야 할 때가 있고, 허물어야 할 때가 있습니다. 앞으로 나아가야 할 때가 있고, 물러서야 할 때가 있습니다. 전도서 기자는 그렇게 열네 쌍의 때를 교차 배치한 뒤 놀라운 말을 합니다. "하나님은 모든 것이 제때에 알맞게 일어나도록 만드셨다"(전 3:11). 우리가 시간 속에서 경험하는 일들은 일어날 만하므로 일어난다는 것입니다. 사랑할 때도 있고 미워할 때도 있지만, 너무 안달복달할 필요가 없겠습니다. 문제는 우리가 그 때를 분별할 능력이 부족하다는 것입니다. 우리는 너무나 자주 이것은 좋은 것이고 저것은 나쁜 것이라고 범주화해 놓고, 좋은 게 내게 오면 행복하다고 말하거나 인생이 참 아름답다고 말합니다. 그러다가 좋지 않은 것으로 규정해 놓은 것이 다가오면 인생이 왜 이렇게 힘겹냐고 투덜거립니다. 인생의 지혜는 내게 어떤 때가 다가오든지 그 때 속에 담겨 있는 아름다운 것을 볼 줄 아는 눈을 갖추는 것이 아닐까요?

인생은 순례길이다

저는 인생이 순례라고 생각합니다. 이것은 제가 삶을 대하는 입장이라 할 수 있습니다. 순례자이기 때문에 한 자리에 머물 수 없습니다. 수십 년을 한 교회에서 일한 제가 할 수 있는 말은 아닙니다. 하지만 저는 장소의 이동이 곧 순례라고 생각하지 않습니다. 자기가 머물고 있는 세계나 가치관에 고착되기를 거부하고, 늘 새로운 진실과 만나려는 마음을 품고 사는 사람이 바로 순례자가 아닐까요? 신학교 때 한 선배가 자신의 석사학위 논문을 제게 건네면서 적어 준 글이 매우 인상적이었습니다. "진리를 찾아가는 순례자 김기석에게 내가 잠시 머물고 있는 자리에서 거둔 열매를 건넵니다." 인식의 여정 중 지금은 여기에 잠시 머물렀지만, 또 다른 세계를 향해 길 떠나려는 그의 마음이 아름답게 여겨졌습니다. 언제부터인지 저는 "여행자는 요구하고, 순례자는 감사한다"Turistas manden, Peregrinos agradecen는 라틴어 격언을 늘 떠올리며 삽니다. 인생을 여행이라고 생각하는 사람은 어떤 사람일까요? 값을 지불했기 때문에 자기가 치른 값에 합당한 대우를 받아야 한다고 생각하는 사람입니다. 여기에는 만족이 없습니다. 타자들은 늘 나의 기대치에 못 미치기 때문입니다. 그러나 순례자는 그 길 위에서 만나는 모든 일에 감사합니다. 시련과 아픔도 있지만 그것이 우리를 중심이신 분께로 이끌어 주는 계기임을 알기 때문입니다. 이렇게 말한다고 제가 늘 순례자로서 살아가는 것은 아닙니다. 가끔은 여행자 모드로 전환하기도 합니다.

유서 깊은 유럽 도시에 있는 대성당에 가보셨습니까? 그렇다면 성당 앞 광장이나 예배당 회랑에 미로가 그려져 있는 것을 보셨을 것입니다. 그것을 보고서 조금 의아하지 않던가요? 저도 처음에는 '왜 예배당에 미로가 그려진 걸까?' 하고 궁금해했습니다. 그러다가 그것이 진리를 찾아가는 과정을 보여준다는 사실을 알아차렸습니다. 사실 인생은 미로 찾기와 닮아 있습니다. 어떤 중심 혹은 목표에 도달하기 위해 우리는 늘 노심초사하며 나아갑니다. 미로를 걸어 본 사람이라면 누구나 알고 있는 바입니다만, 중심에 가까이 갔다고 느끼는 순간 길이 막힙니다. 돌아 나올 수밖에 없습니다. 중심을 향해 가다가 오던 길을 되짚어 나오고, 조금 전과는 다른 길을 택해 또 걸어갑니다. 그 반복적인 과정이 권태롭게 느껴질 때도 있습니다. 하지만 그것이 인생입니다.

예배당에 그려진 미로는 마치 하나님이라는 영원한 중심에 도달하는 길은 일직선이 아니라 수없이 많은 우회로로 이어진다고 말하는 것 같습니다. 여러분이 걸어 온 신앙 여정을 생각해 보십시오. 처음 믿을 때는 모든 게 어색하지만 어느 순간 믿음이 상승 곡선을 그릴 때가 찾아옵니다. 찬송을 해도 기쁘고, 기도하는 시간이 행복하고, 말씀을 듣는 것도 참 좋습니다. 주위에 있는 사람들도 다 정겨워 보입니다. 계속 그러면 좋겠지만 또 다른 시간이 찾아옵니다. 어느 순간 모든 것이 시들해집니다. 신앙의 상승 곡선이 하향 곡선으로 전환됩니다. 원점 정도만 떨어져도 좋겠는데 자꾸 미끄러집니다. 찬송을 부르는 것도 시들해지고, 기도에도 열의가 사라지고, 말씀도 달게 느껴지지 않습니다. 주위에 있는 사람들의 부정적인 모습이 자꾸 눈에 들어옵니다. 신앙적 회의에 빠진 것입니다. 하나님이 안 계신 것 같고, 설사 계시다 해도 하나님의 뜻대로 사는 게 왠지 허망한 것 같은 생각이 들기도 합니다. 그렇게 바닥에서 헤매다가 어느 순간 새로운 힘이 우리 속에 차오르는 것을 느낍니다.

신앙생활이란 신뢰와 회의가 반복되는 가운데 나선형으로 성장하는 것 같습니다. 신앙 곡선이 위로 올라간다면 기뻐하고 감사해야 하겠지만, 내려오고 있다고 해서 낙심할 필요가 없습니다. 중요한 것은 순례의 길에서 벗어나지 않는 것입니다. 버티는 힘이 있어야 한다는 말입니다.

역사적으로 이와 같은 경험을 잘 드러낸 사람이 있습니다. 16세기 스페인의 영성가인 십자가의 성 요한입니다. 그는 기도생활에 몰두하는 수도사들이 거치는 영적 경험 세계를 정밀하게 그려 냈습니다. 복음의 말씀과 기도생활이 달게 느껴질 때도 있지만, 소태처럼 쓰게 느껴질 때도 있습니다. 하나님의 임재가 환하게 느껴질 때도 있지만, 하나님이 아주 멀리 계신 것 같은 고적감에 사로잡힐 때도 있습니다. 십자가의 성 요한은 그런 체험을 "영혼의 어둔 밤"dark night of the soul이라고 표현합니다. 어둔 밤에 처한 영혼은 두려움을 느낍니다. 하지만 어둔 밤은 복의 계기가 되기도 합니다. 어둔 밤이야말로 더 큰 세계가 우리에게 개시되는 순간이기 때문입니다. 그러므로 어둠은 뚫고 나가야지, 그 속에 잠겨 버리면 안 됩니다.

회의를 모르는 신앙은 확고해 보이지만 더 크게 자랄 수 없습니다. 회의란 내가 그동안 확고하다고 믿고 있었던 지식과 경험에 통합되지 않는 낯섦의 세계가 내게 다가온 것이라 할 수 있습니다. 낯섦을 받아들이기 위해서는 용기가 필요합니다. 신앙적 모험을 감행해야 하기 때문입니다. 지평 융합이라는 말을 아십니까? 낯섦은 더 커지라는 부름입니다. 회의를 통과하지 않은 믿음은 불안전합니다. 아주 작은 차이도 용납하지 못하는 사상은 독단이 됩니다. 진리를 찾아가는 순례자로 산다는 것은 언제나 새로운 세계를 향해 자기를 개방하는 것이라 할 수 있습니다. 사부작사부작, 꼼지락꼼지락 조금씩 나아갈 결심이 필요합니다.

인간 속에 깃든 영원하신 분의 빛

여러분, 지금까지 살면서 고전을 많이 읽으셨습니까? 많이 읽으면 참 좋겠는데, 고전은 많이 읽히는 책은 아닙니다. 고전의 특징이 무엇인지 아십니까? 모르는 사람이 없지만 읽은 사람도 별로 없다는 것입니다. "이 책 읽어 봤어?" 하고 물어보면 사람들은 대개 "옛날에 읽었는데 기억이 안 나"라고 대답하는 게 고전입니다. 고전의 운명이니 어쩔 수 없지요. 그중 한 책에 관해 잠시 이야기하려고 합니다. 단테의 『신곡』 읽어 보셨나요? 답은 이미 제가 가르쳐 드렸습니다. 사실 이 책 이야기를 하지만 저도 제대로 이해한다고 장담하지 못합니다. 단테의 책을 읽고 해설한 책 몇 권 읽었다고 해서 다 이해했다고 말할 수 없으니 말입니다.

단테의 『신곡』은 모두 세 편으로 구성되어 있습니다. 지옥편, 연옥편, 천국편입니다. 지옥편과 연옥편에서는 단테가 베르길리우스라는 로마 시인의 안내를 받아 9층으로 되어 있는 지옥을 여행하고, 7층으로 구성된 연옥도 돌아보는 이야기가 흥미롭게 전개됩니다. 천국 여행의 안내자는 단테가 구원의 여인으로 묘사하는 베아트리체입니다. 베르길리우스는 예수님을 믿지 않았기에 천국을 안내할 수 없었던 것입니다. 지난 강의에서 하나님 형상대로 지음받은 인간에 대해 잠시 이야기했는데, 그와 관련해서 천국편에 나오는 한 대목을 함께 읽어 보겠습니다.

나쁜 것이라면 뭐든 자신으로부터 멀리하는 하느님의 덕성이 당신 안에 타시며 불꽃을 피우시니 영원한 아름다움들을 이렇게 펼치시는 것이라오. 무얼 통하지 않고 그로부터 직접 방울져 나오는 것은 끝이 없으니 그 덕성이 찍으신 자국이 없어지지 않은 까닭이라오. 그로부터 직접 비 오듯 하는 것은 모두가 자유로우니 이는 새로운 것들의 힘에 달려 있지 않은 까닭이라오.

단테는 지금 하나님에 관해서 말하고 있습니다. 그는 하나님을 "나쁜 것이라면 뭐든 멀리하는 분"으로 인식하고 있습니다. 하나님의 덕성이 스스로 안에서 불타오르기 때문에 영원한 아름다움이 그분에게서 펼쳐집니다. "무얼 통하지 않고 그로부터 직접 방울져 나오는 것은 끝이 없으니 그 덕성이 찍으신 자국이 없어지지 않은 까닭이라오." 무언가를 통하지 않고 그로부터 끝없이 나온다는 말을 신학적으로 표현하면 '크레아치오 엑스 니힐로'Creatio ex nihilo 곧 '무無로부터의 창조'입니다. 하나님은 어떤 질료를 통해서 세상을 만드신 분이 아니라, 없음에서부터 있음을 만드신 분입니다. 그것이 창조입니다. "그로부터 직접 비 오듯 하는 것은 모두가 자유로우니 이는 새로운 것들의 힘에 달려 있지 않은 까닭이라오." 세상에 존재하는 모든 것은 직접 그분으로부터 유래했습니다. 아주 확고한 창조 신학입니다. 다음 대목을 보겠습니다.

그것은 그에 더욱 부합되기에 더욱 그를 기쁘게 하니 일체의 것을 비추어 주는 거룩한 불꽃이 비슷한 것 속에서 더욱 생생한 것이라오. 이 모든 선물들을 인류라는 피조물이 누리고 있으니, 그중 하나라도 없으면 그는 고귀함으로부터 떨어져 나가야 한다오. 오로지 죄악만이 그의 자유를 앗아 가며 그걸 또 최고의

선과 어긋나게 하니 그 때문에 그 빛이 조금은 약해진다오.[2]

이것은 하나님께로부터 흘러나온 것이 하나님의 본질에 부합한다는 말입니다. 다시 말해, 하나님의 본질에 부합되는 것들 속에 일체의 것을 비추어 주는 거룩한 불꽃이 담겨 있다는 말입니다. 이어지는 말이 중요합니다. "이 모든 선물들을 인류라는 피조물이 누리고 있으니." 다른 피조물들이 그런 것처럼 인간 속에도 하나님의 아름다운 덕성이 있다는 것입니다. 인간에 대한 긍정적 시각이 분명하게 드러납니다. 그러나 인간은 자유롭게 창조되었기 때문에 그 빛을 유지할 수도 있고 잃을 수도 있습니다. "그중 하나라도 없으면 그는 고귀함으로부터 떨어져 나가야 한다오." 인간의 고귀함은 그 빛에서 유래하는 것입니다. 그러나 그 빛이 약해질 수도 있습니다. 단테는 오로지 죄악만이 그의 자유를 앗아 가며 그것을 또 최고의 선과 어긋나게 한다고 말합니다. 어둠이 빛의 결핍인 것처럼 악은 선의 결핍이라 했던 어거스틴의 말이 떠오르는 대목입니다. 인간 속에 깃든 영원하신 분의 빛, 이것이 단테가 이해한 하나님의 형상일 것입니다. 그 형상은 저절로 유지되는 것이 아닙니다. 그것을 유지하기 위해서는 하나님의 형상을 어둡게 만들려는 죄의 유혹과 맞서 싸워야 합니다. 그 싸움의 무기는 미움, 증오, 혐오가 아니라, 사랑과 이해 그리고 자기희생입니다.

인간의 뿌리 깊은 죄성

여기서 20세기 신학자인 폴 틸리히의 언어를 빌려야 할 것 같습니다. 그는 인간이 죄로 인해 불투명해졌다고 말합니다. 그 말은 하나님의 형상을 드러내지 못한다는 뜻입니다. 하이데거가 말하는 '비본래적 실존' 개념과 유사합니다. 인간의 사명은 하나님을 선명하게 비추어 내는 것인데 그러지 못하게 된 것입니다. '투명성'transparency을 잃어버린 상태가 곧 죄의 상태입니다.

이 대목을 생각할 때마다 윤동주의 시 「참회록」이 떠오릅니다. 시적 화자는 파란 녹이 낀 구리거울 속에 비친 자기 모습을 바라봅니다. 그의 시선은 앞에서 살펴본 나르시스와는 전혀 다릅니다. 그는 자기 모습이 욕되게 느껴집니다. 24년 1개월 동안 살아온 얼굴을 치욕스럽게 바라보는 것은 일제 강점기에 적응하며 살아가는 자기 모습이 부끄러웠기 때문일 것입니다. 이 시가 쓰인 것이 1942년이니 정말 어두웠던 시기입니다. 욕스럽다 하여 도피하거나 은둔할 수도 없습니다. 한 걸음씩 나가면서 길을 모색해야 합니다. 그래서 그는 "밤이면 밤마다 나의 거울을/손바닥으로 발바닥으로 닦아 보자"고 다짐합니다. 파란 녹이 다 벗겨져 투명하게 될 날이 있을지 모르겠지만 그는 그 수고를 포기할 수 없습니다.[3]

아담과 하와가 선악을 알게 하는 나무 열매를 따먹은 뒤 그들은 비로소 자기들이 벌거벗고 있음을 자각했습니다. 부끄러움의 감정이 탄생한 것입니다. 부끄러움은 남에게 숨기고 싶은 것이 드러날 때 느끼는 감정입니다. 선악과를 먹기 전만 해도 아담과 하와는 '너와 나'가 미분화된 세상에 속했습니다. 너와 내가 다르지 않으니 부끄러움도 없습니다. 미분화 상태에서는 도덕적으로 옳고 그름을 판단하지 않는 법입니다. 어린아이들의 순수한 상태를 떠올리면 되겠습니다. 폴 틸리히는 그런 상태를 '꿈꾸는 순진무구'dreaming innocence라고 표현했습니다. 어른들 가운데도 순진무구한 이들이 있습니다. 그런 이들은 보통 눈치가 없다는 핀잔을 듣곤 합니다. 러시아 사람들은 이렇게 악의가 없이 겸허하고 천진한 사람들을 가리켜 '유로지비'라고 불렀습니다. 번역하자면 '바보 성자'holy fool입니다.

꿈꾸는 순진무구 상태에 있던 인간을 성인의 세계로 인도한 것은 뱀입니다. 뱀은 하와를 찾아와 매우 교묘한 질문을 던집니다.

하나님이 정말로 너희에게, 동산 안에 있는 모든 나무의 열매를
먹지 말라고 말씀하셨느냐?(창 3:1)

뱀의 유혹이 작동한 것은 "정말로"라는 부사와 "모든"이라는 관형사 때문이 아닌가 싶습니다. 누군가는 부사와 형용사를 가리켜 인간을 인간답게 하는 품사라고 말하기도 합니다. 그것이 인간적인 감정을 드러내기 때문인지도 모르겠습니다. 하와는 뱀의 질문 속에 담겨 있는 오류를 바로잡기 위해 대답합니다.

우리는 동산 안에 있는 나무의 열매를 먹을 수 있다. 그러나
하나님은, 동산 한가운데 있는 나무의 열매는, 먹지도 말고
만지지도 말라고 하셨다. 어기면 우리가 죽는다고 하셨다
(창 3:2-3).

하와는 자기에게 허락된 것을 말하는 동시에 금지된 것도 이야기하고 있습니다. 말의 인플레이션이 일어나고 있습니다. 하와는 금지된 것을 말하기 위해 조금 과장하고 있는 것 같습니다. 과장이야말로 유혹이 틈입할 수 있는 허점입니다. 그때 뱀은 에두르지 않고 아주 단호하게 말합니다.

너희는 절대로 죽지 않는다(창 3:4).

이어서 뱀은 그 나무 열매를 먹으면 눈이 밝아지고 하나님처럼 되어서 선과 악을 알게 될 것이라고 말합니다. 말은 사건을 일으키는 법입니다.

여자가 그 나무의 열매를 보니, 먹음직도 하고, 보암직도 하였다. 그뿐만 아니라, 사람을 슬기롭게 할 만큼 탐스럽기도 한 나무였다 (창 3:6).

우리말 번역이 참 절묘하지요? 사전을 찾아보니, '-직하다'라는 접미사는 "'한 것 같다', '해도 좋다', '할 수 있다' 등의 뜻의 형용사를 이루는 말"이라고 설명되어 있습니다. 사전적 의미와는 별도로 '-직하다'라는 말을 번역어로 택한 것이 놀랍습니다. 별것 아닌 것 같은 언어의 미묘한 차이가 사람들의 삶에 막대한 영향을 끼칩니다.

결국 하와는 뱀의 유혹에 저항할 힘을 잃고 맙니다. 하나님의 금지에 미심쩍은 눈길을 보냅니다. 금지된 것은 왠지 우리 마음에 불편한 감정을 심어 줍니다. 금지는 우리가 따라야 할 일종의 규율입니다. 자유의 한계인 셈입니다. 지난 강의 때 제가 창조와 관련하여 말씀드린 내용 기억하고 계신가요? 하나님이 여섯째 날 짐승을 만드시고 기뻐하셨습니다. "하나님 보시기에 좋았다." 그런데 인간을 만드신 뒤에는 이 표현이 등장하지 않습니다. 인간이 하나님 보시기에 좋은지 안 좋은지는 인간의 실존적 결단 여부에 달려 있기 때문입니다. 그런데 우리는 경험을 통해 금지가 유혹이라는 사실을 잘 압니다. 금지된 것은 매혹적으로 보입니다. 하지 말라고 하면 더 하고 싶어집니다.

어거스틴도 그와 같은 경험을 했던 것 같습니다. 그는 하나님이 세상의 모든 것을 창조하셨지만 인간 안의 죄만은 창조하지 않으셨다고 말합니다. 또한 자기가 어린 시절 저지른 죄를 돌아보며, 아무도 그 죄를 가르친 적이 없지만 죄를 짓는 것을 보면 인간의 뿌리 깊은 죄성을 고백하지 않을 수 없다고 말합니다. 어린아이 때는 물론이고 청소년기에도 그는 자신이 동년배들의 칭찬을 받기 위해 금지된 행동을 했던 사실을 상기합니다. 그는 자기의 죄성을 드러내기 위해 배를 훔쳤던 경험을 자백합니다. 그의 집 포도밭 근처에 배나무 한 그루가 있었습니다. 배 열매가 많이 열려 있기는 했지만 따먹고 싶을 정도의 상태는 아니었습니다. 어느 날 늦은 밤에 마을의 악동들이 다 같이 몰려가서 그 나무를 흔들어 배를 땄습니다. 각자 한 아름씩 안고 가서는 고작 한두 개 맛보다가 돼지 떼에게 던져 주었습니다. 어거스틴은 그 일을 돌아보며 이렇게 말합니다.

> 내가 어떤 뚜렷한 이유 없이 사악한 일을 할 때 거기에서 찾는 것이 무엇이었습니까? 사악한 일을 할 때 사악한 일을 하도록 한 원인은 바로 사악함 자체 이외에 아무것도 없었습니다. 그것은 더러운 것이었습니다. 그러나 나는 그것을 사랑했습니다. 나는 내가 망해 가는 것을 사랑했습니다. 나의 나쁜 짓을 사랑했습니다. 그 나쁜 짓으로 무엇을 얻는다는 것을 사랑하는 것이 아니라 그 나쁜 짓 그 자체를 사랑한 것입니다. 타락한 내 영혼은 당신을 굳건히 의지하고 사는 데서부터 멸망의 심연으로 떨어져 아무것도 부끄럽게 생각하지 않고 부끄러움만 찾고 있었습니다.[4]

금지된 것을 행할 때 느끼는 쾌감이 있습니다. 그것은 두려움을 동반하는 쾌감입니다. 제가 대학에 다니던 1970년대에는 금서禁書로 지정된 책들이 꽤 많이 있었습니다. 소지하고 있는 것만으로도 붙잡혀 가던 엄혹한 시대였습니다. 형사들의 눈을 피해 금서를 파는 서점도 있었습니다. 책을 구하려면 마치 작전을 수행하듯 행동해야 했습니다. 학생들은 금지된 책이나 문서를 손에 넣으면 혼자 간직하지 않았습니다. 기숙사나 자취방에서 그 당시 가리방이라 불린 등사판으로 찍은 유인물을 돌리곤 했습니다. 불심 검문에 걸리지 않으려고 큰길을 피해 다니기도 했습니다. 이영희 선생의 책, 김지하의 시나 희곡을 돌려보던 생각이 납니다. 칼 마르크스의 책을 읽는 이들도 많았습니다. 그런데 1980년대 초반에 그러한 책들이 금서 목록에서 풀리자 이상한 일이 벌어졌습니다. 사람들의 눈에 그리도 매혹적이었던 책들이 조금 시들하게 보였던 것입니다. 금지가 유혹이라는 것은 바로 그러한 경험을 토대로 하는 말입니다.

이건 제 경험인데요. 저는 8남매 중 막내로 태어났습니다. 누나가 다섯 명입니다. 어린 시절에 저는 시골에서 살았습니다. 바깥 마당이 있고, 대문을 들어서면 안마당이 있고, 토방 위로 나무 마루가 있고, 그 뒤로 방들이 배치된 구조였습니다. 어느 날 마루에서 혼자 놀고 있는데 밖에 나갔던 누나가 들어와 자기 방으로 들어가다가 문득 돌아서더니 제게 이렇게 말했습니다. "너 들여다보지 마." 그러고는 들어갔습니다. 저는 누나가 방으로 들어가든 나오든 아무 관심이 없었습니다. 그런데 "들여다보지 마" 하는 말을 들은 순간 왠지 들여다봐야 할 것 같은 생각이 들었습니다. 옛날에는 문이 대부분 창호문이었는데, 그냥 뚫으면 소리가 나서 범행을 들킬 우려가 있습니다. 그래서 다른 사람들이 그렇게 하듯 저도 손가락 끝에 침을 묻혀서 비비적거려 구멍을 만들었습니다. 그때 그 틈으로 무엇을 봤는지는 전혀 기억나지 않습니다. 그러나 또렷이 기억되는 것은 "들여다보지 마"라는 명령을 듣는 순간 그 안을 들여다보아야겠다는 확고한 의지가 제 속에 발생했다는 사실입니다. 그래서 저는 아이들을 키울 때 지나칠 정도로 몰아치거나 많은 금지명령을 하지 않는 게 좋다고 생각합니다. 금지가 매혹이기 때문입니다.

인간 안에 내재된 프로크루스테스의 침대

다시 창세기 이야기로 돌아가겠습니다. 아담과 하와는 결국 금지된 열매 곧 선악을 알게 하는 나무의 열매를 따서 먹습니다(창 3:6). 나무 이름이 '선악을 알게 하는 나무'라는 사실이 무척 흥미롭습니다. 선악을 분별하는 것은 매우 중요한 일입니다. 선善과 악惡을 분별하지 못하면 도덕적 주체가 될 수 없습니다. 스스로 자기의 판단에 따라 해야 할 일과 하지 말아야 할 일을 분별할 수 있는 능력이 곧 도덕입니다. 선악을 판단하는 것이야말로 성숙한 영혼의 징표입니다. 그래서 독일의 철학자 헤겔은 인간이 선악과를 따먹은 것이 곧 도덕적으로 성숙한 사람이 되었음을 뜻한다고 봅니다. 타락이 아니라 성숙이라는 것이지요. 성경이 인간에게 도덕을 무시해도 좋다고 말하는 것은 물론 아닙니다. 선과 악을 분별하지 말라는 말도 아닙니다.

선악과를 따먹은 사건이 죄인 것은 무엇 때문일까요? 그것은 우리가 그 열매를 먹는 순간 스스로를 도덕적 잣대로 생각하게 된다는 데 있습니다. 자기 척도를 가지고 다른 사람들을 함부로 재단한다는 말입니다. 그리스 신화에 나오는 인물 가운데 프로크루스테스라는 강도가 있습니다. 그 이름의 뜻은 '망치로 달궈진 쇠를 두드려 펴는 사람'입니다. 그는 여관주인 노릇을 하면서 묵으러 온 손님들을 자기 철 침대에 눕게 한 다음, 그 사람의 키가 침대보다 크면 잘라내고 작으면 망치로 두드려서 늘이는 방법으로 상대를 살해합니다. 철 침대가 모든 인간을 재는 척도 혹은 기준입니다. 그는 자기 기준에 맞지 않는 것을 용납하지 못합니다. 동일성의 폭력입니다. 그 침대에 딱 맞는 사람도 있었을 것 아니냐고 반문하는 분도 계실 것입니다. 그런데 프로크루스테스의 침대에는 길이를 조정하는 장치가 있었다고 합니다. 무슨 말일까요? 그 침대에 눕혀지는 순간 살아서 내려올 수 없다는 말입니다. 지금은 이런 괴물 같은 인간이 없어서 다행이라고 생각하는 분들이 계실지도 모르겠습니다. 그러나 신화가 지금도 여전히 사람들에게 읽히는 것은 그 신화가 인간의 원형적 경험을 드러내기 때문입니다. 우리도 저마다 프로크루스테스의 침대를 가지고 있습니다. 늘 자신의 기준을 가지고 사람들을 재단합니다. '이 사람은 이래서 문제이고 저 사람은 저래서 문제야.' 우리 속에 상처가 많은 것은 이런 괴물들이 변형된 모습으로 우리 삶을 지배하고 있기 때문입니다. 나와 다른 것을 용납할 생각이 없는 동일화의 욕망은 폭력입니다. 차이를 용납하지 못하는 사람이 많습니다. 무엇보다 하나님을 잘 믿는다고 자부하는 사람들이 빠지기 쉬운 오류입니다.

보편성과 특수성 사이에서

조금 다른 이야기를 해볼까요? 요즘에는 쌀을 킬로그램 단위로 팔지만 옛날에는 쌀가게에서 '말'이나 '되' 단위로 팔았습니다.

주로 살림살이가 넉넉하지 못한 사람들이 한 되씩 사곤 했습니다. 그 시절로 돌아가 쌀 한 되를 산다고 가정해 봅시다. 쌀가게 주인이 일단 됫박에 쌀을 가득 담습니다. 그대로 다 주면 얼마나 좋겠어요? 그런데 야속하게도 어떤 도구를 가져와 됫박 위로 솟아오른 부분을 싹 깎아냅니다. 정확히 한 되가 되도록 깎아내는 그 도구를 가리켜 평미레 혹은 평목平木이라 부르는데 이것을 한자로 옮긴 것이 '평미레 개'概입니다. '개념', '개론' 할 때의 그 '개'입니다. 개념의 일반적인 의미는 "여러 관념 속에서 공통 요소를 추상하여 종합한 하나의 관념"입니다. 공통 요소를 추리는 것이므로 개별적인 것, 독특한 것은 잘려나가게 마련입니다. 개념을 뜻하는 영어 단어 'concept'는 무언가를 꽉 움켜쥐는 것입니다. 독일어로 'Begriff'라 하는데 움켜쥔다는 의미의 동사 'begreifen'에서 나온 말입니다. 개념은 보편적인 것만 남기고 남은 부분은 깎아내는 것입니다.

우리는 지금 굉장히 흥미로운 지점에 도달했습니다. 특수한 것들을 깎아낸 것이 보편적이라 이야기했고, 보편적인 것은 공적으로 인정을 받습니다. 보편적이고 공적인 것을 만들기 위해 사람들은 치열한 논쟁을 합니다. 교회사에서 여러 번 열렸던 공의회는 신학적으로 민감한 사항들을 다루기 위해 열리곤 했습니다. 신학적인 논쟁이 벌어지는 것은 당연했습니다. 다양한 입장들이 서로 부딪쳤습니다. 거기서 나온 결론이 교회와 신학의 방향이 되었습니다. 그와 다른 견해를 주장하는 이들은 이단으로 정죄되곤 했습니다. 그럴 수밖에 없는 형편이었다 해도 공의회의 선택이 늘 진리에 부합했는지는 조금 다른 문제입니다. 여기서 제가 관심을 갖는 부분은 다른 지점입니다.

우리 삶은 보편적이고 공적인 차원으로만 이루어질 수 없습니다. 저마다 삶의 과정이 다르고, 지향이 다르고, 취향도 다릅니다. 누군가에게 내 취향을 강요할 수 없습니다. 내가 클래식 음악을 좋아한다고 해서 트로트를 좋아하는 사람을 촌스럽게 여기면 안 됩니다. 르네상스 시대의 미술을 좋아한다고 해서 팝아트를 천박하다고 말해서도 안 됩니다. 우리를 우리답게 만드는 것은 보편적인 것이 아니라 됫박 위로 솟아올라 있던 것, 즉 특수한 경험, 보편적인 것으로 해소될 수 없는 차원이 아닐까요? 보편성 속으로 환원될 수 없는 삶의 이야기가 오히려 재미있을 때가 많습니다. 어떤 사상가의 사상을 이해하는 것은 어렵지만, 그의 삶의 이야기를 듣는 것은 흥미진진합니다. 그의 삶을 알고 나면 사상도 이해하기 한결 수월해집니다. 그 사상가 혹은 저자의 대화집, 서신, 평전 등을 읽는 것은 그 때문입니다.

신학 공부도 재미있지만 어느 순간 현실과 너무 유리된 개념만 다루는 게 아닌가 싶은 생각이 들 때도 있습니다. 신학적 이론이 탄생하게 된 배경을 알아야 그 이론의 실체도 오롯이 드러납니다. 어떤 대상을 도드라지게 보이게 하기 위해 사진가들은 아웃포커싱 기법을 사용합니다. 하지만 흐려진 그 배경이 더 많은 말을 할 때가 있습니다. 개념에 담기지 않고 남은 것들, 특수한 것들, 개별적인 것들은 버려도 좋은 것일까요? 그렇지 않습니다. 그 남은 것들로 이룬 세계가 이야기입니다. 연세가 지긋하신 분들이 자기가 살아온 삶을 돌아보며 하는 말이 있습니다. "내가 살아온 이야기를 하자면 소설이 몇 권이야." 그분들의 삶은 개념으로 환원될 수 없습니다. 그래서 이야기를 들려주고 싶어 합니다. 역사의 흐름이라는 큰 틀에서 자기 삶을 돌아볼 수는 있겠지요? 사실 그것은 아주 예외적인 경우에 속합니다. 우리가 다른 이들은 몰라도 우리 어머니, 아버지의 삶의 이야기를 눈물을 글썽이며 듣는 까닭은 그런 삶의 애환으로부터 우리가 나왔음을 조금은 짐작하고 있기 때문입니다. 그런 이야기를 일절 소거한 채 그분들을 객관적인 지표만으로 이해할 수는 없는 일입니다. 한 사람은 그가 거둔 사회적 성취, 권력, 명성, 재산만으로 평가될 수 없습니다.

이야기가 중요하다

이야기가 중요합니다. 넓게 보아 이야기 속에는 민담, 전설, 신화, 동화, 소설, 미술, 음악, 건축 등이 다 포함된다고 말할 수 있습니다. 신학책보다 성경이 우리에게 더 친숙한 까닭은 무엇일까요? 성경은 개념을 다루지 않고 이야기를 들려주기 때문입니다. 이야기는 우리에게 여백을 줍니다. 그 이야기에 우리 삶의 이야기를 비춰 볼 수 있다는 말입니다.

하나님이 모세를 부르셨을 때 하나님 자신을 어떻게 소개하셨습니까? "나는 너의 조상의 하나님, 곧 아브라함의 하나님, 이삭의 하나님, 야곱의 하나님이다"(출 3:6). 전지전능, 무소부재, 영원불변 등의 사변적인 내용은 하나도 없습니다. 모세는 여기서 언급되고 있는 선조들의 삶의 이야기를 이미 들어서 알고 있었을 것입니다. 그분들의 굴곡진 인생 여정 가운데서 하나님이 어떻게 함께하셨는지도 알았을 것입니다. 세대에서 세대로 이어져 내려온 이야기였으니 말입니다. 저도 어린 시절에 부모님으로부터, 또 형과 누나들로부터 많은 이야기를 들었습니다. 허무맹랑한 이야기도 있고, 흥미진진한 이야기도 있고, 교훈적인 이야기도 있습니다. 그 이야기들이 나의 정체성의 일부를 구성한 것이 아닐까요? 다시 말하지

만, 이야기는 보편적인 개념에 담기지 않은 여분을 우리에게 보여
줍니다.

성경이 지금도 생명력을 갖고 전승되고 있는 까닭은 이야기
이기 때문입니다. 성경의 이야기 속에 인류의 많은 경험들이 깃들
어 있습니다. 일단의 많은 그리스도인들이 금과옥조로 여기는 교
리는 일종의 평미레입니다. 교리는 우리 신앙의 기준이라는 말입니
다. 많은 이들이 칼뱅이나 루터의 가르침 혹은 각 교파의 신앙고백
을 매우 중요하게 여깁니다. 당연한 일입니다. 하지만 그 교리는 최
소한의 장치입니다. 우리가 어긋난 길로 가지 않도록 하기 위한 가
이드라는 말입니다. 교리에 고착되는 순간 다양한 하나님 체험은
불가능해집니다. 제가 우리 교회학교 교사들에게 신신당부하는 게
있습니다. 학생들에게 어설픈 교리 교육을 하지 말라는 것입니다.
'인간은 모두 죄인이다', '예수의 피가 우리를 구속해 준다.' 중요한
말이기는 하지만 아이들이 이해할 수 있는 말은 아닙니다. 자기들
도 잘 알지 못하는 말을 하면 안 됩니다. 교리는 잘못하면 족쇄가
될 수도 있습니다. 그래서 저는 교사들에게 할 수 있는 한 학생들이
성경 이야기에 익숙해질 수 있도록 이야기를 많이 들려주라고 합니
다. 이야기가 아이들 속에 쌓이게 만들어야 합니다. 선조들의 이야
기를 보면 잘한 일도 있지만 부끄러운 일도 많습니다. 아브라함은
흠이 많았고, 모세는 격정을 못 이겨 사람을 때렸으며, 다윗은 정욕
에 사로잡혀 몹쓸 일을 하기도 했습니다. 그런 이야기를 숨김없이
다 들려주어야 합니다. 잘 알려진 애니메이션들은 동심을 고려하여
원작의 잔혹한 부분을 제거하거나 슬픈 결말을 해피엔딩으로 바꾸
기도 하지만, 그럴 필요도 없고 그래서도 안 된다고 생각합니다. 아
이들도 다 들어야 합니다.

한 인간이 태어난다는 것

먼 길을 우회했습니다. 인간이 선악을 알게 하는 나무의 열매를 따먹고 에덴 동산에서 쫓겨나게 된 이야기로 다시 돌아가 보겠습니다.

여기에 있는 그림을 보십시오. 15세기 이탈리아 화가인 마사초의 「에덴 동산에서의 추방」입니다. 마사초는 회화사에서 매우 중요한 인물입니다. 원근법을 처음 고안한 사람은 피렌체 대성당의 돔을 만든 것으로 유명한 이탈리아 건축가 필립포 브루넬레스키이고, 그것을 회화 분야에 최초로 적용한 이가 바로 마사초입니다. 그가 그린 「성 삼위일체」는 지금 피렌체에 있는 산타마리아노벨라 성당에 있습니다. 이 그림을 처음 본 사람들은 큰 충격을 받았다고 합니다. 그림이 너무 현실감 있게 다가왔기 때문입니다. 그 이전까지의 그림에서는 깊이감을 발견하기가 어려웠습니다. 마사초 이전의 그림은 역원근법적 시선으로 그려졌습니다. 감상자의 시각이 아니라, 마치 창조주 하나님이 세상을 보는 것과 같은 관점에서 그렸다는 말입니다. 원근법을 통해 사람들은 비로소 '보는 주체'로 탄생한 셈입니다. 인간의 시지각은 가까이 있는 것은 크게 보고 멀리 있는 것은 작게 보게 마련입니다. 마사초는 소실점을 통해 그런 시각을 획득했던 것입니다. 원근법이 적용되었다는 말은 하나님이 우리를 바라보시는 시선을 느끼며 살던 세계에서 벗어나, 비로소 우리가 대상들을 주체적으로 바라보고 자기 삶을 통제할 수 있는 삶의 가능성이 열렸다는 사실을 의미합니다. 이것은 르네상스적 태도와도 관련됩니다.

마사초의 그림을 자세히 보십시오. 그림 위쪽에 천사가 있습

마사초,
「에덴 동산에서의 추방」,
1425-1427.

니다. 이 천사는 아담과 하와를 낙원에서 쫓아낸 뒤 그들이 돌아오지 못하도록 낙원을 지키고 있습니다. 붉은색 옷을 입고 있는 천사는 오른손에 검은 칼을 들고 왼손으로 그들이 가야 할 곳을 가리키고 있습니다. 아담과 하와는 매우 전형적인 자세를 취하고 있습니다. 고개를 조금 치켜든 하와는 두 팔로 가슴과 하체를 가린 채 걷고 있습니다. 차마 하늘을 볼 수 없는지 눈을 질끈 감고 있습니다. 찌푸린 미간과 벌어진 입은 하와가 느끼는 고통의 깊이를 보여줍니다. 비탄에 잠긴 아담은 차마 고개를 들지 못한 채 두 손으로 얼굴을 가리고 있습니다. 구부정해 보이는 그의 등과 어깨는 이후에 그가 짊어져야 할 삶의 무게를 암시하는 것처럼 보입니다. 그들이 막 벗어난 아치형 문 위에 검은 선들이 보입니다. 그것은 하나님의 질책을 시각화한 것입니다.

이 그림에서 우리가 주목해야 할 부분이 하나 더 있습니다. 바로 그림자입니다. 이전의 성화에서는 그림자가 등장하지 않습니다. 신성한 세계, 영원한 세계에는 그림자가 있을 수 없기 때문입니다. 마사초가 그림자를 그려 넣은 것은 아담과 하와가 영원으로부터 벗어났음을 시각적으로 보여주는 동시에, 불안이 본질인 시간 속에서 살아가야 하는 인간 현실을 나타내기 위함입니다. 유한한 인간은 시간의 불안을 견디며 살아야 합니다. 중세가 서서히 저물어 가고 있음을 마사초는 그림 한 점을 통해 보여주고 있습니다. 물론 그가 실제로 그런 의식을 가지고 있었는지는 알 수 없습니다. 역원근법적 시선에 동화되어 살던 이들이 원근법적 시선으로 세상과 사람을 본다는 것은 패러다임의 변화라고 할 수 있습니다. 세계관이 변하고 있었던 것입니다.

에덴 동산에서 추방당하는 이야기가 주는 놀라움이 더 있습니다. 아담은 자기 아내를 비로소 '하와'라고 부릅니다. 지금까지 편의상 아담과 하와라고 지칭했을 뿐입니다. 추방 이전까지는 그저 남자와 여자였습니다. 아담은 아주 주체적으로 아내에게 '하와'라는 이름을 부여합니다(창 3:20). 하와가 스스로 그런 이름을 택했더라면 좋았겠지만, 성경은 어쨌든 그 이름을 지은 것이 아담이라고 말합니다. 하와는 '모든 생명의 어머니'라는 뜻입니다. 굉장히 긍정적인 이름입니다.

우리는 선악과를 따먹은 뒤 하나님의 질책을 들었던 남자가 했던 비열한 변명을 잘 압니다. "하나님께서 저와 함께 살라고 짝지어 주신 여자, 그 여자가 그 나무의 열매를 저에게 주기에, 제가 그것을 먹었습니다"(창 3:12). 여자가 자기 앞에 나타났을 때 사랑의 노래를 불렀던 이의 말이라고는 믿어지지 않습니다. 언어는 사람과 사람을 이어 주기도 하지만 갈라놓기도 합니다. 타락한 말은 갈라놓는 말입니다.

그런데 에덴 동산에서 추방당하면서 아담은 더 이상 여자를 탓하지 않습니다. 오히려 그가 가진 놀라운 생명력으로 인해 기뻐합니다. 하나님은 여자에게 '임신하는 고통'과 '산고'를 겪을 것이라고 말씀하셨지만(창 3:16), 따지고 보면 그것은 창조적인 고통입니다. 생명을 낳을 수 있다는 것, 그와 같이 놀라운 기적이 또 있을까요? 전체주의 사회의 폭력성을 절실하게 경험했던 미국의 정치학자 한나 아렌트는 인간의 사멸성mortality에 대비되는 탄생성natality이라는 개념을 제시한 바 있습니다.

한 인간이 태어난다는 것은 뭔가 새로운 사건의 탄생과 같은 것입니다. 어둠과 절망의 심연이 입을 벌리고 있어도 사람은 거기에 끌려들어가기를 거부하고 새로운 선택을 할 수 있습니다. 이사야도 앗시리아의 침공 앞에서 어쩔 줄 몰라 떨고 있던 사람들에게 처녀가 잉태하여 아들을 낳을 것이고 그것이 곧 하나님이 우리와 함께 계신다는 사실에 대한 징표라고 말합니다(사 7:14). "한 아기가 우리를 위해 태어났다"(사 9:6)는 구절은 탄생성의 아름다움을 여실히 보여줍니다.

하나님이 개입하시지 않는 까닭

에덴 이후에 하와는 잉태하여 아들 가인을 낳습니다. 하와는 기쁨에 차서 말합니다. "주님의 도우심으로, 내가 남자아이를 얻었다"(창 4:1). "얻었다"고 번역된 히브리어 '카나'קָנָה에는 '낳다', '소유하다'라는 뜻도 있지만 '창조하다'라는 뜻도 있습니다. 하와가 하나님의 도우심으로 창조자가 된 것입니다. 바로 이 대목을 염두에 두었던 것일까요? 대만 출신의 세계적인 신학자 송천성은 어머니를 가리켜 "하나님의 공동 창조자"co-creator of God라고 불렀습니다. 이어서 아벨이 태어납니다. 아벨 곧 '헤벨'הֶבֶל은 '바람' 혹은 '입김'이라는 뜻입니다. 이 단어는 전도서 기자인 코헬렛의 선언을 떠올리게 합니다. "헛되고 헛되다. 헛되고 헛되다. 모든 것이 헛되다"(전 1:2). 여기서 "헛되다"는 단어 역시 '헤벨'입니다. 아벨의 운명이 이름 속에 담겨 있던 것일까요?

가인과 아벨 하면 우리는 가인에게서 난폭하고 이기적인 사람을 떠올리고, 아벨에게서 신실하고 좋은 사람을 떠올립니다. 하지만 성경은 놀랍게도 두 형제의 이야기에서 아벨이 아닌 가인을 주동인물로 내세우고 있습니다. 착한 사람이 잘되는 이야기가 아니라 오히려 난폭한 세상에 의해 제거되는 이야기이기에 어떻게 보면 매우 현대적이기도 합니다. 우리는 가인이 주인공인 영화 속에 들어와 있는 것인지도 모르겠습니다. 가인이 최초의 형제 살해자가 되었다는 사실은 인류의 운명 앞에 드리운 어두운 그림자를 예시하고 있습니다. 이후의 역사는 형제간 갈등sibling rivalry의 역사라고 해도 과언이 아닐 것입니다. 창세기 11장까지의 원역사primeval history 부분이 지난 뒤 전개되는 창세기 이야기는 온통 아브라함의 아들인 이삭과 이스마엘, 이삭의 아들인 에서와 야곱, 야곱의 아들인 요셉과 다른 형제들의 갈등과 화해로 구성되어 있습니다. 가인과 아벨 이야기에는 화해의 여지가 없습니다. 아벨이 죽임을 당했기 때문입니다.

그림을 한 점 더 보도록 하겠습니다. 티치아노가 그린 「가인과 아벨」입니다. 티치아노는 이탈리아 르네상스 시대에 베네치아에서 활동했던 화가입니다. 이탈리아 미술에서 중요한 몇몇 도시가 있습니다. 로마, 피렌체, 그리고 베네치아입니다. 베네치아는 지중해 무역을 독점하다시피 했기 때문에 동방과의 교류가 많았습니다. 그 시끌벅적한 도시 분위기 때문이었을까요? 베네치아 화파의 그림은 색채가 뛰어납니다. 그렇지만 이 그림은 칙칙하기 이를 데 없습니다. 참혹한 내용을 화사하게 다룰 수 없었기 때문일 것입니다. 티치아노는 50대 중반인 1542년경에 이 그림을 그렸다고 합니다.

이 무렵은 기독교 개혁의 여파로 유럽이 소용돌이 속에 휘말리고 있던 때입니다. 1517년 10월 31일, 마르틴 루터는 비텐베르크 성채 교회당 정문에 가톨릭의 면벌부 판매를 반박하는 내용의 '95개조 논제'를 게시합니다. 루터는 자기 행위가 앞으로 일으킬 파장을 전혀 짐작하지 못했습니다. 작은 나비의 날갯짓이 태풍을 일으킨다는 말이 과학적으로 얼마나 신빙성 있는 말인지 모르겠지만, 루터가 쓴 글은 유럽 사회에 거대한 풍랑을 일으켰습니다. 이후 가

티치아노 베첼리오, 「가인과 아벨」, 1542-1544.

톨릭과 개신교 사이에 벌어진 갈등의 역사는 정말 심각했습니다. 하나의 사건은 또 다른 사건을 부르는 법이어서, 종교 사이의 갈등은 농민 전쟁으로 비화하기도 합니다. 16, 17세기는 폭력의 세기였습니다.

베네치아라고 해서 그런 혼란으로부터 자유로울 수는 없었습니다. 티치아노는 산타 마리아 델라 살루테 성당에 이 그림을 그렸습니다. 그런데 크기가 상당합니다. 가로와 세로가 거의 3미터에 육박합니다. 저렇게 큰 그림 속에 등장인물은 두 사람뿐입니다. 아벨은 이미 뾰족한 바위에 엎드린 채 마지막 순간을 맞이하고 있습니다. 느닷없는 폭력에 깜짝 놀란 그는 손을 활짝 편 채 경직된 모습을 보입니다. 형의 느닷없는 폭력을 어떻게든 막아 보려고 왼팔로 막고 있지만 때는 이미 늦었습니다. 양손으로 곤봉을 치켜들고 있는 가인은 왼발로 동생의 옆구리를 완강하게 짓누르고 있습니다. 아벨의 머리에는 이미 피가 흐르고 있습니다. 이미 한두 번의 타격이 있었음을 보여줍니다. 아벨을 바라보느라 살짝 숙이고 있는 가인의 얼굴은 잘 안 보입니다. 표정을 알 수 없습니다. 빛을 등지고 있기 때문입니다. 티치아노는 가인을 자기 그림자에 갇힌 사람처럼 그리고 있습니다. 아벨을 바라보는 가인의 시선이 심판자처럼 매섭습니다.

참혹한 장면에서 조금 눈을 돌리면 사선으로 번져가고 있는 연기가 보입니다. 가인이 바친 제물이 타면서 나는 연기입니다. 곧게 위로 올라가지 않고 사선으로 퍼지고 있습니다. 가인의 뒤쪽인 오른쪽 위에는 또 다른 제단이 보입니다. 아벨이 제물을 바친 제단입니다. 아벨이 바친 제물의 연기는 위로 곧게 올라갑니다. 하나님께 바쳐졌음을 나타낸다고 볼 수 있겠습니다. 하지만 화면을 압도

하고 있는 것은 누가 보더라도 검은 연기입니다. 티치아노가 자기 시대의 어둠을 이렇게 표현하고 싶었던 것인지도 모르겠습니다. 사랑해야 할 사람들이 신앙이 다르다는 이유로 죽이고, 속해 있는 삶의 자리가 다르다고 하여 함부로 대하는 현실을 티치아노는 아파하고 있습니다. 더욱 안타까운 것은 이런 참담한 일이 벌어지고 있는데도 하나님은 개입하실 생각이 없어 보인다는 사실입니다. 지금도 세상에서 벌어지고 있는 참담한 일을 볼 때마다 사람들은 하나님의 정의가 어디에 있는지 묻곤 합니다. '하나님이 계신다면 왜 이 세상에 악을 허용하시는 것일까?' 신정론神正論의 문제입니다. 하나님이 즉각 개입하셔서 인류의 모든 문제를 해결해 주시면 좋을 텐데, 하나님은 종종 깊은 침묵 속에 계신 것처럼 느껴집니다. 어떤 말을 하더라도 모두가 납득할 수 있는 답이 되기는 어렵습니다.

다만 우리는 하나님이 인간을 사랑의 관계 속으로 부르신다고 말할 수 있을 뿐입니다. 사랑은 자유를 전제로 합니다. 사랑이 성립하기 위해서는 먼저 사랑의 대상이 있어야 합니다. 무정물이 아닌 한 그 대상은 나의 사랑 고백을 거절할 수 있어야 합니다. 거절할 수 있다는 말은 자유를 전제로 합니다. 상대방에게 자유를 허용하지 않고는 사랑이 성립될 수 없습니다. 상대방이 나를 거절할 수 있는 자유를 박탈하는 것은 폭력입니다. 영화「미저리」의 세계가 바로 그것입니다. 자유를 허용하지 않는 것은 사랑이 아니라 집착입니다. 집착은 폭력과 손을 잡곤 합니다. 사랑이 아름다운 것은 흔들림 속에 있기 때문입니다. 흔들림이 만드는 설렘이 우리를 깨웁니다.

하나님은 인간을 자기 형상대로 지으심으로 인간에게 하나님을 거역할 자유까지 주셨습니다. 인간에게 부여하신 자유는 하나님의 모험입니다. 하나님은 또한 인간에게 당신의 걸작인 세상을 맡겨 주셨습니다. 하나님은 세상에서 벌어지는 일에 즉각 개입하실 때도 있지만 인간의 선택에 맡겨 두실 때가 많습니다. 세상의 어지러움은 하나님의 무능력 혹은 무관심 때문이 아니라 자유를 오용한 인간이 빚어낸 현실입니다. 무능한 인간을 보면서도 하나님은 우리의 자유를 거두어가지 않으십니다. 이것이 하나님의 가없는 사랑입니다. 방황할 자유를 주시는 까닭은 자유로운 선택을 통해 하나님의 뜻을 수행하기를 바라시기 때문입니다.

누가복음 15장의 '탕자의 비유'에서 작은아들이 아버지의 집을 떠났을 때를 생각해 보십시오. 아들이 갑자기 자기 몫의 유산을 달라고 하면서 집을 떠나겠다고 합니다. 경험 많은 아버지라면 그 많은 재산을 가지고 허망한 열정에 부풀어서 집을 나가는 아들이 어떻게 될지 몰랐을까요? 몰랐다면 아버지가 무능한 것입니다. 아버지는 분명히 알았을 것입니다. 알면서도 아들이 떠나는 것을 허용합니다. 재산까지 떼어 주면서 말입니다. 사실 유대 사회에서 유산을 나누어 받는다는 것은 아버지가 죽었다는 사실을 전제합니다. 유산을 나누어 달라는 아들의 말 속에는 아버지의 죽음을 바라는 마음이 담겨 있다고 볼 수도 있습니다. 아들은 아버지의 간섭을 배제한 채 독립적인 삶을 살고 싶었지만 결과는 참담했습니다. 그는 재산을 관리할 능력도 없었고 그럴 의사도 없었습니다. 작은아들은 돈이 다 떨어질 때까지 정신을 차리지 못합니다. 마침 그 지역에 크게 흉년이 들어서 그는 굶주림에 시달립니다. 그제야 정신을 차린 그는 아버지의 집을 떠올리고 귀향길에 오릅니다. 이 이야기에 등장하는 아버지를 하나님으로 본다면, 하나님은 우리의 방황을 허용해 주시는 분이라 하겠습니다. 방황을 허용하시는 까닭은 떠난 자만이 돌아올 수 있음을 아시기 때문일 것입니다.

가인에 의해 자행된 형제 살해 이야기를 담은 티치아노의 그림을 다시 보십시오. 어두운 그림자와 검은 연기가 우리 의식을 사로잡습니다. 생명의 기미라고는 하나도 없는 것처럼 보입니다. 그런데 자세히 보면 화면의 왼쪽 구석에 나무 한 그루가 보입니다. 키가 작은 나무 한 그루. 어쩌면 화가는 그 나무를 통해 실낱같은 희망의 가능성을 드러내고 싶었던 것인지도 모르겠습니다. 그 나무는 절망의 땅에서 자라는 생명의 흔적입니다. 어두운 역사 속에서도 삶은 계속됩니다.

성경은 아벨을 죽이고 두려움에 사로잡힌 가인이 자기가 살던 땅을 떠나 유리하는 자가 되었다고 말합니다. 땅에서 부르짖는 아벨의 외침이 그를 괴롭혔기 때문일까요? 앞에서 말씀드렸듯이, 가인이 에덴 동쪽으로 이주하여 정착한 땅 '놋'은 '유리하다', '방황하다'라는 뜻입니다. 죄에 사로잡힌 사람, 그래서 형제를 사랑의 대상으로 보지 못하는 사람의 운명이 항시적인 불안임을 그 땅 이름이 드러내 보여줍니다.

창조주와 피조물의 어긋난 관계

앞에서 우리는 어거스틴의 『고백록』에 나오는 한 구절을 통해 에덴 이후 인간의 삶이 '고향 상실', '안식 없음', '뿌리 뽑힘'이라는 말로 형상화될 수 있음을 보았습니다. 사람은 너나 할 것 없이 누구나 외롭고 힘겹습니다. 시대를 한탄하는 것이 우리의 버릇이 되었습니다. 하지만 창세기는 하나님의 탄식을 전합니다.

주님께서는, 사람의 죄악이 세상에 가득 차고, 마음에 생각하는
모든 계획이 언제나 악한 것뿐임을 보시고서, 땅 위에 사람
지으셨음을 후회하시며 마음 아파하셨다(창 6:5-6).

하나님이 후회하시며 마음 아파하셨다는 말이 우리 가슴을
후벼 팝니다. 창조주와 피조물의 관계가 어긋난 탓입니다. 하나님
은 인간을 아름답게 창조하시고 그에게 걸맞은 자유를 선물로 주셨
습니다. 인간은 그 자유를 오용하고 남용했고 결국 죄의 수렁 속에
빠져들고 말았습니다.

창조주와 피조물 간의 갈등 이야기는 서양 문학에 자주 등장
하는 주제입니다. 일단 카를로 콜로디가 쓴 『피노키오』가 떠오릅니
다.5 제페토 영감은 말하는 나무토막을 얻어다가 깎아서 꼭두각시
인형을 만듭니다. 신통하게도 피노키오는 웃기도 하고 말하기도 하
고 움직이기도 했습니다. 제페토는 그 인형을 보며 기뻐하지만 장
난꾸러기 피노키오가 저지르는 온갖 기행 때문에 골머리를 앓습니
다. 피노키오는 자신에게 인생에 대한 진정어린 조언을 하는 귀뚜
라미에게 망치를 던져 죽이기도 합니다. 온갖 시련을 겪은 피노키
오는 상어 배 속에서 나온 뒤에 새로운 존재로 거듭납니다. 요나 이
야기를 떠오르게 하는 대목입니다. 메리 셸리의 『프랑켄슈타인』도
이와 유사한 주제를 다룹니다.6 젊은 과학자 빅터 프랑켄슈타인은
새로운 생명체를 만들어 냅니다. 스스로 조물주가 된 것 같은 흥분
을 느끼지만 얼마 후 그는 자기가 만든 것이 괴물이라는 사실을 자
각하고 소스라쳐 놀랍니다. 그 괴물이 사람을 죽이기도 하고 주변
을 황폐하게 만드는 것을 보고 프랑켄슈타인이 그를 없애려고 하
지만, 괴물은 피조물인 자기를 관대하게 대해 달라고 부탁합니다.

"나는 당신의 아담이 되어야 하는데 오히려 타락한 천사가 되었다"
는 구절이 유명합니다. 이 괴물과 노아 시대의 인간을 어떻게 구별
해야 할지 저는 잘 모르겠습니다. 자식을 낳아 길러 본 사람도 비슷
한 딜레마에 빠질 때가 있습니다. 아이들이 온갖 말썽을 다 부리면
세상이 무너지는 것 같습니다. 우리가 창조주는 아니지만 창조주와
피조물 사이의 갈등과 유사합니다. 이러한 갈등을 넘어 화해에 이
를 수 있을까요?

갈등을 넘어 화해에 이르는 길

전설적인 록그룹 비틀즈의 리더이자 「이매진」이라는 곡을 부
른 존 레논의 일본계 아내 오노 요코는 예술가이자 음악가로 알려
져 있습니다. 오래되어 기억이 가물가물합니다만, 프랑스의 퐁피
두 센터에서 그녀의 작품을 인상 깊게 본 적이 있습니다. 영상 작품
이었는데, 발사된 포탄이 한 건물을 치자 건물은 순식간에 무너집
니다. 그 장면에 이어지는 것은 그 필름을 거꾸로 돌린 영상입니다.
무너졌던 잔해들이 모여 건물이 다시 일어서고 포물선을 그리며 날
아왔던 포탄이 원래 자리로 되돌아갑니다. 그 당시 예술가들이 그
린 세상의 모습입니다. 이 광경을 상기할 때마다 정현종 시인의 「요
격시」가 떠오릅니다.[7] 시인은 미사일, 포탄, 전폭기, 군사 모험주의
자, 승리 중독자, 제국주의자와 같은 시신死神들에게 두루미, 기러
기, 도요새, 굴뚝새, 뻐꾸기, 비둘기, 왜가리, 뜸부기, 물총새 등을 쏘
아 올리겠다고 노래합니다. 시적 상상력이 참으로 눈부십니다. 어
처구니없어 보이지만, 이런 상상력이 없다면 우리 삶은 얼마나 빈
곤해지겠습니까?

인간은 자유를 오용하고 남용함으로 타락했습니다. 타락으로 인해 우리는 불투명한 존재가 되었습니다. 이제 어쩔 수 없다고 주 저앉으면 안 됩니다. 돌이킬 수 있어야 합니다. 포탄의 궤적을 거꾸로 돌려 보는 것처럼 돌이킬 용기를 내야 합니다. 조시마 장로는 도스토옙스키의 『까라마조프 씨네 형제들』에 등장하는 인물 가운데 한 사람입니다. 그가 사람들에게 말합니다. "여러분, 기가 죽어서는 안 됩니다! 그때에도 한 가지 구원의 길이 열려 있는 것입니다. 인간의 모든 죄악을 떠맡고 그 책임자가 되십시오." 인간의 버릇은 자기가 짊어져야 할 죄의 무게를 다른 이들에게 떠넘기는 것입니다. 탓하는 마음을 버리지 못해 우리 삶이 남루합니다. 조시마 장로는 새로운 삶의 가능성으로 사람들을 초대합니다.

> 인간의 모든 죄악을 떠맡고 그 책임자가 되십시오. 벗이여, 바로
> 그것이 옳은 길입니다. 왜냐하면 모든 죄에 대하여 만인에 대하여
> 진정으로 그 책임자로서 처신한다면 그때 여러분은 그것이
> 진정으로 사실이며, 당신이야말로 만인에 대해, 모든 죄에 대해
> 죄인이라는 사실을 알게 될 것이기 때문입니다. 자신의 나태와
> 무력을 다른 사람들의 탓으로 돌린다면 사탄의 자만심을 갖게
> 되어 하느님께 불평을 터뜨리는 결과가 나올 뿐입니다.[8]

자기의 누추한 삶을 누군가의 탓으로 돌리는 일을 그칠 때 비로소 새로운 길이 열립니다. 자신의 나태와 무력을 다른 사람 탓으로 돌리는 사람일수록 자만심이 강합니다. 조시마는 그것을 "사탄의 자만심"이라 부릅니다. 사탄의 자만심에서 나오는 것은 하나님에 대한 불평뿐입니다. 자기의 잘못을 인정하는 데서 그치지 않고

세상의 아픔과 슬픔을 자기의 것으로 수용하고 떠맡을 때 새로운
삶의 가능성이 열립니다.

타자의 얼굴에 반응하는 삶

사뮈엘 베케트의 희곡 『고도를 기다리며』로 잠시 넘어가 보
겠습니다. 부조리극의 대명사라고 할 수 있는 이 작품은 조금 난해
합니다. 일정한 서사 구조에 익숙한 우리는 순환하는 이야기를 들
으면 답답해합니다. '도대체 무슨 이야기를 하고 싶은 거지?' 하는
의문이 듭니다. 간략히 요약해 보겠습니다. 누군지도 모르고 언제
온다는 기약조차 없는 '고도'를 기다리는 두 사람 블라디미르와 에
스트라공이 있습니다. 고도라는 이름의 뜻이 무엇인지 알 수 없습
니다. 작가도 그 이름에 특별한 뜻을 담아 짓지 않았다고 합니다.
그들은 막연히 기다립니다. 기다리는 시간이 너무 지루해서 권태
를 이기려고 쓸데없는 말장난을 하기도 합니다. 하는 행동을 보면
좀 한심해 보입니다. 블라디미르는 모자를 벗었다 썼다 하고, 에스
트라공은 잘 벗겨지지 않는 신발을 잡아당겨 벗으려 합니다. 그래
도 권태로움이 가시질 않습니다. 희곡이니 대화 중간에 무대 장치
에 대한 설명이 있는데, 무대 위에는 앙상한 가지만 남은 나무가 한
그루 서 있습니다. 두 사람은 어느 순간 "우리 심심한데 저기 목이
나 매 볼까?" 하고 희떠운 소리를 하기도 합니다. 그런데 어느 순간
살려 달라는 외침이 들려옵니다. 외치는 사람은 연극의 1막에 잠시
등장했다가 사라진 포조라는 인물입니다. 그는 앞을 보지 못합니
다. 왜 그렇게 되었는지는 알 수 없습니다. 고도를 기다리던 두 사람
가운데 하나인 블라디미르가 곁에 있는 에스트라공에게 말합니다.

공연한 이야기로 시간만 허비하겠다. 자, 기회가 왔으니 그동안에 무엇이든지 해보자. 우리 같은 놈들을 필요로 하는 일이 항상 있는 건 아니니까. 솔직히 지금 꼭 우리보고 해달라는 것도 아니잖아. 다른 놈들이라도 우리만큼은 해낼 수 있을 테니까, 우리보다 더 잘할 수도 있을 걸. 방금 들은 살려 달라는 소리는 인류 전체에게 한 말일 거야.

여기에서 굉장히 중요한 이야기가 등장합니다. 포조가 살려 달라고 외쳤을 때 이 외침은 불특정 다수를 향해 발화된 것입니다. 이 대화에서는 "인류"라는 단어로 표현됩니다. 인류는 추상적인 집합 개념입니다. 우리도 각자 인류에 속하지만 인류는 윤리적 주체가 아닙니다. 블라디미르는 무언가를 해볼까 하다가 멈칫하며 말합니다. "살려 달라는 소리는 인류 전체에게 한 말일 거야." 굳이 내가 책임을 질 필요가 없다는 말로 들립니다. 그러다가 문득 그 자리에 있는 사람이 자기들뿐임을 자각합니다.

하지만 지금 이 자리엔 우리들뿐이니 싫건 좋건 그 인류가 우리들이야. 그러니 너무 늦기 전에 그 기회를 이용해야 돼. 불행히도 인간으로 태어난 바에야 이번 한 번만이라도 의젓하게 인간이란 종족의 대표가 되어 보자는 말이야.[9]

이 대목이 중요합니다. 살려 달라는 외침은 불특정 다수를 향해 발화된 것이지만, 지금 이 자리에는 자기들밖에 없으니 누가 인정하건 말건 자기들이 인류의 대표로 그 자리에 있다는 것입니다. 그렇게 보면 '선한 사마리아인의 비유'(눅 10:25-37)에서 사마리아 사람은 인류의 대표로 강도 만난 사람에게 다가선 셈입니다. 『고도를 기다리며』에서 포조는 유대인 철학자인 에마뉘엘 레비나스의 언어로 이야기하자면 '타자의 얼굴'이라 할 수 있습니다. 베케트는 지금, 여기에 바로 나 이외에 다른 사람이 없는 것처럼 도움을 요구하고 있는 타자의 얼굴에 반응하는 것, 바로 이것이 의젓한 인간이 되는 길이라고 말하고 있습니다.

　다시 한번 정리해 보겠습니다. 앞을 보지 못할 뿐 아니라 무기력하게 쓰러진 사람 앞에서 블라디미르와 에스트라공은 인류의 대표로 서 있습니다. 저는 여기서 베케트가 암시하는 희망을 봅니다. 그것을 '우리 삶의 무의미함을 극복할 수 있는 유일한 길은 누군가를 돌보는 데서 비롯된다'는 말로 요약하고 싶습니다. 베케트가 이 말에 동의할지는 모르겠습니다. 사람이 가장 아름다운 때는 누군가를 돌보기 위해 땀을 흘릴 때가 아닐까요? 고통받는 타자의 얼굴로 내 앞에 나타난 사람의 부름에 반응하여 그의 고통을 덜어 주려 할 때 인간은 가장 아름답습니다. 아브라함 헤셸도 같은 취지의 말을 했습니다.

> 사람은 누군가의 동료가 됨으로써, 남들을 보살핌으로써 성숙한다. 그는 '이웃 사람의 짐을 함께 짐으로써' 자기의 실존을 전개시켜 나간다.……절망을 피하는 유일한 길은 자신이 목적이 되는 게 아니라 남에게 필요한 존재가 되는 것이다.[10]

　남에게 필요한 존재가 되지 못하는 사람은 절망에 빠지기 쉽습니다. 경건함이란 어쩌면 이런 것인지도 모르겠습니다.

우리의 지평이 넓어질 때

저는 편협한 그리스도인들을 볼 때마다 슬픔을 느낍니다. 성경도 많이 읽고, 기도도 열심히 하고, 봉사활동도 빠짐없이 하지만, 조금이라도 자기와 다른 방식으로 믿는 사람들을 도무지 용납하지 못하는 이들이 많습니다. 앞서 이야기한 대로 믿음이 좋다는 사람일수록 프로크루스테스의 침대에 사람들을 눕힙니다. 그게 경건한 삶이라 오해하기 때문입니다. 그것은 경건이 아니라 오만이며, 영혼이 굳어졌음을 나타내는 징표입니다. 사람들은 성경을 얼마나 많이 알고, 교회를 얼마나 오래 다녔으며, 교회에서 맡은 직책이 무엇인지를 가지고 우리를 평가하지 않습니다. 우리가 어떤 사람인지가 중요할 뿐입니다. 우물 안 개구리 같은 관견에서 벗어나지 못할 때 우리는 세상의 웃음거리가 되기 쉽습니다.

『장자』의 '천도' 편에 나오는 이야기를 들려드리고 싶습니다. 어느 날 제나라의 환공이 당상에 앉아 책을 읽고 있고, 마루 아래에서 윤편이라는 목수가 수레바퀴를 깎고 있었습니다. 그 광경이 머릿속에 그려지시나요? 위에서는 지체 높은 이가 책을 읽고 있고, 그 아래서는 육체노동자가 일을 하고 있습니다. 두 사람 사이가 그리 멀지는 않았던지 윤편이 환공에게 말을 건넵니다. "감히 여쭙니다. 상께서 읽고 계신 책은 어떤 내용입니까?" 그러자 환공이 대답합니다. "훌륭한 성인의 말씀이다." "그 성인이 지금 살아 계십니까?" "아니, 세상을 떠난 지 오래되었다" "그렇다면 상께서 읽고 계신 것은 그 성인의 찌꺼기일 뿐입니다." 느긋하고 너그럽게 응대해 주던 환공이 불시에 모욕을 당한 꼴이 되었습니다. 심기가 불편해진 그가 말합니다. "과인이 책을 읽고 있는데 어찌 수레바퀴 만드는 자 따위가 시비를 건단 말이냐. 이치에 닿는 설명을 한다면 용서하겠지만, 그렇지 못하면 죽음을 면치 못할 것이다." 이제 공은 윤편에게 넘어왔습니다. 환공이 대노했음에도 윤편은 당황하는 기색도 없이 이렇게 말합니다. "바퀴를 깎을 때 너무 많이 깎으면 헐렁해서 고정이 되지 않고 덜 깎으면 빽빽해서 들어가지 않습니다. 더 깎지도 않고 덜 깎지도 않는 것은 손의 감각으로 터득하고 마음으로 느낄 뿐이지 입으로 말할 수 없습니다. 거기에 비결이 있습니다. 저는 제 자식에게도 그것을 가르칠 수 없습니다. 깨우쳐 줄 수 없습니다. 그래서 제 나이 칠십에 아직도 수레바퀴를 깎고 있습니다. 옛날 분도 전해 줄 수 없는 것과 함께 돌아가셨으니 상께서 읽고 계신 책은 옛날 분의 찌꺼기일 뿐입니다." 윤편의 말에 환공은 말문이 막힐 수밖에 없었습니다.

성경을 보는 것도 마찬가지입니다. 성경에 대한 정보를 아무리 많이 가지고 있어도 그 속에 담긴 묘한 뜻을 알아차리지 못한다면 무슨 소용이 있을까요? 여기서 '묘한 뜻'은 '신비한 깨달음'을 말하는 것은 아닙니다. 예수를 평생 믿어도 예수의 마음을 알아차리지 못한다면 참으로 딱한 노릇입니다. 찌꺼기나 껍질을 붙들고 알맹이를 얻었다고 하면 안 됩니다. 그 알맹이는 블라디미르와 에스트라공의 대화에서 우리가 이야기했던 것처럼 '지금은 내가 인류의 대표로 이 자리에 있다', '저 타자의 얼굴에 내가 반응을 해야 한다'는 자각과 무관하지 않습니다. 본회퍼는 그리스도인의 실존을 '타자를 위한 존재'로 설명했습니다. 모두 같은 지점을 가리키고 있습니다. 조시마 장로의 어법으로 말하자면, 세상에 있는 모든 죄가 마치 나의 죄인 것처럼 여기고 살아가는 삶이야말로 예수의 마음에 근접한 삶이라 하겠습니다. 자기가 만든 틀 속에 갇힌 채 세상을 바라보면 안 됩니다. 순례자로 산다는 것은 끊임없이 자기가 머물던 거푸집을 허물고 새로운 정체성을 얻기 위해 길을 떠나는 것입니다.

『장자』에 나오는 이야기를 하나 더 들려드리겠습니다. 하백은 황하를 다스리는 신의 이름입니다. 가을이 되어 비가 내리고 물이 불어나서 출렁이자 하백의 마음이 흐뭇해졌습니다. 강의 양안이 보이지 않을 정도였습니다. 하백은 자기 세계가 엄청 넓다고 느끼며 물 위를 둥둥 떠서 흘러갔습니다. 얼마쯤 가다 보니 낯선 곳이 나왔습니다. 경계가 없는 큰 세계였습니다. 북해에 당도했던 것입니다. 그는 깜짝 놀라 북해를 다스리는 신 북해약에게 말합니다. "나는 지금까지 세계가 이렇게 넓은 줄 몰랐습니다." 그는 '크다, 작다', '귀하다, 천하다' 등의 구별을 하며 살던 자기의 인식 세계가 얼마나 작은지를 비로소 알게 되었다고 고백합니다. 북해약은 그를 조롱하기는커녕 공손하게 응대하며 말합니다. 자연은 그러하지 않으며 그런 구분은 사람이 하는 일일 뿐이라는 것이었습니다.

우물 안 개구리에게 바다에 대해 말해 줄 수 없는 것은 우물에 갇혀 있기 때문입니다. 여름 벌레들에게 얼음에 대해 말해 줄 수 없는 것은 여름에 매여 있기 때문입니다. 한 가지 전문 지식인들에게 길에 대해 말해 줄 수 없는 것은 배운 것에 얽매여 있기 때문입니다. 지금 그대는 황하의 양 기슭에서 나와 큰 바다를 보고 자신이 얼마나 보잘것없는지를 알게 되었습니다. 이제 내 그대와 '큰 결'大理에 대해 말할 수 있을 것 같습니다.

넓은 세계를 경험하지 못한 사람일수록 자기 세계가 전부라고 생각합니다. 성경에 등장하는 사람들은 모두 자기의 작은 세계를 떠나 큰 세계에 당도한 사람들입니다. 장소의 이동만을 의미하는 게 아닙니다. 아브라함은 자기에게 익숙한 세계를 떠나야 했고, 이집트 땅에 살던 이스라엘은 광야로 나아가야 했고, 욥은 고난을 거치며 하나님의 큰 세계에 눈을 떴고, 갈릴리의 어부들은 배와 그물을 버리고 예수님을 따라 나섰습니다. 지평이 넓어질 때 사람은 비로소 겸손해집니다. 겸손이란 짐짓 다른 이들 앞에서 자기를 낮추는 것이 아니라, 자기의 작음을 깨닫고 새로운 세계를 향해 자기를 개시하는 태도입니다. 우리가 이런 공부를 하는 까닭도 좁은 지평을 딛고 더 큰 세계로 나아가기 위함입니다.

하나님 체험의 시작

우리는 하나님을 아는 동시에 모릅니다. 안다는 것은 그분께서 우리에게 열어 보여주신 만큼 안다는 말입니다. 우주 공간에 암흑물질이 압도적으로 많은 것처럼 우리는 하나님에 대해 깊이 알지 못합니다. 이제부터는 우리의 하나님 체험이 어떻게 달라지는지 혹은 깊어지는지를 살펴보려 합니다. 지금까지는 인간이 누구인지에 대한 이야기를 주로 해왔다면, 이제는 시각을 좀 달리하여 하나님께 초점을 맞추어 보겠습니다. 이 강의의 서두에 말씀드렸듯이, 함석헌 선생의 「하나님」이라는 시를 우리 여정의 길잡이로 삼을까 합니다. 이 시의 첫 번째 연을 읽겠습니다.

몰랐네
뭐 모른지도 모른
내 가슴에 대드는 계심이었네[11]

이 시는 "몰랐네"라는 단어로 시작됩니다. 하나님은 모르는 것이 당연합니다. 우리가 하나님을 믿지만 처음부터 다 알고 믿지는 않습니다. 하나님이 어떤 분인지 모릅니다. 그런데 어느 순간 내 가슴에 뭔가가 우렁우렁 육박해 옵니다. 모호하기 이를 데 없는 것이 삶입니다. 인생이 순탄한 듯하다가 어느 순간 역경에 처하기도 하고, 화사한 줄로만 알았는데 느닷없이 무채색 세계 앞에 당도하기도 합니다. 사실 인간이 평안하기만 하다면 하나님을 떠올리지도 않을 것입니다. 빛과 그림자, 희망과 절망, 기쁨과 슬픔, 충만함과 권태가 우리가 예기치 못한 시간에 자리를 바꾸곤 합니다. 조짐이 없는 것은 아니지만 대부분 알아차리지 못합니다. 나이가 든다는 것은 이러한 다양한 삶의 계기들에 익숙해지는 것입니다. 하지만 도무지 익숙해지지 않는 일들도 있는 법입니다. 내 경험 세계 속에 통합할 수 없는 일들 말입니다.

독일 철학자 칼 야스퍼스는 이것을 '한계상황'Grenzsituation이라는 말로 설명했습니다. 일종의 벼랑 끝 체험입니다. 지금까지 내가 의지하고 있던 세계가 흔들리는 상황입니다. 인간의 유한성에 대한 강력한 자각, 죽음, 죄책감, 질병 등이 거기에 해당합니다. 죄책감이라는 게 우리에게는 그렇게 두드러지지 않습니다. 오히려 한국인의 정서 가운데 독특한 것은 한恨이라 할 수 있겠습니다. 임권택 감독의 영화 「서편제」를 보셨습니까? 이청준의 소설들을 해체하고 재구성하여 만든 영화입니다. 이청준 선생은 말들이 제집을 잃고 떠도는 세계에서 말에게 제집을 찾아 주기 위해 소리의 세계를 탐색했습니다. 원작과 영화에서는 득음의 경지에 이르도록 딸의 눈을 멀게 한 아버지의 이야기가 나옵니다. 참으로 비정하기 이를 데 없습니다. 왜 그런 일을 저질렀을까요? 한이 안으로 맺혀야 구성진 소리가 나온다는 것입니다. 어쨌든 과거 한국의 여인들은 한이 많았습니다.

살다 보면 부득이하게 한계상황 속에 직면할 때가 있습니다. 그때는 내가 무엇을 어떻게 해볼 수가 없습니다. 내 가족이 정신적 혹은 신체적인 어려움을 겪고 있는데도 아무것도 할 수 없습니다. 무력감에 머리를 쥐어뜯을 수밖에 없습니다. 그런 한계상황에 직면할 때 어떤 사람은 그냥 무너지고 맙니다. 그에 비해 실존적 도약을 시도하는 사람도 있습니다. 도약은 그 한계상황을 뛰어넘는 것입니다. 도약을 하는 순간 지평이 넓어집니다. 서울에서 가까운 북한산이나 도봉산만 다니던 사람이 큰맘 먹고 지리산 종주를 하고 나면 능력치가 향상됩니다. 독서 경험도 마찬가지입니다. 저는 올해 초에 굳게 결심하고 마르셀 프루스트의 『잃어버린 시간을 찾아서』를 읽었습니다.[12] 늘 '이번엔 읽어야지' 하면서 용기를 내지 못했던 책입니다. 그 책은 쉽게 읽히는 책이 아닙니다. 분량 또한 만만치 않습니다. 열세 권의 책을 대략 3주 만에 다 읽었습니다. 그런 책을 읽고 나면 3-400페이지 분량의 책이 조금 만만해집니다. 가끔은 나를 지독히 괴롭히는 책, 인내력을 시험하는 책을 읽어야 독서 능력이 향상됩니다. 경우는 다르지만 그것도 일종의 도약입니다. 도약을 해야 경험 세계가 확장됩니다.

그런데 아무리 도약을 감행해도 발이 땅에 닿지 않는 경우도 있습니다. 불가항력적인 일들입니다. 이런 경험을 할 때 사람은 비로소 '아, 이 세상에는 인간의 이성이나 경험으로 통합할 수 없는 더 큰 세계가 있구나'라는 것을 깨닫게 됩니다. 더 큰 세계와의 접속, 거룩한 것과의 만남은 그렇게 시작됩니다. 함석헌 선생의 시 첫마디는 그런 경험을 했기에 비로소 터져 나오는 것입니다.

유신론과 무신론

　인간의 하나님 체험은 굉장히 다양합니다. 그래서 신적 존재가 있다고 주장하는 유신론은 신의 존재 방식과 수에 따라 몇 가지 유형으로 나누어집니다. 우선, 고대 세계는 범신론汎神論의 세계였습니다. 신과 우주가 통합되어 인식되는 세계입니다. 이런 세계관에 의하면 세상의 모든 것은 신의 발현입니다. 여기서 신들은 개별화되어 있지 않습니다. 따라서 인격성도 없습니다.

　그다음에 등장하는 것은 다신론多神論의 세계입니다. 여기서는 개별적인 신들이 등장합니다. 그리스 로마 신화에 등장하는 신들이 그러한 경우입니다. 이 세계관에서는 신들마다 주재하는 장소가 있고 주특기가 있습니다. 제우스는 올림푸스산 정상에 머물면서 신들의 세계를 다스립니다. 호메로스의 『일리아스』를 보면 제우스는 언제나 손에 번개를 들고 있는데,[13] 이것은 압도적인 힘을 상징합니다. 그 아내인 헤라는 출산을 관장합니다. 아프로디테는 미의 여신이고, 아테네는 지혜의 여신입니다. 헤라이스토스는 대장간에서 무엇이든 뚝딱 만들어 내는 장인의 신입니다. 포세이돈은 바다를 관장합니다. 다신론적 세계관에서 신들은 장소 규정적 존재입니다. 그 신들을 만나기 위해서는 반드시 신들을 모신 곳에 가야 합니다. 신들은 때로 서로 싸우기도 하지만 평화롭게 공존합니다. 신들은 반드시 윤리적이지만은 않습니다. 변덕스러울 때가 많습니다. 게다가 제우스는 바람둥이였습니다.

　나중에 추가로 이야기하겠습니다만, 성경에서 하나님은 여호와로 소개될 때도 있고 주님 곧 '엘로힘'אֱלֹהִים으로 소개될 때도 있습니다. 엘로힘은 복수형 단수입니다. 왜 그럴까요? 조금 전에 말씀드린 대로 고대 세계의 신들은 장소 규정적이고 저마다 주특기가 있었습니다. 그런데 유대인들은 하나님을 그 모든 주특기를 다 통합한 존재로 경험했습니다. 비와 바람을 관장하는 것은 바알이 아니라 하나님이라는 것이지요. 인간에게 먹을거리를 주시는 분도 하나님이고, 전쟁에서 승리를 거두게 하는 분도 하나님이고, 여인들의 태의 문을 열기도 하고 닫기도 하는 분이 하나님이라는 것입니다.

그런데 고대인들은 신들을 어떻게 개별적인 존재로 인식하게 되었을까요? 고대의 다양한 문화권에 등장하는 신들은 모두 고대인들의 삶의 상황을 반영하는 존재들입니다. 그 상황을 모두 다룰 수 없으니 그리스의 경우만 가지고 설명해 보겠습니다. 그리스 사람들이 가장 이상으로 삼았던 것은 '아레테'arete입니다. 우리말로 번역하면 '탁월함' 정도가 무난합니다. 집을 짓는 일에 탁월한 사람도 있고, 말을 기가 막히게 잘 사용하는 사람도 있고, 음식을 잘 만드는 사람도 있고, 달리기에 재능을 보이는 사람도 있고, 물건을 잘 만드는 사람도 있고, 뛰어나게 아름다운 사람도 있고, 무기를 잘 다루는 사람도 있습니다. 그들은 저마다 각자의 아레테를 가진 사람들입니다. 이 아레테를 이상화한 것이 바로 신들입니다. 인간이 생각하는 탁월함의 최대치를 옛 사람들은 신으로 표상했다는 말입니다.

또한 범재신론汎在神論, panentheism이라는 게 있습니다. 범신론은 영어로 'pantheism'인데 범재신론은 'pan'과 'theism' 사이에 'en'이 들어갑니다. 'en'을 '있을 재'在로 번역한 것입니다. 범재신론은 세상의 모든 것이 신적인 존재라는 범신론과는 달리 세상의 모든 것 속에 신의 숨결이 담겨 있다고 말합니다. 여기서 신은 세계 내적 존재가 아니라 초월적 존재이지만 세상과 무관한 존재도 아닙니다. 초월과 내재의 통일이 곧 범재신론의 신입니다. 칼 야스퍼스는 세상이 초월자의 암호로 가득 차 있다고 말합니다. 인간의 과제는 그 암호를 해독하는 것입니다. 우리 시대의 암호 해독자들은 신학자라기보다 시인들인 것 같습니다. 구상 선생의 「말씀의 실상」이라는 시는 신적 신비가 가득 찬 세계로 우리를 초대합니다.

> 영혼의 눈에 끼었던
> 무명無明의 백태가 벗겨지며
> 나를 에워싼 만유일체萬有一體가
> 말씀임을 깨닫습니다.
>
> 노상 무심히 보아오던
> 손가락이 열 개인 것도
> 이적異蹟에나 접하듯
> 새삼 놀라웁고
>
> 창밖 울타리 한구석
> 새로 피는 개나리꽃도
> 부활復活의 시범示範을 보듯
> 사뭇 황홀합니다.[14]

눈을 뜨니 세상이 온통 신적 광휘에 감싸 있음을 보게 된 것입니다. 바로 범재신론의 세계입니다. 창조 신앙도 바로 이런 사실을 암시합니다.

신에 대한 이론 가운데 이신론理神論이라는 것도 있습니다. 이치를 뜻하는 '이'理자가 강조되고 있습니다. 이것은 과학적 합리주의가 등장하면서 생겨난 신에 대한 이론입니다. 뉴턴이 만유인력의 법칙을 발견하고, 갈릴레이가 망원경을 통해 천체를 관측하고, 케플러가 행성의 운동을 측정하기 시작하면서 세상을 과학적으로 설명할 수 있다는 생각이 지배적으로 드러나기 시작합니다. 그런데 과학만 가지고는 설명할 수 없는 부분도 있는 법입니다. 사람들은 과학적 인식으로 설명할 수 없는 여백을 신의 영역으로 일단 받아들이려 합니다.

이신론 할 때 '이'理라는 글자를 잠시 떠올려 보십시오. '임금 왕'王 자와 '마을 리'里 자가 결합된 형태입니다. 원래 왼쪽에 부수로 쓰인 글자는 '옥'玉 자입니다. 부수로 쓸 때 '점'을 탈락시킨 것입니다. '옥'은 귀금속이지만 그 본질은 '돌'입니다. 그리고 마을은 사람들이 어우렁더우렁 어울려 사는 세계입니다. 마을이 유지되기 위해서는 정해진 규칙을 지켜야 합니다. 그 규칙이 살아 있는 공간을 가리켜 마을 곧 '리'里라고 말합니다. 그다음 마을로부터 조금 떨어진 곳을 '교'郊라 하고, '교'보다 더 멀리 떨어져서 인적을 찾아보기 어려운 곳을 '야'野라 합니다. 거칠게 분류하자면 '리'里는 사람이 많이 살고 있는 곳이고, '교'郊는 드문드문 사는 곳이고, '야'野는 거의 안 사는 곳입니다. 마을에서 함께 어울려 살기 위해 지켜야 할 규칙이 있다고 말씀드렸지요? 그 규칙을 적어 놓은 것을 가리켜 '리'理라고 합니다. 다시 말해, 이신론이라는 용어 속에 담긴 뜻은 이 세상은 하나님의 이치가 지배하고 있다는 말입니다. 하나님이 심어 놓으신 질서가 작동하는 세상이 바로 우리가 사는 세상입니다. 이신론자들은 그래서 하나님은 시계공처럼 세상을 만드셨지만 세상사에 개입하지는 않으신다고 말합니다. 만들어진 시계는 제작자가 심어 놓은 법칙에 따라 작동되는 것이지 일일이 제작자가 개입할 이유는 없다

는 것입니다. 합리성으로서의 과학이 대두되면서 과학자들은 신을
이치의 영역에 가두려 했습니다. 이것이 이신론입니다.

　이제 우리가 다루어야 할 또 하나의 신론이 있습니다. 유일신
론唯一神論입니다. 신은 오직 한 분밖에 없다는 것입니다. 우리는 성
경에서 소개되는 하나님이 유일신이라고 전제하고 있지만 성경의
세계가 처음부터 유일신론에 기초하고 있지는 않았습니다. 이집트
와 바벨론에도 신들이 많았습니다. 다신들의 세계였습니다. 성경의
이야기꾼은 그런 신들의 존재를 굳이 부정하려 하지 않았습니다.
물론 그들을 우상이라고 규정하기는 합니다. 유일신론이 도드라지
게 강조된 것은 바벨론 포로기부터라고 볼 수 있습니다. 포로생활
은 유대인들에게는 엄청난 충격이었습니다. 그 사건은 하나님의 선
민選民이라는 자긍심을 송두리째 뒤흔든 사건이었습니다. '하나님
은 절대적인 분이시고 우리는 택함받은 사람들이다. 예루살렘 성전
이 있는 한 우리는 망하지 않을 것이다.' 유대인들은 암암리에 이런
생각을 하고 있었습니다. 하지만 그런 선민의식은 참담하게 깨지
고 맙니다. 주전 587년에 바벨론에 의해서 예루살렘이 파괴되고 수
많은 사람들이 포로가 되어 바벨론으로 끌려갑니다. 가족과 재산을
잃고 삶의 자리까지 박탈당했습니다. 상실감과 공포가 그들을 지배
했을 것입니다. 그것 못지않게 그들을 괴롭힌 것이 있었습니다. 아
무리 생각해 보아도 풀리지 않는 수수께끼였습니다. '하나님의 택
함을 받은 우리가 어떻게 이토록 참담한 패배를 맛보게 되었을까?'
유대인들은 자기들의 패배를 여호와 하나님의 패배로 여겼습니다.
바벨론 사람들이 믿고 있는 신들에 비해 여호와 하나님이 열등한
것처럼 느껴졌던 것입니다. 정신이 무너지면 다른 것들은 덩달아
무너지게 마련입니다.

이때 포로로 잡혀갔던 사람들 가운데 사제 계급이 있었습니다. 그들은 골똘히 생각했습니다. '정말 하나님이 무력하신 것일까?' 하지만 그것을 인정하기 싫었습니다. 그래서 도리질하듯 그런 생각을 털어 냅니다. '아니, 하나님은 무력하지 않으셔.' 그러자 다시 의문이 듭니다. '그렇다면 우리가 왜 패배했을까?' 어느 순간 섬광처럼 한 깨달음이 다가왔습니다. '그것은 우리가 하나님과 맺은 언약에 충실하지 않았기 때문이야. 언약에 충실하지 않았기에 하나님은 바벨론을 징계의 도구로 삼아서 우리를 벌하신 거야.' 생각이 여기까지 미치자 하나님에 대한 생각이 달라졌습니다. '아, 하나님은 바벨론조차 도구로 사용하시는구나. 바벨론의 신들이 하나님보다 강력하기 때문에 우리가 패배한 것이 아니구나.' 이때 비로소 초월적인 하나님, 온 세상 역사를 주관하시는 하나님에 대한 인식이 깊어집니다. 그런 인식은 징계의 시간이 지나고 나면 자기들이 다시 회복될 것이라는 희망의 뿌리가 됩니다. '바벨론이 지금 우리를 압도하고 있지만 이 모든 일이 하나님의 섭리 속에서 일어나는 것이니 우리는 결국 다시 일어날 거야.'

그런 마음의 눈으로 세상을 보니 세상이 전혀 달라 보입니다. 외적 현실은 아직 암담합니다. 하지만 그 암담함 속에 이미 빛이 스며들어 있습니다. 바벨론 포로생활은 유대인들이 경험한 일종의 한계상황이었지만 그들은 그 고통을 통해 영적으로 도약합니다. 그래서 나온 것이 '고난받는 종의 노래'입니다.

> 우리가 들은 것을 누가 믿었느냐? 주님의 능력이 누구에게
> 나타났느냐? 그는 주님 앞에서, 마치 연한 순과 같이, 마른 땅에서
> 나온 싹과 같이 자라서, 그에게는 고운 모양도 없고, 훌륭한

풍채도 없으니, 우리가 보기에 흠모할 만한 아름다운 모습이 없다.……그는 실로 우리가 받아야 할 고통을 대신 받고, 우리가 겪어야 할 슬픔을 대신 겪었다. 그러나 우리는, 그가 징벌을 받아서 하나님에게 맞으며, 고난을 받는다고 생각하였다. 그러나 그가 찔린 것은 우리의 허물 때문이고, 그가 상처를 받은 것은 우리의 악함 때문이다. 그가 징계를 받음으로써 우리가 평화를 누리고, 그가 매를 맞음으로써 우리의 병이 나았다(사 53:1-2. 4-5).

여기서 "대신"이라는 단어가 도드라집니다. 그들은 역사 속에서 자기들에게 주어진 소명을 자각합니다. 자기들이 겪고 있는 고난의 현실이 죄에 대한 징벌임을 부인하지는 않지만, 그것을 또한 세상의 모순을 속으로 끌어들여서 정화하라는 하나님의 부르심으로 받아들이게 된 것입니다. 인도의 성자라 불리는 썬다 싱이 했던 말이 떠오릅니다. 그는 히말라야 설산을 넘나들며 복음을 전하다가 여러 번 죽을 고비를 넘겼습니다. 도무지 그런 삶의 열정을 이해하지 못하는 기자가 어떻게 그 높은 산을 넘을 수 있었느냐고 묻자, 그는 "산을 넘기 전에 정신의 키를 산보다 높이면 넘을 수 있다"고 답했습니다. 바벨론 포로기에 유대인들은 정신의 혁명을 경험했습니다. 그곳에서 이전에는 없던 하나님을 발명했다는 말이 아니라, 하나님에 대한 인식이 새로워졌다는 말입니다. 이전에는 하나님을 그저 우리 편을 들어 주는 '부족신'처럼 이해했지만, 이제는 온 세상을 섭리하시는 분으로 인식된 것입니다.

물론 그 이전에도 유일신 사상이 도드라지게 등장한 적이 있습니다. 열왕기하 22장에 등장하는 요시야 왕 시절입니다. 요시야 왕 십팔년에 인부들이 성전을 보수하던 중 신명기 율법책을 발견합니다. 서기관 사반은 그것이 굉장히 중요한 문서인 줄 즉각 알아차리고 왕에게 가져갑니다. 그 책의 내용을 들은 요시야 왕은 크게 놀랍니다. 이후 행동에 나선 그는 백성에게 우상을 철폐하고 여호와 하나님 한 분만을 섬길 것을 요구합니다. 유일신론으로의 씨앗이 그렇게 심겨진 것입니다. 바벨론 포로기에 그 씨앗에서 싹이 트고 마침내 거대한 나무처럼 솟아올랐습니다. 그들은 마침내 하나님이 온 세상의 창조주이자 섭리자이심을 장엄하게 고백합니다. 여기에 역사의 아이러니가 있습니다. 평안한 시기가 아니라 가장 어둡고 난감하던 시기에 하나님에 대한 빛나는 인식과 인류에 대한 희망의 불이 밝혀진 것입니다.

유일신론은 포괄하는 것입니다. 하나님의 품을 벗어난 것은 아무것도 없습니다. 그게 기초입니다. 문제는 유일신론을 자랑하는 그리스도인들이 우리와 다른 것은 다 배제하려는 데 있습니다. 가르고, 잘라내고, 혐오하고, 박해합니다. 그 결과 아주 작아졌습니다. 품이 좁아졌습니다. 이것이 한국 교회가 세상의 추문거리로 전락한 까닭이라 해도 과언이 아닐 것입니다. 폴란드 태생의 사회학자 지그문트 바우만은 "자기가 믿는 진리의 무오류성과 도덕적 올바름을 확신하지 못하는 모든 사람에게 문을 닫고 반체제분자들에게 저항할 권리를 거부하며, 다른 이념이나 신조를 고수하는 사람들을 경멸하고 추방하고 궁극적으로 절멸시키는 사람들" 때문에 세상이 이 지경이 되었다고 말합니다.[15] 이 말을 빌려 저는 이렇게 말하고 싶습니다. "온 우주보다 더 크신 하나님을 아주 작게 축소하는 것이 개신교회의 죄다."

지금까지 다양한 종류의 유신론에 대해 간략히 살펴보았습니다. 여기서 유신론에 대비되는 무신론 이야기를 하지 않을 수 없습니다. 이 논의 또한 아주 복잡해서 그 이야기를 다 할 수 없지만, 무신론자들을 몇 가지 유형으로 나누어 생각해 볼 수 있습니다. '세상 어디에도 신이 있다는 증거는 없다'고 하는 증거론적 무신론자도 있고, '세상의 이치를 따져 보니 신은 없다'고 하는 원리론적 무신론자도 있습니다. 사실 이런 사람들은 크게 위험하지 않습니다. 리처드 도킨스와 같은 과학적 무신론자들이 신은 없다고 말하지만 그게 그렇게 위협적으로 느껴지지는 않습니다. 진짜 위험한 것은 실천적 무신론자들입니다. 그들은 하나님을 믿는다고 말합니다. 교회도 잘 다닙니다. 하지만 하나님을 자기 방식대로 축소시켜 믿으면서 그게 전부라고 주장합니다. 입술로는 하나님의 존재를 시인하지만 자기들의 배를 하나님처럼 섬기는 이들이 많습니다. 그들이 바로 실천적 무신론자입니다. 이런 이들이야말로 포도원을 망가뜨리는 새끼 여우 떼입니다(아 2:15).

낯선 세계로의 부르심

앞서 고대 세계의 신들에게 두 가지 특성이 있다고 말씀드렸습니다. 장소 규정적 존재이고 저마다 주특기를 갖고 있다는 점입니다. 신들을 만나기 위해서는 그들이 주재하는 장소에 가야 했고, 우리가 처한 인생의 문제가 무엇인지에 따라 찾아가야 하는 신들도 달랐습니다. 그런데 성경의 하나님은 인간을 찾아오시는 분입니다. 하나님은 특정한 장소로 찾아가야 만날 수 있는 분이 아니라 인간을 찾아오시는 분, 인간에게 말을 건네시는 분이시라는 말입니다. 이것이 바로 결정적인 차이입니다. 하나님은 장소 규정적 존재가 아니라, 시간 속에서 우리와 함께하시는 분이십니다.

아브라함을 찾아오신 하나님이 그에게 하신 말씀을 우리는 잘 압니다.

> 너는, 네가 살고 있는 땅과, 네가 난 곳과, 너의 아버지의 집을 떠나서, 내가 보여주는 땅으로 가거라(창 12:1).

"네가 살고 있는 땅", "네가 난 곳", "너의 아버지의 집" 모두 특정한 공간을 가리킵니다. 이곳을 떠나 하나님이 보여주시는 땅으로 가라는 것이었습니다. 한 장소에서 다른 장소로 이동하라는 이야기처럼 들립니다. 하지만 "내가 보여주는 땅"은 아직 어딘지 모릅니다. 미확정적이며 불확실합니다. 그 장소는 시간 속에서 부유합니다. 불확실성은 불안을 야기합니다. 서울을 떠나 밴쿠버로 올 때 저는 그다지 불안하지 않았습니다. '공항에 내리면 최 교수님이 나를 기다리고 있을 거야. 나를 태워서 내가 머물 곳으로 안내해 줄 거야' 하는 확신이 있었기 때문입니다. 그런데 그런 확신이 없다면, 아무도 나를 맞으러 오지 않을 수도 있다고 생각하면 걱정이 되게 마련입니다. 하나님은 아브라함을 편안함 속으로 부르신 것이 아니라 불안 속으로 부르셨다고 말할 수 있습니다. 모든 게 미확정적이고 불확실할 때 내가 머물러 있는 곳은 낯선 곳일 수밖에 없습니다.

낯선 곳에 있다는 말은 내가 취약해진 상태에 있다는 말입니다. 나를 지키거나 보호해 줄 울타리가 없는 상태, 마치 피부가 벗겨진 것 같은 상태입니다. 취약해진다는 것은 언제든지 내가 위험에 처할 수 있다는 뜻입니다. 취약해진 사람은 당당할 수 없습니다. 머뭇거립니다. 어디를 가나 자기 집인 양 편안할 뿐만 아니라 당당하게 처신하는 사람도 더러 있기는 합니다만 그렇게 좋아 보이지는

않습니다. 당당함은 좋은 것이지만 뻔뻔한 당당함은 다른 이들을
배려하지 않는 태도가 외화된 것일 때가 많습니다.

프랑스의 철학자 시몬 베유는 우리에게 머뭇거리는 태도가
필요하다고 말합니다. '머뭇거림'hesitation 속에 인간미가 있습니다.
머뭇거린다는 것은 여백을 만든다는 말입니다. 다른 사람에게 여
지를 주려는 마음입니다. 거침없이 자기 이야기만 하는 사람을 보
면 조금 불편합니다. 다른 사람들의 마음을 전혀 헤아리지 않기 때
문입니다. 취약해진 사람은 다른 이들의 호의에 의지해서 살 수밖
에 없습니다. 호감 있는 사람이 되기 위해서 필요한 것은 무엇일까
요? 먼저 사람들을 친절하게 대해야 하고, 다른 이들의 말을 경청해
야 하며, 지나칠 정도로 이기적이거나 고집스러우면 안 됩니다. 취
약해진 사람은 다른 이들을 살피며 삽니다.

하나님은 아브라함에게 익숙하던 세계를 떠나라고 하신 뒤
에 "너는 복의 근원이 될 것이다"(창 12:2)라고 말씀하셨습니다. 복의
근원은 하나님이시므로 저는 이 대목을 늘 복의 매개가 되라는 메
시지로 듣습니다. 복을 흘러가게 하는 사람, 복의 통로가 되는 것이
부름받은 사람의 소명입니다.

> 너를 축복하는 사람에게는 내가 복을 베풀고, 너를 저주하는
> 사람에게는 내가 저주를 내릴 것이다. 땅에 사는 모든 민족이 너로
> 말미암아 복을 받을 것이다(창 12:3).

저는 여기서 잠시 아브라함을 부르신 하나님 이야기와 오뒷
세우스 이야기를 대조해 보고 싶습니다. 흔히 헬레니즘과 헤브라이
즘을 가리켜 서양 문명의 토대라고 말합니다. 이 두 문명은 유사한

점도 있지만 다른 점도 많습니다. 그 차이를 상징하는 인물이 바로 아브라함과 오뒷세우스입니다. 오뒷세우스는 언제나 자기동일성 속에 머무는 사람입니다. 호메로스의 『오뒷세이아』는 자기를 떠나서 모험적인 삶을 살다가 결국 자기를 찾아가는 오뒷세우스의 삶의 역정을 보여줍니다. 트로이 전쟁이 끝나고 고향인 이타카로 돌아가는 길에 그는 수많은 시련에 직면합니다. 그는 낯선 세계에 당도할 때마다 자기 이름을 사람들에게 숨깁니다. 그중 잘 알려진 이야기를 예로 들어 보겠습니다. 사람을 잡아먹는 외눈박이 거인 폴리페모스의 섬에서 오뒷세우스는 많은 부하를 잃습니다. 오뒷세우스는 분노하지만 역부족입니다. 그래서 기지를 발휘합니다. 그는 폴리페모스의 호감을 사기 위해 포도주를 빚어 그에게 바칩니다. 포도주를 마시고 기분이 좋아진 폴리페모스는 그에게 이름을 묻습니다. 이름의 모티프가 여기서 등장합니다. 오뒷세우스는 "내 이름은 '있지도 않은 자'입니다"라고 대답합니다. 영어로 하면 "My name is 'Nobody'"인 셈입니다. 폴리페모스는 거나한 기분에 약속합니다. "노바디, 넌 맨 나중에 잡아먹을게." 어느 날 오뒷세우스는 폴리페모스가 술에 취해 깊이 잠들자 부하들과 함께 통나무를 뾰족하게 깎아 외눈박이 거인의 눈에 찔러 넣습니다. 폴리페모스는 고통에 신음하면서도 동굴 문 앞에 버티고 앉아 오뒷세우스의 부하들이 탈출하지 못하도록 하지만, 오뒷세우스는 부하들을 커다란 양의 배 밑에 매달리게 하여 폴리페모스의 손아귀에서 벗어나게 합니다.

오뒷세우스의 배가 막 출항하자 폴리페모스의 고통에 찬 외침을 들은 동료들이 달려와서 그의 눈이 왜 그렇게 되었고 누가 그렇게 한 것인지 묻습니다. 폴리페모스가 무엇이라 대답했겠습니까?

친구들, 있지도 않은 자가 완력이 아니라 계략으로 나를 죽이고
있다네.[16]

그 말을 들은 친구들은 그를 비웃으며 그 자리를 떠나고 맙니
다. 이름을 둘러싼 일화는 그 후에도 자주 등장합니다. 그의 여정은
자기의 이름을 찾아가는 과정이기 때문입니다. 오뒷세우스는 모험
을 하면서도 언제나 자기동일성 속에 머뭅니다. 낯선 타자를 자기
속으로 끌어와 자기확장을 꾀할 뿐 타자의 세계에 흔쾌히 다가서지
않습니다. 어쩌면 이것이 서양적 주체의 표상인지도 모르겠습니다.

그리스 역사가 헤로도토스가 쓴 『역사』라는 책은 아테네와
페르시아 사이에 벌어졌던 전쟁 이야기를 배경으로 하고 있습니
다.[17] 페르시아는 아테네 곧 헬라스 연합군이 경험한 최초의 강력한
타자였습니다. 그 압도적인 타자의 도전이 있었기에 아테네 사람들
은 자기들의 정체성에 대해 묻게 되고 또 정체성을 새롭게 규정할
수 있었습니다. 서양적 주체가 페르시아라는 타자 덕분에 형성되었
다고 말하면 조금 과장일 수도 있겠지만 전혀 근거 없는 말이라 할
수는 없을 것입니다. 그 전쟁을 겪으면서 그리스 사람들은 자기 문
화에 대한 자긍심을 품게 되었습니다. 페르시아의 야만적 전제 정
치와 달리, 자기들은 시민들이 국가를 위해서 자발적으로 전쟁에
나서는 자유인이라는 생각이 탄생한 것입니다. 그들에게 중요한 것
은 타자들을 동화하고 흡수하는 것입니다. 타자들과의 만남을 통해
다소 변화할 수는 있지만, 자기동일성 속에 완고하게 머무는 것이
오뒷세우스의 세계입니다.

아브라함의 경우는 오뒷세우스와 다릅니다. 그는 타자를 자
기 속으로 끌어들이면서 자기독립성을 유지해야 하는 사람이 아니

라, 자기를 다른 이들에게 선물로 주어야 살 수 있는 존재입니다. 아브라함은 자기가 직면하고 있는 현실을 자기의 관념 속으로 끌어들여 해소할 수 없습니다. 창세기 22장에서 이삭을 번제로 바치려 했던 이야기가 한 예가 되겠습니다. 하나님은 아브라함이 백 세에 얻은 아들 이삭을 바치라고 말씀하십니다. 이것은 있을 법하지 않은 일입니다. 인간의 상식이나 이성을 벗어난 이야기이기 때문입니다. 이 이상하고도 놀라운 요청 앞에서 아브라함은 흔들릴 수밖에 없습니다. 다른 이들과 상의할 수도 없는 일이었습니다. 내 행위가 적법한가에 대한 판단을 다른 권위에 의지해서 할 수 없습니다. '신 앞에 선 단독자'라는 말이 함축하는 것도 이와 같습니다. 아브라함 적인 태도의 새로움은 바로 여기에 있습니다. 신앙생활이란 자기동일성 속으로 누군가를 끌어들여서 없애 버리는 게 아니라, 낯선 세계에 직면하여 끊임없이 결단하며 나아가는 과정입니다.

숙명론이 지배하는 세계를 떠나서

이제 하나님이 아브라함에게 친숙한 세계를 떠나라고 하신 까닭이 무엇인지 살펴보겠습니다. 아브라함이 애초에 살던 곳은 갈대아 우르였습니다. 우르는 메소포타미아 문명권에서 아주 오래된 도시입니다. 메소포타미아는 '두 강 사이의 땅'이라는 뜻입니다. 두 강은 물론 유프라테스강과 티그리스강입니다. 두 강 모두 튀르키예 동부 아나톨리아고원에서 흘러오는 물을 발원지로 하고 있습니다. 서쪽을 유장하게 흐르는 것이 유프라테스강이고, 동쪽 지역을 다소 급하게 흐르는 것이 티그리스강입니다. '큰 하천'이라는 뜻의 유프라테스강은 물줄기가 장장 2,735킬로미터에 이릅니다. 아르메니아의 국경 지대에서 발원하여 튀르키예 중앙부의 산악지대를 돌아 시리아평원에 이르렀다가 이라크까지 흘러갑니다. 이 지역은 자연 제방이 낮게 형성되어 있고 홍수의 피해도 많지 않은 곳입니다. 좋은 환경 덕분에 유프라테스강 유역에는 옛날부터 사람이 많이 살았습니다. 티그리스강은 '급류'라는 뜻입니다. 이름만 들어도 티그리스강이 상당히 급하게 흐른다는 것을 알 수 있습니다. 튀르키예의 반호Van lake 주변에서 발원해 이란고원의 자그로스산맥으로부터 흘러드는 지류와 합류하여 이라크평원으로 흘러갑니다. 장장 1,931킬로미터에 이릅니다.[18] 한강이 494킬로미터이고 낙동강이 510킬로미터이니 비교가 어려울 정도로 어마어마합니다.

앞서 말씀드린 대로, 이 두 강 사이에서 형성된 메소포타미아 문명권을 중심으로 수메르, 아카드, 앗시리아, 바벨론 등의 문명이 차례로 등장합니다. 도시 국가들이 어떻게 형성되었는지를 자세히 살펴보면 재미있습니다. 씨족 사회에서는 사람들이 큰 물가에서 살지 않고 작은 물가에 모여 삽니다. 거기서도 먹을거리가 충분하기 때문입니다. 물고기를 잡아먹으면 됩니다. 그러다가 가족이 조금씩 늘어납니다. 식량을 구하는 게 큰 문제입니다. 식량을 증산하려면 농경지를 확보해야 합니다. 농경지는 주로 어떻게 확보될까요? 하천을 흐르다가 상류에서부터 몰려온 흙들이 쌓여 있는 곳이 비옥합니다. 그래서 사람들이 대하천 주변으로 이동합니다. 여기도 문제가 없는 것은 아닙니다. 대하천 주변은 범람의 위기가 상존합니다. 한번 물이 범람하면 모든 것을 쓸어갑니다. 대책이 필요합니다. 제방을 쌓고 관개 시설을 마련해야 합니다. 관개 시설을 만드는 데는 많은 인력과 자원이 필요합니다. 결국 이런 문제를 해결하기 위해 사람들이 뭉치게 되고 그들이 모여 도시를 형성합니다.

인구가 많아지면 여러 가지 편리한 점도 있지만 그 이상으로 많은 문제들이 발생합니다. 이런저런 갈등이 계속해서 발생하고 그 것을 슬기롭게 해소하지 못하면 커다란 폭력이 될 가능성이 있습니다. 옛날 향촌 사회에서는 마을의 존경받는 어른들이 그런 문제들을 잘 중재해서 마을이 분란에 휩싸이지 않게 했습니다. 그러나 사회가 복잡해지고 도시의 규모가 커지면 문제는 달라집니다. 이런 문제 때문에 생산은 하지 않지만 갈등을 해결하거나 중재하는 역할을 하는 계층이 등장합니다. 그들이 바로 관료들입니다. 관료들은 생산자들이 만들어 낸 잉여를 가지고 사는 사람들로 특권계급화되기 시작합니다. 계급사회가 발생하는 것입니다. 왕을 정점으로 귀족과 관료, 일반 시민, 노예 계급 등으로 서열화된 계서 구조가 피라미드 형태로 형성됩니다. 피라미드를 떠올려 보십시오. 피라미드의 무게를 온통 떠받들고 있는 것은 누구일까요? 맨 밑바닥에 있는 사람들입니다. 그들은 마치 신화 속의 아틀라스가 지구를 어깨에 짊어지고 있는 것처럼 사회를 지탱하고 있습니다. 그런데 어느 날 밑바닥 계층 사람들이 문득 이 체제에 문제가 있음을 자각했다고 상상해 보십시오. '왜 우리는 맨날 엎드려서 이 무게를 다 견뎌야 돼? 우리는 먹을 것도 없는데 저들은 생산 활동도 안 하면서 왜 저렇게 잘살아? 저들과 우리의 차이가 대체 뭐야?' 억울하다는 생각이 들면서 이 계층 사람들이 꿈틀꿈틀하면 어떻게 되겠습니까? 피라미드 체제가 붕괴되지 않겠습니까?

왕이나 관료들이 제일 무서워하는 것은 맨 밑바닥 계층 사람들이 깨어나는 것입니다. 피라미드 체제를 유지하기 위해서는 뭔가 조치가 필요합니다. 여기서 매우 중요한 역할을 하는 것이 사제 계급입니다. 그들은 신의 뜻을 아는 이들입니다. 고대 세계는 신들의 세계였기 때문에 사제들의 말은 지금과 달리 매우 존중되었습니다. 그들이 사람들에게 심어 주는 것은 일종의 숙명론입니다. 왕은 왕의 운명이 있고, 귀족은 귀족의 운명이 있고, 노예는 노예의 운명이 있다는 것입니다. 요즘도 이런 숙명론이 유행합니다. '이번 생은 망했어'를 줄인 '이생망'이라는 말이 젊은이들 입에서 널리 오르내리고 있습니다. 숙명론은 철학적 담론 같지만 실은 지배 이데올로기일 때가 많습니다. 그래서 저는 십계명의 제1계명 "너는 나 외에는 다른 신들을 네게 두지 말라"를 이런 관점에서 해석합니다. '다른 신들'은 계급 세계를 온전하게 해주는 신들, 지배자들 편에 선 신들입니다. 우리가 믿는 하나님은 그런 존재가 아닙니다. 억압 때문에 부르짖는 사람들의 신음소리를 들으시고, 전제정치 아래서 고통받는 것을 보시고, 땅에서 벌어지고 있는 고난의 현실을 똑똑히 아시는 분입니다. 그 하나님은 불의한 권력에 의해 억압받고 있는 이들이 자유를 누리며 살 수 있도록 하기 위해 역사 속에 개입하시는 분입니다.

우리는 그런 하나님을 바로 믿고 있나요? 제가 볼 때 지금 한국 교회의 문제는 '다른 신들'을 하나님인 줄 알고 믿고 사는 사람들이 많다는 것입니다. 참 속상한 일입니다. 믿음의 반대말은 불신이 아니라 숙명론입니다. "난 아무것도 할 수 없어. 이게 내 운명이야." 믿음의 사람들은 숙명론의 너울을 벗어 버려야 합니다. 현실의 불의함과 어둠에 지쳐서 "이것은 어쩔 수 없는 현실이다"라고 말하지 말아야 합니다. 믿음의 사람들은 새 하늘과 새 땅을 꿈꾸는 사람들입니다. 그들은 '다른 삶이 가능하다'는 확신을 품고 삽니다. 하나님이 아브라함에게 떠나라고 명했던 것은 숙명론이 지배하고 있는 세계를 떠나 새로운 세상 질서를 열어 가라는 것이 아니었을까요?

지배와 피지배가 당연시되는 제국의 질서에서 벗어나 모든 이가 저마다의 자유를 누리며 사는 평등 공동체의 꿈을 꾸어야 합니다.

소설가 이승우가 몇 해 전에 쓴 책을 잠시 소개하고 싶습니다. 『사랑이 한 일』입니다. 창세기에 등장하는 다섯 인물을 패러프레이즈paraphrase한 책인데 작가의 상상력이 그야말로 빛나는 책입니다. 다섯 인물 가운데 하나가 아브라함의 조카 롯입니다. 창세기 19장을 중심으로 작가의 시선을 잠시 따라가 보겠습니다.

소돔성에 살고 있던 롯은 어느 날 성문 어귀에 앉아 있다가 두 나그네가 오는 것을 보고 일어나 자기 집에 가서 자고 아침에 길을 떠나라고 청합니다. 본인도 나그네의 설움을 알기 때문에 떠돌고 있는 사람을 자기 집으로 맞아들여 환대한 것입니다. 한밤중에 소돔성 사람들이 몰려와서 문을 두드리며 그 나그네들을 내놓으라고 요구합니다. 그들과 재미를 좀 봐야겠다는 것이었습니다. 그러자 롯이 홀로 문 앞으로 나와서 이렇게 하는 것은 악한 일이라며 그들을 나무랍니다. 그러자 그들이 뭐라고 응대합니까? "이놈이 자기도 나그네살이를 하는 주제에 우리에게 재판관 행세를 하려고 들어? 어디 네놈이 먼저 혼 좀 나봐라."[19] 롯은 소돔성 사람들 앞에 서서 그들의 윤리적 감각을 깨우려고 말을 건넸습니다. 로고스를 사용한 것입니다. 그러나 그들은 로고스를 무질러 버리고 폭력적 행동을 하면서 그동안 드러내지 않았던 본심을 드러냈습니다. 작가의 상상력이 작동하는 것은 바로 이 지점입니다. 도시 사람으로 산 지이미 20년이 넘었고 롯의 딸들은 장성해서 약혼자가 생겼는데도 롯과 그 가족은 그 도시의 구성원으로 취급을 받지 못하고 있었습니다. 롯은 그 도시 사람들에게 스며들고 싶었습니다. 그러나 그럴 수 없었습니다. 작가는 이렇게 말합니다.

그가 도시에 스며들지 않은 것이 아니라 그 도시 사람들이 그를 스며들지 못하게 했다. 그가 그 도시 사람들을 거부한 것이 아니라 도시 사람들이 그를 받아들이지 않았다. 아무 일 없을 때는 영역 안의 일원처럼 대했지만 무슨 일이 있을 때는 영역 밖의 외부인으로 간주했다.[20]

이게 나그네의 서러움입니다. 누군가의 환대에 기대어 살 수밖에 없는 게 떠난 자들의 운명입니다. 누군가의 환대를 받기 위해서는 평화를 만드는 사람이어야 하고, 스스로를 선물로 줄 수밖에 없는 사람입니다. 그렇게 노력했는데도 그 사회의 일원으로 받아들여지지 않을 때 우리는 서러움을 느낄 수밖에 없습니다. 그래서 이승우는 "도착은 한없이 연기되고 머묾은 영원히 유보된다"고 말합니다. 익숙한 이들에게 할 수 없는 일을 낯선 이들에게 함으로 모욕을 가하려는 악마적 충동이 우리에게는 없는지 돌아보아야 합니다.

시간 속에서 동행하시는 하나님

이삭 이야기를 조금 더 해보겠습니다. 이삭을 생각하면 측은한 생각이 듭니다. 이삭은 모리아산에서 아버지에게 묶여 제단에 눕혀진 순간을 결코 잊을 수 없었을 것입니다. 그것은 유사 죽음 경험이었습니다. 하나님의 개입으로 살아나긴 했지만 그 사건 이후 이삭의 내면에서 벌어진 일들을 우리는 짐작하기 어렵습니다. 그런데 성경은 매우 중요한 사유의 단초를 우리에게 남겨 줍니다. 모리아산에서 내려온 아브라함은 기다리고 있던 종들에게 돌아가 브엘세바로 돌아갑니다. 이삭이 함께 갔다는 말은 없습니다. 어디로 간

것일까요? 이삭은 잠시 사라집니다. 창세기 23장은 사라의 죽음 이야기를 들려줍니다. 사라의 장례를 치를 때 이삭이 맏상제가 되어야 하지만 여전히 이삭은 그 자리에 없습니다. 성경은 아주 건조하게 아브라함이 사라를 막벨라 굴에 안장하였다고 말합니다.

사라가 죽은 뒤 나이 많은 노인이 된 아브라함은 이삭의 신붓감을 구해오라고 자기 집의 종을 자기 고향으로 보냅니다. 그때도 당사자인 이삭은 등장하지 않습니다. 이삭이 성경의 무대에 다시 등장하는 것은 밧단아람에 갔던 종이 이삭의 신붓감으로 리브가를 데리고 올 때입니다. 이삭은 그때 브엘라해로이를 떠나 남쪽 네겝 지역에 가서 살고 있었습니다. 여기서 중요한 지명이 등장합니다. 브엘라해로이입니다. 그곳은 하갈 이야기와 연관된 장소입니다. 하갈은 아브라함의 후처가 되어 임신을 했습니다. 질투심에 사로잡힌 사라는 남편을 다그쳐서 하갈을 집에서 쫓아냅니다. 광야로 내몰린 하갈은 그곳에 있는 샘 곁에서 하나님을 만납니다. 그 장소가 바로 브엘라해로이입니다. '나를 보시는 살아 계시는 분의 샘'이라는 뜻입니다.

모리아산 이후에 사라졌던 이삭은 얼마 동안인지는 모르겠지만 브엘라해로이에서 살다가 네겝 지역으로 옮겼습니다. 하갈과 그의 아들 이스마엘 이야기가 스며 있는 브엘라해로이라는 지명을 단초로 삼아 이승우는 놀라운 상상력을 발휘합니다. 이삭은 모리아산에서 죽지는 않았지만 죽음을 방불케 하는 체험을 했고, 그 체험 덕분에 자기 때문에 어려움을 겪었던 이복형 이스마엘과 하갈의 처지를 깊이 깨닫게 되었다는 것입니다.

죽음을 경험하고 밤을 지새우고 산을 내려오는 그의 눈앞에

얼굴도 모르는 이복형이 집에서 쫓겨나는 장면이 마치 눈으로 본
것처럼 선명하게 떠올랐다. 아버지는 광야 속으로, 낮의 뜨거운
햇빛과 밤의 스산한 추위 속으로 형과 형의 어머니인 하갈을
내보냈다. 쫓겨날 때 그들 손에 들린 것은 물 한 가죽부대와
약간의 빵이 전부였다. 세상에! 죽음으로 내몬 것이나 다름없지
않은가, 하고 이삭은 중얼거렸다. 그는 죽음의 장소로 형을 내던진
아버지의 마음을 헤아릴 수 없었다. 아버지가, 어떻게 그럴 수
있는가, 아들에게. 아버지가 그때 형에게 한 일이 모리아산에서
자기가 겪은 일과 다르지 않다는 생각에 이르자 호흡이 가빠지고
몸이 떨렸다.

최선을 넘어서는 최선, 법과 도리를 뛰어넘는 신의 섭리를 향해
고개를 끄덕일 때마다 자기의 묶인 몸을 겨누던 칼날의 날카로운
빛과 함께 질문들이 쉴새없이 떠올랐다. 이삭은 빈 들의 형을
만나지 않고는 왔던 곳으로 돌아갈 수 없을 것 같았다. 그는
광야를 달음질했다.[21]

우리는 창세기 22장 하면 '이삭을 바친 아브라함의 믿음'이라
는 구절이 상투적으로 떠오릅니다. 목사들이 하도 그 이야기를 많
이 하니 '믿음이란 그런 것이구나' 하고 생각하지만, 그것이 자기
삶의 이야기로 다가오지는 않습니다. 그런 우리를 대신하여 소설가
는 상상력을 통해 우리의 강고한 믿음에 작은 틈을 만들고 있습니
다. 넘어뜨리기 위해서가 아니라 사유하게 하기 위해서입니다. 함
석헌 선생은 「하나님」이라는 시의 첫 연에서 "몰랐네/뭐 모른지도
모른/내 가슴에 대드는 계심이었네"라고 노래했습니다. 뭐라고 규

정할 수 없지만 거역할 수 없는 어떤 현실이 내 가슴에 밀려왔다는 것입니다. 하나님과의 만남은 그렇게 시작됩니다.

이야기가 조금 길어졌습니다. 그래도 야곱 이야기까지 간략하게 다루고 마치겠습니다. 야곱이 팥죽 한 그릇으로 장자권을 형으로부터 빼앗은 이야기, 눈이 어두운 아버지 이삭을 속여 형에게 돌아갈 축복을 가로챈 이야기는 우리가 이미 잘 알고 있는 내용입니다. 화가 난 에서는 아버지가 돌아가시기만 하면 야곱을 죽이겠다고 다짐합니다. 어머니 리브가는 형제간에 불미스러운 일이 일어날까 우려하여 야곱을 외가가 있는 밧단아람으로 가라고 합니다. 늘 집에 머물던 야곱이 밧단아람을 향한 먼 여정에 나섭니다. 돌베개는 그의 처지가 얼마나 신산스러웠는지 보여주는 일종의 은유입니다. 돌베개를 베고 잠을 자던 야곱은 비전 가운데 하늘에 닿는 돌계단을 봅니다. 그 위를 천사가 오르락내리락하고 있었습니다. 그때 하나님이 그에게 말을 건네옵니다.

> 나는 주, 너의 할아버지 아브라함을 보살펴 준 하나님이요, 너의
> 아버지 이삭을 보살펴 준 하나님이다. 네가 지금 누워 있는 이
> 땅을, 내가 너와 너의 자손에게 주겠다. 너의 자손이 땅의
> 티끌처럼 많아질 것이며, 동서 남북 사방으로 퍼질 것이다. 이 땅
> 위의 모든 백성이 너와 너의 자손 덕에 복을 받게 될 것이다. 내가
> 너와 함께 있어서, 네가 어디로 가든지 너를 지켜 주며, 내가 너를
> 다시 이 땅으로 데려오겠다. 내가 너에게 약속한 것을 다
> 이루기까지, 내가 너를 떠나지 않겠다(창 28:13-15).

땅과 자손에 대한 약속과 더불어 동행에 대한 확약이 주어짐

니다. '함께 있겠다', '지켜 주겠다', '다시 데려오겠다', '너를 떠나지 않겠다'. '함께 있음'과 '떠나지 않음'이 서로 조응하고 있습니다. 떠나지 아니하시는 하나님, 유한한 인간의 시간 속에서 동행하시는 분이라는 이미지가 중요합니다. 여기서 '임마누엘'Immanuel 하나님이 등장합니다.

하나님의 동행 약속을 받았음에도 불구하고 여전히 야곱은 야곱입니다. 야곱은 '발뒤꿈치를 잡는 자'라는 뜻입니다. 태어날 때부터 그랬습니다. 야곱은 다른 사람이 되고 싶은 욕망에 시달린 사람입니다. 그런 그의 인생에 극적인 변화가 일어납니다. 오랜 타지 생활 끝에 귀향하던 그는 얍복강 나루에서 일생일대의 싸움을 벌입니다. 그 대상은 사람이 아니라 하나님의 천사였습니다. 천사는 끝까지 달라붙는 야곱의 엉덩이뼈를 칩니다. 그동안 남의 발목을 붙잡으며 살던 사람이 더 이상 자기 발로 똑바로 서기 어렵게 되었습니다. 그 사건은 그의 옛 사람의 죽음을 상징합니다. 천사가 그에게 이름을 묻습니다.

> 너의 이름이 무엇이냐?⋯⋯야곱입니다.⋯⋯네가 하나님과도 겨루어 이겼고, 사람과도 겨루어 이겼으니, 이제 네 이름은 야곱이 아니라 이스라엘이다(창 32:27-28).

이스라엘은 '하나님과 겨루어 이긴 자'라는 뜻입니다. 이 말은 하나님의 힘을 능가했다는 이야기가 아니라, 자기 삶에서 가장 중요한 것들이 하나님께로부터 온다는 사실을 야곱이 받아들였다는 말입니다. 야곱이라는 이름을 이스라엘로 바꾸어 부르심은 일종의 소명입니다. "이제부터는 네 발에 의지하여 서려 하지 말고 나를 의

지하여 똑바로 서라. 다른 이가 되려고 하지 말고 너답게 살아라."
이게 이스라엘입니다. 그런데 이 사건 이후에도 야곱은 여전히 이
스라엘이 아니라 야곱이라고 호명됩니다. 사람은 일시에 변화되지
는 않는 모양입니다. 야곱은 벧엘, 밧단아람, 얍복강에서 각기 다른
얼굴의 하나님과 만났습니다. 하나님 체험은 그렇게 조금씩 달라지
는 법입니다. 오늘 강의는 여기까지 하겠습니다.

세 번째 강의

하나님과
함께
걸어가다

우리는 하나님을 다 알 수 없습니다.
조금씩 알아갈 뿐입니다. 모르기 때문에 겪는 것입니다.
그 겪음이 우리가 감당할 수 있는 수준에 머물면 좋겠는데
그렇지 못할 때가 많습니다.

"찢어지게 벅찬 힘"에 압도당하지만 두렵지는 않습니다.
질식할 것 같지도 않습니다. 사유가 시작됩니다.
시인은 벅차서 떨었지만 떨다가 생각하니
"야릇한 지혜의 뚫음"이었다고 말합니다.
이전에는 생각해 본 적도 없던 세계가
자기에서 개시됨을 느낀 것입니다.
심화된 하나님 체험이 시작된 것입니다.

하나님은 늘 우리가 기대하는 모습으로
말랑말랑하게 다가오시지는 않습니다.
때로는 고통과 시련이 새로운 인식의 문이 되기도 합니다.
시련과 고통까지도 자기 삶으로 품어 안을 때
삶이 무르익기 시작합니다.

아시다시피, 전체 강의 주제가 '하나님 안에서, 하나님과 함께, 하나님을 향하여'입니다. 하나님 체험이라는 것은 모두에게 처음부터 주어져 있는 것도 아니고, 또 사람마다 다르게 나타납니다. 하나님은 압도적인 타자로 우리에게 다가오십니다. 그 압도적인 타자는 낯설기 이를 데 없습니다. 하나님을 만난 이들의 최초의 감정이 당혹감인 것은 그 때문입니다. 하지만 그 당혹감으로부터 사람들이 달아나지 않는 것은 그 속에 매혹적인 측면이 있기 때문입니다. 함석헌 선생의 시 「하나님」의 첫 번째 연에 우리가 잠시 머물러 있습니다. "몰랐네/뭐 모른지도 모른/내 가슴에 대드는 계심이었네" "계심"이라는 단어가 굉장히 중요합니다. 없지 않고 있다는 것. '무엇이라 규정하기는 어렵지만 내 가슴에 와 닿았다.' '눈에 보이지는 않지만 분명히 존재하는 뭔가가 내 가슴을 흔들었다.' 지난 시간에는 그 마주침이 일으키는 삶의 동요, 다양한 양상에 대해 살펴보았습니다. 사람들은 그 보이지 않지만 부정할 수 없는 실체에 대해 설명하기 위해 다양한 방식을 찾아냈습니다. 범신론, 다신론, 범재신론, 이신론, 유일신론 등이 그것입니다.

성경의 배경이 된 시대에는 다신론이 당연시되는 분위기였습니다. 유일신론은 다신론적 세계관과의 대립을 통해 발전한 개념입니다. "너는 나 외에는 다른 신들을 네게 두지 말라"는 십계명의 첫 계명은 암암리에 '다른 신들'을 전제하고 있습니다. 사람들이 기대고 있던 세계관이 바로 그러했다는 말입니다. 그 다른 신들의 특색이 무엇입니까? 기존의 제도나 질서를 신적인 권위로 뒷받침하는 것입니다. 왕은 왕의 운명이 있고, 귀족은 귀족의 운명이 있고, 노예는 노예의 운명이 있을 수밖에 없다는 것을 사람들로 하여금 받아들이게 만드는 것입니다. 그래서 이것을 일종의 숙명론이라 말하는 것입니다. 직업에 따라 브라만, 크샤트리아, 바이샤, 수드라 등의 계급으로 구별되는 인도의 카스트 제도도 숙명론적 세계관이 만든 것이라 볼 수 있습니다. 그러한 제도 바깥에 있는 이들도 있습니다. '불가촉천민'untouchable으로 여겨지는 달리트입니다. 어떤 사람에 대해 접촉하는 것만으로도 더럽혀질 수 있다고 여기는 것은 정말 끔찍한 차별입니다. 카스트 제도가 법적으로는 오래전에 철폐되었지만 관습이 뿌리 깊어 오늘날 인도 사회에서 여전히 힘을 발휘하고 있다고 합니다. 문제는 숙명론적 세계관이 지배하는 세상에서는 혁명이 일어나기 어렵다는 데 있습니다. 숙명은 받아들여야 하는 것이지 타도해야 하는 것이 아니기 때문입니다. 숙명론적 세계관은 순환적입니다. 어떤 목적을 향해 역사가 나아가지 않는다는 말입니다.

새로운 세상의 꿈

여호와 하나님이 인간의 땅에서 벌어지는 불의한 일들을 바로잡기 위해 개입하시면서 세계를 보는 새로운 관점이 생겼습니다. 숙명이라 여겼던 것들이 숙명이 아니라 불의였다는 사실을 하나님을 만난 사람들이 자각하기 시작한 것입니다. 새로운 세상의 고운 꿈은 그렇게 배태되었습니다. 출애굽 사건은 그 꿈이 어떻게 실현될 수 있는지를 보여줍니다. 물론 그 꿈을 이루기 위해 치러야 하는 대가는 컸습니다. 하나님은 폭력 기계인 제국의 질서 속에서 살던 모세에게 그 땅을 떠나라고 하셨습니다. 불확실성을 그의 삶으로 받아들이라는 말씀이었습니다. 개인적인 차원에 머물던 떠남의 반복이 마침내 이스라엘 전체의 떠남으로 현재화된 것이 출애굽 사건입니다. 규모는 달라졌지만 형태는 동일합니다.

반복하는 이야기이지만 다시 한번 강조하고 싶은 것은, 고대 세계의 종교가 공간 중심의 종교였다는 사실입니다. 신들이 주재하는 장소가 있고 저마다 주특기가 있었습니다. 신을 만나기 위해서는 그 신이 있는 곳 혹은 그 신을 기리기 위해 만들어 놓은 신전에 가야 했습니다. 일일이 찾아다니기 어려워서 만든 것이 만신전인지도 모르겠습니다. 아테네에 간 바울은 온 도시가 우상으로 가득 차 있는 것을 보고 격분합니다. 그는 다양한 사람들과 만나 논쟁을 벌였습니다. 사람들은 그를 아레오바고 법정으로 데려가서 "당신이 말하는 이 새로운 교훈이 무엇인지 우리가 알 수 있겠소? 당신은 우리 귀에 생소한 것을 소개하고 있는데, 도대체 그것이 무엇인지 알고 싶소"(행 17:19-20)라고 말합니다. 바울 앞에 연단이 주어진 셈입니다. 바울은 이런 말로 연설을 시작합니다. "아테네 시민 여러분, 내가 보기에, 여러분은 모든 면에서 종교심이 많습니다." 그러면서 그는 아테네 시내를 두루 다니면서 그들이 예배하는 대상을 살펴보다가 '알지 못하는 신에게'라고 새긴 제단을 보았다고 말합니다(행 17:22-23).

사람들은 왜 이렇게 많은 신들을 섬겼던 것일까요? 첫째는 신을 노엽게 하지 않기 위함입니다. 신이 노여워하면 인간에게 복수를 한다고 생각했던 것입니다. 둘째는 신의 호의를 얻기 위함입니다. 인간에게 없는 능력을 신들이 가지고 있다고 믿었기 때문입니다. 하지만 사람들은 늘 불안합니다. '혹시라도 내가 소홀히 대한 신이 있지 않을까? 그 신이 내게 해코지를 하지 않을까?' '알지 못하는 신에게'라고 새긴 제단은 그런 가능성을 차단하기 위한 고육지책이었던 셈입니다. 바울은 사람들의 그런 불안한 마음을 접촉점으로 삼아 복음을 전합니다. 그는 그들이 알지 못하고 예배하는 그 대상을 알려 주겠다고 말합니다. 아주 좋은 시도입니다.

접촉과 저항의 길

제 학문 여정 중에 매우 깊은 인상을 남긴 글이 있는데, 20세기 대표적인 신학자 중 한 사람인 루돌프 불트만의 논문집 『학문과 실존』에 나오는 '접촉과 저항'이라는 제목의 글입니다. 여기서 불트만은 모든 비그리스도교적 종교를 무신적인 망상으로 보고 그것과 더불어 싸워야 하는가를 묻습니다. 그러면서 이방 종교들을 우상숭배로 보고 그것을 모두 파괴해야 하는 것으로 보는 것이야말로 어리석은 주장이라고 말합니다. 선교를 위한 효과적인 태도는 조금 더 열린 마음으로 타자를 바라보는 것이 아닐까요?

선교는 오히려 이방 종교들을 긍정적인 것, 즉 神에게 이르는 한 단계로 평가하고, 그것과의 접촉을 모색하여야만 하지 않겠는가? 선교가 단지 저항에만 골몰해서야 되겠는가? 그러나 이것으로써 선교는 자신이 대변해야 할 神의 계시의 배타성과 절대성을 포기하게 되지 않겠는가?[1]

불트만은 이 궁지에서 벗어나기 위해 두 가지를 병행해야 한다고 말합니다. 하나님의 구원 행위는 인간에 대한 일종의 저항이기에 기독교의 메시지는 명백하고 날카롭게 선언되어야 합니다. 그러나 비본래적 실존 상태에 있는 인간의 불안은 보편적이고, 그 불안이야말로 하나님의 말씀이 닻을 내릴 수 있는 접촉점입니다. 스토아 철학이나 로마의 비의秘儀 종교, 더 나아가 영지주의를 그저 배척만 할 게 아니라 대화를 위한 접촉점으로 삼는 것이 지혜라면 지혜이겠습니다. 접촉하지만 저항하고, 저항하지만 접촉을 포기하지 않는 태도가 필요합니다.

바울은 아테네 사람들에게 세상의 구원자인 예수를 믿으라고 다짜고짜 권하지 않았습니다. 그는 예수를 전하기 위해 약간의 우회로를 선택합니다. "보아하니 아테네 사람들은 매우 종교적이다. 여러 신들에게 정성을 다하는 모습이 참 인상적이다. 어떤 사람이 '알지 못하는 신'에게라고 써 놓고 경배하던데 나는 그 신이 누구인지 안다." 이렇게 해서 접촉점이 마련됩니다. 바울의 신학은 스토아 철학이나 다른 철학을 일절 배제한 이론이 아닙니다. '사랑장'으로 잘 알려진 고린도전서 13장에는 스토아 철학이 가르치는 덕목들이 많이 포함되어 있습니다. 바울은 진실을 드러내기 위해서 다른 철학이나 사조가 사용하는 개념이나 이미지를 사용하는 데 주저함이 없습니다. 그렇지만 그는 한 번도 예수라는 중심에서 벗어난 적이 없습니다. 그는 유사함에 주목하는 한편 차이를 드러내는 일에도 소홀하지 않습니다. 바울은 "십자가의 말씀이 멸망할 자들에게는 어리석은 것이지만, 구원을 받는 사람인 우리에게는 하나님의 능력입니다"(고전 1:18)라고 했습니다. 십자가는 그리스 사람에게는 어리석어 보이고, 유대 사람에게는 걸림돌입니다. 그러나 믿는 이들에게는 구원의 능력입니다. 차이를 드러내는 것, 이것이 곧 저항입니다.

우리가 자주 사용하는 임기응변臨機應變이라는 단어는 그저 얄팍한 처세술만을 의미하지 않습니다. '임기응변'에서 '기'機는 돌쩌귀를 나타내는 말입니다. 돌쩌귀는 문을 여닫기 위한 쇠붙이입니다. 문이 여닫힌다는 것은 변화의 가능성일 것입니다. 변화의 순간을 맞이하여 그 상황에 따라 대처하고 대응하는 것이 바로 임기응변입니다. 바울은 임기응변의 대가입니다.

> 유대 사람들에게는, 유대 사람을 얻으려고 유대 사람같이
> 되었습니다. 율법 아래 있는 사람들에게는, 내가 율법 아래 있지
> 않으면서도, 율법 아래에 있는 사람을 얻으려고 율법 아래 있는
> 사람같이 되었습니다. 율법이 없이 사는 사람들에게는, 내가
> 하나님의 율법이 없이 사는 사람이 아니라 그리스도의 율법
> 안에서 사는 사람이지만, 율법 없이 사는 사람들을 얻으려고 율법
> 없이 사는 사람같이 되었습니다. 믿음이 약한 사람들에게는, 약한
> 사람들을 얻으려고 약한 사람이 되었습니다. 나는 모든 종류의
> 사람에게 모든 것이 다 되었습니다. 그것은, 내가 어떻게
> 해서든지, 그들 가운데서 몇 사람이라도 구원하려는 것입니다
> (고전 9:20-22).

저에게는 바울이 보여주는 이런 행위 양식이 전형적인 '접촉과 저항'으로 보입니다. 오늘날의 선교 또한 이러해야 하지 않을까요? 타문화권에 가서 일방적으로 복음을 선포하기보다 그 문화를 깊이 이해하려 노력하고, 그들의 문화적 문법을 충분히 존중해 주며, 그러한 과정 중에 서로에 대한 신뢰가 커질 때 조금씩 차이를

드러내면 어떨까요?

시몬 베유가 말한 '머뭇거림'도 이런 것이 아닐까 싶습니다. 여러분은 당당한 사람이 좋습니까, 아니면 머뭇거리는 사람이 좋습니까? 사실 이것은 좋은 질문이 아닙니다. 상황에 따라 달라질 수 있는 대답이기 때문입니다. 어떤 때는 당당하게 처신해야 할 때도 있습니다. 하지만 타자의 입장에 대한 배려 혹은 고려가 배제된 당당함은 폭력적으로 보입니다. 자기 뜻을 관철시키기 위해서 목소리를 높이는 이들이 있습니다. 그들은 자기가 옳다고 확신합니다. 확신은 좋은 것이지만 때로는 타자들을 배제하기 위한 프레임으로 작동될 때도 있습니다. 지난 시간에 말씀드린 바와 같이 머뭇거림은 타자관계에서는 여백을 주기 위한 것이고, 자기관계에서는 성찰적 거리를 유지하려는 태도입니다. 머뭇거림은 배우려는 개방성과도 관련됩니다. 공부하는 이들은 자기가 아는 것 속에 그대로 머물려 하지 않습니다. 그것을 바탕으로 '모름의 세계'를 향해 나아갑니다. 모름의 세계와 만날 때 우리는 사뭇 조심스러운 태도를 취하게 됩니다. 하나님을 만난 사람들이 모두 그러했습니다. 오늘은 모세의 경우를 예로 들어 볼까 합니다.

신의 법을 따를 것인가, 실정법을 따를 것인가

모세는 요셉을 알지 못하는 바로가 이집트를 다스리던 때에 태어났습니다. 세월이 흐르면서 히브리인의 수가 불어나고 세력도 커지자 바로는 두려움을 느낍니다. 고대 세계는 전쟁이 일상이었습니다. 전쟁에서 승리하기 위해서는 외적의 침입에 철저히 대비할 뿐 아니라 내적인 불안 요인을 제거할 필요가 있었습니다. 바로는 히브리인들에 대해 의구심을 품고 있었습니다. 지배자들은 피지배자들이 언제라도 체제에 등을 돌릴 수 있음을 알고 있었습니다. 숙명론적 세계관 속에 그들을 묶어 둔다고는 하지만, 그 허상의 세계는 언제든 무너질 수 있기 때문입니다. 바로는 히브리인들의 인구를 적정선으로 유지하거나 줄이려는 정책을 고안하는데, 그 정책이라는 것이 매우 반생명적입니다. 그는 십브라와 부아라는 히브리산파 두 사람을 불러다가 "너희는 히브리 여인이 아이 낳는 것을 도와줄 때에, 잘 살펴서, 낳은 아기가 아들이거든 죽이고, 딸이거든 살려 두어라"(출 1:16)고 명령합니다. 출산을 돕는 이들을 죽임의 도구로 사용하려 했던 것입니다. 하지만 산파들은 바로의 지엄한 명령에 굴복하지 않았습니다. 성경은 산파들이 하나님을 두려워했다고 말합니다. 하나님 경외가 생명 살리기와 연결되는 대목입니다. 그 산파들은 왕의 법을 위반했습니다. 불의한 법이었기 때문입니다. 그래서 저는 십브라와 부아가 세계 최초의 시민 불복종 운동가라고 말합니다. 마하트마 간디, 헨리 데이비드 소로 이전에 두 산파가 있었습니다.

바로는 자기의 명령이 수행되지 않는다는 사실을 확인하고 나서 산파들을 불러들입니다. 그리고 엄한 목소리로 문책합니다. "어찌하여 일을 이렇게 하였느냐? 어찌하여 남자아이들을 살려 두었느냐?"(출 1:18) 여기서 산파들의 기지가 나옵니다.

히브리 여인들은 이집트 여인들과 같지 않습니다. 그들은 기운이 좋아서, 산파가 그들에게 이르기도 전에 아기를 낳아 버립니다 (출 1:19).

이것은 사실에 대한 진실일 수도 있지만 오히려 블랙 유머 혹은 풍자에 가깝습니다. 산파들은 드러나지 않게 권력을 조롱거리로 만들었습니다. 산파들이 정색을 하고 "어린 생명을 죽이는 것은 천벌을 받을 일임을 알기에 그럴 수 없었습니다"라고 말했다면 아마도 살아남기 어려웠을 것입니다. 그러나 그들은 유머를 통해 그 곤경에서 벗어날 수 있었습니다.

이와 유사한 상황이 그리스 비극에도 등장합니다. 앞선 강의에서 잠시 소개한 소포클레스의 『안티고네』는 오이디푸스 왕가에서 벌어진 사건을 다루고 있습니다. 오이디푸스가 태어났을 때 테바이의 왕 라이오스는 불길한 신탁을 듣게 됩니다. 아내인 이오카스테 사이에서 태어난 아이가 장차 아버지를 죽이고 어머니와 결혼하게 된다는 것이었습니다. 라이오스는 신탁이 현실로 이루어질 것이 두려워 부하에게 아이를 죽이라고 명령합니다. 그 부하는 눈이 초롱초롱한 아이를 차마 죽일 수 없어서 어느 섬에 있는 동굴에 몰래 숨겨 둡니다. 동굴 근처에서 일을 하던 목동들이 아기를 돌보아 줍니다. 오이디푸스라는 이름은 '발뒤꿈치를 꿰인 자'라는 뜻인데, 그를 죽이기 위해 발뒤꿈치를 꿰어 놓았기에 붙은 이름입니다. 나중에 오이디푸스는 어느 왕실에 양자로 들어갔다가 자신이 아버지를 죽이고 어머니와 결혼할 것이라는 동일한 신탁을 듣고는 그런 운명을 피하기 위해 길을 떠납니다. 어느 날 그는 갈림길에서 다른 마차의 주인과 시비를 벌이다가 그를 죽이고 맙니다. 짐작하시겠지만, 그가 바로 친부인 라이오스입니다. 자신의 아버지를 죽인 사실을 모른 채 그는 테바이로 들어가 스핑크스의 수수께끼를 풀고 왕이 됩니다. 훗날 오이디푸스는 아름다운 여인과 결혼을 하는데 그녀가 자신의 친어머니인 줄은 꿈에도 생각하지 못합니다. 결국 이

반인륜적인 일로 인해 테바이에 저주가 내려지고 역병이 창궐하자 사람들은 신에게 진노하신 까닭이 무엇인지 묻습니다. 그 이유가 선왕인 라이오스 왕을 죽인 사람 때문임을 알게 된 오이디푸스는, 그 사람을 찾기 위한 탐색을 거듭하다가 결국 그 살해자가 자기자신이며 아내인 이오카스테가 자신의 어머니라는 사실을 깨닫습니다. 그는 절망에 빠진 채 스스로를 처벌합니다. 자신의 눈을 찔러 앞을 볼 수 없게 만든 것입니다. 그리고 세상을 떠돕니다. 오이디푸스와 이오카스테 사이에서 태어난 딸 안티고네가 아버지의 곁을 지킵니다.

권력의 공백 상태를 메운 것은 안티고네의 외삼촌 크레온입니다. 그는 오이디푸스의 아들들이 장성하여 나라를 통치할 수 있게 되면 그들에게 권력을 이양하기로 하고 왕이 됩니다. 그러나 권력의 맛을 보게 된 그는 오이디푸스의 아들들에게 왕위를 물려줄 생각이 없었습니다. 왕위 계승을 둘러싸고 미묘한 신경전이 벌어지는 가운데 오이디푸스의 두 아들 에테오클레스와 폴리네이케스가 내전을 벌입니다. 에테오클레스는 크레온과 가까웠습니다. 폴리네이케스는 거기에 맞설 힘이 부족했기 때문에 다른 세력과 손을 잡습니다. 마침내 형제간의 전쟁이 벌어지고 격투를 벌이다가 둘 다 죽고 맙니다. 그때 크레온이 포고령을 내립니다. 여기에는 두 가지 메시지가 담겨 있었습니다. 하나는 자기와 가까웠던 에테오클레스가 죽은 사람들 가운데서 명예를 누리도록 성대한 장례식을 치러 주라는 것이고, 다른 하나는 이민족을 끌어들여 조국을 친 배신자 폴리네이케스의 시신을 무덤에 감추거나 그 위에 흙을 덮어 주어서는 안 되며 이 국법을 어기는 자는 누구든 참형에 처해진다는 것이었습니다. 한마디로 폴리네이케스의 시신이 새 떼의 먹이가 되도록 버려두라는 것입니다. 크레온의 논리는 그럴싸합니다. 폴리네이케스가 자신의 친척인 것은 사실이지만, 친구보다 더 중요한 조국을 위태롭게 했으니 명예로운 죽음을 맞이해서는 안 된다는 것이었습니다.

안티고네에게는 이스메네라는 여동생이 있었습니다. 그녀는 크레온의 포고령을 기꺼이 따르겠다고 말합니다. 자기는 남자들과 싸우려고 태어나지 않았을 뿐 아니라 현재 더 강한 자의 지배를 받고 있기 때문에 마음은 쓰라리더라도 복종할 수밖에 없다는 논리였습니다. 하지만 안티고네는 자기 오라비가 새 떼의 밥이 되는 것을 보고만 있을 수 없었습니다. 그래서 크레온의 포고령을 어기고 그 시신을 매장해 줍니다. 그 현장을 목격한 사람이 크레온에게 안티고네를 고발합니다. 크레온은 안티고네를 불러 취조합니다. 어찌하여 왕의 포고령을 어겼느냐는 말에 안티고네는 "그 포고를 내게 알려 주신 이는 제우스가 아니었다"고 대답합니다. 크레온의 명령이 곧 신의 명령이 아니었다는 말입니다. "하계 신들과 함께 사시는 정의의 여신께서도 사람들 사이에 그런 법을 세우지는 않았다"는 말도 덧붙입니다. 크레온이 명령한 것은 정의의 법에도 어긋난다는 것입니다. 『안티고네』에서 가장 유명한 구절입니다.

> 나는 또 그대의 명령이 신들의 확고부동한 불문율不文律들을 죽게 마련인 한낱 인간이 무시할 수 있을 만큼 강력하다고는 생각하지 않았어요. 왜냐하면 그 불문율들은 어제 오늘 생긴 것이 아니라 영원히 살아 있고 어디서 왔는지 아무도 모르기 때문이지요.[2]

이런 진술 끝에 안티고네는 "나는 한 인간의 의지가 두려워서 그 불문율들을 어김으로써 신들 앞에서 벌 받고 싶지가 않았어요"라고 말합니다. 안티고네는 결국 지하 감옥에 갇혀 죽음을 맞이합니다. 죽음으로써 자기의 입장을 지킨 것입니다. 우리도 때때로 이 질문 앞에 섭니다. 신의 법을 따를 것인지, 아니면 실정법을 따를 것인지, 이 딜레마 속에서 우리는 고심합니다. 지나간 역사를 돌아보면 역사 발전은 대개 실정법을 어기는 이들을 통해 일어났음을 알 수 있습니다.

시련의 시작

안티고네 이야기는 이렇게 비극으로 끝나지만 십브라와 부아 이야기가 어떻게 끝났는지 우리는 알지 못합니다. 두 여인이 이야기 가운데서 슬그머니 모습을 감추었을 뿐입니다. 바로는 자기의 조치가 효과를 거두지 못하자 즉각 더 엄중한 명령을 내립니다. 갓 태어난 히브리 남자아이를 모두 강물에 던지라는 것이었습니다. 그다음에는 우리가 잘 아는 이야기가 등장합니다. 갈대상자에 담겨 강물에 던져진 모세를 바로의 딸이 건지고, 모세는 바로의 궁궐에 들어가 보호받는 입장이 됩니다. 하나님의 섭리는 인간의 생각을 뛰어넘습니다. 모세의 친어머니가 모세의 유모로 들어갑니다. 적대자들의 비용으로 아들을 키운 셈입니다. 어머니 요게벳이 자기 아들에게 그 당시 히브리인들의 이야기를 들려주지 않았을까요?

성경은 성년이 되기까지 모세의 삶이 어떠했는지 한 마디도 하지 않습니다. 과감한 생략입니다. 문학적 원근법이 적용된 것처럼 보입니다. 세세한 이야기가 생략되었기 때문에 수많은 작가들의 상상력을 발동시킵니다. 갓난아기의 모습으로 바로의 궁궐에 들어

갔던 모세는 어엿한 성년이 되어 역사의 무대에 올라옵니다. 그가 등장하는 무대가 중요합니다. 그는 왕궁 바깥으로 나가 동족에게로 갔다가, 그들이 고되게 노동하는 것을 보게 됩니다. 서 있는 자리가 의식을 규정하는 것 같습니다. 모세는 동족인 히브리 사람이 이집트 사람에게 매를 맞는 것을 보고 격분에 사로잡혀 그를 쳐 죽여서 모래에 묻어 버립니다. 이튿날 다시 현장에 나갔다가 히브리 사람 둘이 싸우는 것을 보고 잘못한 사람을 책망합니다. 그러자 그가 대들면서 말합니다.

누가 당신을 우리의 지도자와 재판관으로 세웠단 말이오? 당신이 이집트 사람을 죽이더니, 이제는 나도 죽일 작정이오?(출 2:14)

이 말은 여러 해 후에 모세가 지도자와 재판관으로 우뚝 서게 될 것임을 암시하는 일종의 포석입니다. 이 소식을 전해 들은 바로는 모세를 죽이려고 찾습니다. 이 사건을 불길한 조짐으로 본 것입니다. 모세는 바로를 피하여 미디안 땅으로 도망쳐서 거기 머뭅니다. 시련의 시작입니다. 이것은 영웅 신화의 전형적 구조에 부합합니다. 영웅들은 안락한 자리를 떠나 시련을 겪은 뒤 해결책을 가지고 집으로 돌아옵니다.

어느 날 모세가 한 우물가에 앉아 있을 때, 미디안 제사장 르우엘의 딸들이 물을 길으러 왔다가 다른 목자들에게 쫓겨나는 현장을 목격합니다. 격분에 사로잡힌 모세는 완력으로 목자들을 몰아냅니다. 이 일이 계기가 되어 모세는 그곳에 정착하게 되고 르우엘의 딸 십보라를 아내로 맞이합니다. 십보라가 아들을 낳자 모세는 아이의 이름을 게르솜이라고 짓습니다. 게르솜은 '낯선 자', '나그네'

라는 뜻으로, 그의 신산스런 처지가 아들의 이름 속에 담겼습니다.

거룩하신 분의 현존 앞에서

생략의 명수인 성경은 모세가 미디안 광야에서 목자로 살아간 40년의 세월을 또 과감하게 생략합니다. 그리고 어느 날 벌어진 사건의 현장으로 우리를 인도합니다. 그가 양 떼를 이끌고 호렙산 쪽으로 들어가다가 낯선 광경을 만납니다. 하나님의 천사가 떨기 가운데서 타오르는 불꽃으로 그에게 나타난 것입니다. 왜 하필이면 떨기나무일까요? '레바논의 백향목' 하면 장대하고 아름다운 것을 떠올리게 마련이지만 '떨기나무' 하면 왠지 초라한 느낌이 들지 않습니까? 광야에 건기가 찾아오면 나무들은 바짝 마릅니다. 뜨거운 햇볕이 내리쬐고 바람까지 세차게 불면 나무들이 마찰을 일으켜 자연 발화되는 경우가 더러 있었다고 합니다. 바짝 마른 관목은 금방 재가 되어 버립니다. 자주 볼 수는 없다 해도 광야에서 오랜 세월 동안 머무는 동안 모세도 그런 광경을 보았을 것입니다. 그 운명의 날, 모세는 떨기나무에 불이 붙은 광경을 심상하게 바라보다가 문득 이상한 느낌에 사로잡힙니다. 불이 붙은 떨기나무가 여전히 그 형태를 유지하고 있었던 것입니다. 모세가 그쪽으로 다가가 살피려고 하자 불꽃 속에서 소리가 들려옵니다.

모세야, 모세야!……예, 제가 여기에 있습니다.……이리로 가까이 오지 말아라. 네가 서 있는 곳은 거룩한 땅이니, 너는 신을 벗어라 (출 3:4-5).

이 대목에서 몇 가지 살펴보아야 할 것이 있습니다. 먼저, 하나님의 천사가 불꽃으로 임한 떨기나무입니다. 떨기나무는 크게 자라지 않는 관목으로 우리가 잘 아는 개나리와 비슷하다고 보면 됩니다. 떨기나무는 척박한 광야에서 간신히 살아가는 식물입니다. 여러 해 자란다 해도 목재로도 쓸 수 없고, 먼 길을 걸어와 지친 나그네에게 그늘도 제공하지 못합니다. 사람들의 시선을 끌지도 못합니다. 떨기나무는 어떻게 보면 히브리인들을 닮았다고 볼 수 있겠습니다. 자연 발화되어 사라져도 아무도 마음을 쓰지 않는 떨기나무처럼 히브리인들은 존중받지 못했습니다. 그들은 천하보다 귀한 존재가 아니라, 언제든 대체 가능한 수단이었습니다. 태양신의 아들을 자처하는 바로의 나라에서 떨기나무와도 같은 히브리인들은 더 이상 하나님의 형상이 아니었습니다. 그런데 떨기나무에 하나님의 천사가 불꽃으로 임했다는 것은 매우 의미심장한 이미지입니다. 하나님이 임재하시는 곳은 고통의 자리입니다. 고통으로 신음하는 이들에게 다가가셔서 그들을 태워 버리는 것이 아니라 빛나게 하십니다.

하나님의 천사는 다가서는 모세에게 "너는 신을 벗어라" 하고 명령합니다. 왜 신을 벗어야 할까요? 신발은 그리스 로마 문화권에서 '정체성'의 상징입니다. '남의 신발을 신고 걸어 보지 않고 그에 대해서 안다고 말하지 말라'는 속담도 있습니다. 취직을 하려면 이력서를 써야 합니다. 이때 '이'履는 '신발 리', '밟을 리' 자입니다. 다시 말해, 이력서는 내가 그동안 걸어온 발자취를 의미합니다. 신의 현존 앞에서 신발을 벗으라는 이야기는 어쩌면 지금까지 '나'라고 생각하던 것, 즉 자기동일성을 내려놓으라는 말이 아닐까요? 나희덕 시인은 「신을 찾으러」라는 시에서 "신을 벗어야 신을 만날 수 있는/불꽃나무의 영토를 그들은 알고 있을까"라고 묻습니다.[3] 하나님은 아무리 온화한 표정을 지어도, 아름다운 노래를 불러도, 신을 벗지 않고는 만날 수 없는 분입니다. 옳음에 대한 확신, 주의, 주장, 이데올로기, 차별하는 마음을 내려놓지 않고는 거룩하신 분의 현존 앞에 설 수 없다는 사실을 빛나는 떨기나무는 보여줍니다.

유대인들에게 전해 내려오는 전설이 있습니다. 바벨론 왕 느부갓네살이 힘든 시련의 시간을 보내는 가운데 높으신 하나님을 알게 되었습니다. 어느 날 경건한 마음으로 하나님께 예배드리기 위해서 자리에 앉았는데 천사가 느부갓네살의 뒤통수를 내리칩니다. 왜 그러시냐고 따져 묻지만 천사는 아무 말이 없습니다. 같은 일이 몇 번 반복된 뒤 왕이 더 이상 참지 못하고 화를 내자 천사가 이렇게 묻습니다. "너는 왕관을 쓰고 하나님을 예배할 수 있다고 생각하느냐?" 지금도 왕관을 쓰고 예배를 드리는 이들이 있습니다. 교계 행사에서도 다른 이들과 구별되는 특별한 자리를 요구하는 이들이 있습니다. 그들은 나희덕 시인의 말을 빌려 말하건대 불꽃나무의 영토를 알지 못하는 사람들입니다.

관계적 존재로서의 하나님

모세는 신을 벗고 그 앞에 엎드립니다. 비로소 하나님은 자신이 누구인지를 밝히십니다.

나는 너의 조상의 하나님, 곧 아브라함의 하나님, 이삭의 하나님, 야곱의 하나님이다(출 3:6).

여기서 하나님은 자신을 실체론적으로 소개하지 않고 관계적 존재로 소개하십니다. 하나님은 이스라엘 선조들의 삶 속에서 다양한 모습으로 자신을 계시하셨습니다. 나그네가 되어 끝없이 떠도는 동안 그들은 험난하고 기가 막힌 일을 수없이 겪었습니다. 그들이 걸어온 삶의 갈피마다 하나님의 흔적이 서려 있습니다. 하나님은 특정한 개념 속에 갇힐 수 없는 분입니다. 『팡세』의 저자 블레즈 파스칼은 치열하게 하나님을 탐색하던 사람입니다. 철학과 과학과 수학을 통해 하나님을 이해해 보려 했지만 하나님은 알 수 없는 분이었습니다. 1654년 11월 23일 밤에 그는 강렬한 성령 체험을 합니다. 그토록 찾아도 만날 수 없었던 하나님을 마침내 만난 것입니다. 그는 그날의 감동을 "내가 하나님을 찾아 헤맬 때 숨어 버리시더니 내가 그 앞에 엎드리자 나를 품어 주셨다"는 말로 표현합니다. 파스칼은 우리가 믿는 하나님은 아브라함의 하나님, 이삭의 하나님, 야곱의 하나님이라고 고백합니다. 하나님은 개념 속에 갇히는 분이 아닙니다. 경험을 통해 겪어야 하는 존재라는 말입니다. 사실 이 이야기를 할 때마다 저는 어머니를 생각합니다. 어머니가 걸어오신 인생 역정을 조금은 아는 터라 저는 성경에서 이 대목을 읽을 때마다 "아브라함의 하나님, 이삭의 하나님, 야곱의 하나님" 뒤에 "너의 어머니의 하나님"이라는 구절을 덧대기도 합니다. 그럴 때마다 가슴이 뜨거워집니다.

이어서 하나님은 모세에게 자신이 겪고 있는 아픔을 토로하십니다.

나는 이집트에 있는 나의 백성이 고통받는 것을 똑똑히 보았고, 또 억압 때문에 괴로워서 부르짖는 소리를 들었다. 그러므로 나는 그들의 고난을 분명히 안다(출 3:7).

'보다', '듣다', '알다'라는 단어가 나란히 등장합니다. 하나님은 땅에서 벌어지는 일을 보고 계시고, 땅에서 들려오는 소리에 예민하게 반응하십니다. 고통을 겪고 있는 백성을 보시고 하나님은 마음의 아픔을 느끼십니다. '하나님의 마음 아픔'이라는 표현이 낯설게 여겨질 수도 있습니다. 우리는 하나님을 전지전능하신 분, 무소부재하신 분, 영원불변하신 분으로 표상합니다. 그런 하나님이 아파하신다는 것이 언뜻 이해하기 어렵기 때문입니다. 반복하는 이야기이지만, 우리가 믿는 하나님은 철학자, 수학자, 과학자의 하나님이 아닙니다. 알베르트 슈바이처가 한 말인데 저는 대략 이렇게 기억하고 있습니다. "우리가 믿는 하나님은 땅에서 들려오는 신음소리를 '당신의 나라가 임하소서'라는 기도로 들으신다." 기도를 잘한다고 하는 것은 유창하게 말하는 것이 아닙니다. 신음소리조차 기도로 들으시는 하나님은 우리가 더듬더듬 드리는 기도도 귀하게 여기십니다.

하나님의 꿈으로의 초대

"나는 그들의 고난을 분명히 안다"는 말은 현실을 객관적으로 파악하고 있다는 말이 아니라, 그 문제를 해결하기 위해 어떤 사건을 개시하겠다는 말입니다. 하나님은 사건을 일으키시는 분입니다. 하나님은 이제부터 하려는 일을 모세에게 들려주십니다.

이제 내가 내려가서 이집트 사람의 손아귀에서 그들을 구하여, 이

땅으로부터 저 아름답고 넓은 땅, 젖과 꿀이 흐르는 땅, 곧 가나안
사람과 헷 사람과 아모리 사람과 브리스 사람과 히위 사람과
여부스 사람이 사는 곳으로 데려가려고 한다.……이제 나는 너를
바로에게 보내어, 나의 백성 이스라엘 자손을 이집트에서 이끌어
내게 하겠다(출 3:8, 10).

하나님이 앞으로 하려는 일을 모세에게 알려 주신 까닭은 그
를 이 일에 동참시키기 위해서입니다. 느닷없는 말씀에 모세는 당
혹감을 감추지 못하며 묻습니다.

제가 무엇이라고, 감히 바로에게 가서, 이스라엘 자손을
이집트에서 이끌어 내겠습니까?(출 3:11)

하나님은 이 질문에 대답하지 않고 단호하게 말씀하십니다.

내가 너와 함께 있겠다(출 3:12).

하나님은 "함께 있겠다"고 말씀하심으로 모세를 행위의 주체
로 초대하고 계십니다. 저는 아브라함 헤셸을 통해 믿음이란 하나
님의 꿈을 자신의 꿈으로 삼는 것이라고 배웠습니다. 하나님의 꿈
을 가슴에 품고 그것을 이루기 위해 해산의 수고를 다하는 것이 곧
믿음입니다. 세계를 구원하고 땅과 하늘을 화해시키는 하나님의
꿈을 내 꿈으로 삼는 것이야말로 인간을 하나님의 형상으로 만드
는 일입니다. 꿈을 그저 품기만 하는 것이 아니라, 그 꿈을 실현하
기 위해 해산의 수고를 마다하지 않는 검질긴 태도가 필요합니다.

이런 정의를 그리스도인들에게 적용하면 어떻게 될까요? 예수님의 꿈을 가슴에 품고, 그것을 이루기 위해 해산의 수고를 다하는 것입니다. 예수님의 꿈은 '하나님 나라'라는 말로 요약할 수 있습니다. 로마 제국에 의해 다양한 삶의 가능성을 빼앗긴 사람들이 다시 한번 각자에게 주어진 삶을 한껏 누리며 사는 세상, 억압과 수탈이 더이상 사람들을 괴롭히지 않는 세상, 하나님의 긍휼하심을 모두가 경험하는 세상을 이루는 것입니다. 우리는 그런 꿈의 세계에 초대받았습니다.

사건을 통해 자신을 드러내시는 하나님

모세는 하나님의 꿈에 동참하라는 부르심을 받았을 때 깊은 당혹감을 느낍니다. 제가 그 입장이라 해도 다를 바 없었을 것 같습니다. "하나님, 말씀은 고맙습니다만 사람 잘못 보셨습니다. 제가 그런 일을 할 만한 사람은 못 됩니다. 다른 사람을 한번 찾아보시겠습니까"라고 말했을 것입니다. 모세도 이런 심정이 아니었을까요? 처음부터 "하나님, 제대로 보셨습니다. 제가 아니면 누가 이런 일을 하겠습니까?" 하고 나서지 않습니다. 그는 어떻게 해서든 그 부담스러운 초대에서 벗어나고 싶어 했습니다. 자기가 무자격자라는 것을 하나님께 납득시키기 위해 모세는 여러 가지 방안을 마련합니다.

> 제가 이스라엘 자손에게 가서 "너희 조상의 하나님께서 나를 너희에게 보내셨다" 하고 말하면, 그들이 저에게 "그의 이름이 무엇이냐?" 하고 물을 터인데, 제가 그들에게 무엇이라고 대답해야 합니까?(출 3:13)

먼저 모세는 자기가 이스라엘 사람들에게 가서 하나님의 구원 계획을 알리면 그들이 하나님의 이름을 물을 텐데 그때 어떤 답을 해야 할지 모르겠다고 말합니다. 이름은 다른 사람이나 사물과 구별하기 위한 기호입니다. 이름을 붙일 때 인식 행위가 가능해집니다. 막연한 경험에 이름을 붙일 때 비로소 그 경험의 실체를 알게 됩니다. 커피를 마실 때 사람들이 "산미 있는 것을 좋아하세요, 바디감 있는 것을 좋아하세요?" 하고 묻습니다. 처음에는 그게 무슨 소리인가 했는데 이제는 어느 정도 그 의미를 이해합니다. 나의 취향을 간단한 언어 속에 담아 전달할 수 있으니 고마운 일입니다.

모세의 질문에 하나님은 아주 모호하게 대답하십니다.

나는 곧 나다(출 3:14).

개역성경은 이것을 "나는 스스로 있는 자이니라"로 번역했습니다. '스스로 있다'는 말은 사실 참 어려운 말입니다. '있다', '존재한다'는 개념에 대해 처음 물음을 던지고 결론을 내린 파르메니데스의 존재론으로 거슬러 가지 않더라도 '있음'의 문제는 어렵습니다. '있다'는 현실 자체는 어려울 것이 없지만 그것의 이유나 뿌리를 물으면 매우 복잡해집니다. 히브리어로 이 구절은 "에흐예 아쉐르 에흐예"אֶהְיֶה אֲשֶׁר אֶהְיֶה 입니다. 단순합니다. "나는 나다"입니다. '에흐예'אֶהְיֶה는 히브리어 '하야'הָיָה 동사를 뿌리로 하고 있습니다. '하야'는 '일어나다', '뭔가가 나타나다', '존재하다'라는 뜻을 내포합니다. 그렇다면 "나는 곧 나다"라는 말은 "나는 나이고자 하는 나다"라는 뜻이 됩니다. 인간에 의해 혹은 누군가의 의지에 의해 규정된 존재가 아니라, 절대적인 자유 속에서 이루어가시는 분이라는 뜻입니다.

하나님은 '사건'을 통해 자신을 드러내시는 존재입니다. 인간들과의 다양한 관계를 통해 모습을 드러내시고, 그들과 함께 역사를 변화의 방향으로 이끄시는 분입니다. 하나님의 이름 자체가 사건을 내포하고 있다는 사실이 놀랍습니다.

히브리어는 존재론적 세계를 담보하기보다는 관계론적 세계를 보여줄 때가 많습니다. 오래전부터 우리말 성경이 하나님의 이름을 존재론적으로 번역한 까닭은 무엇일까요? 히브리어 성경을 헬라어로 번역한 책을 가리켜 '칠십인역 성경'이라 합니다. 히브리어를 잊어가고 있는 사람들을 위해 대제사장인 필라텔포스의 요청으로 알렉산드리아에서 번역되었다고 합니다. 북아프리카에 위치한 알렉산드리아는 고대 세계에서 세계 학문의 중심지였습니다. 학자들은 "나는 나다"라는 구절을 "Ego eimi ho on"Εγώ εἰμι ὁ ὤν이라고 번역했습니다. 여기서 'on'은 존재를 뜻합니다. 영어로 존재론을 의미하는 단어가 'ontology'입니다. 히브리어 성경에서 하나님은 사건을 일으키고 관계를 맺는 존재로 자신을 계시하셨는데 번역 과정에서 자립적인 존재로 소개된 것입니다. 헬라어로는 히브리어가 함축하고 있는 의미를 담아낼 단어가 마땅치 않았기 때문일 것입니다. 하나님은 언제나 사건 속에서 드러나는 모습 그 자체이신데 '있는 자'가 된 것입니다. 칠십인역 성경 때문에 하나님은 영원하시고 자족적이며 모든 존재의 원리이신 독립적인 실체로 인식된 것입니다.

여기서 그림 한 점을 잠시 살펴보겠습니다. 마르크 샤갈의 「떨기나무 앞의 모세」입니다. 대작으로 실제로 보면 크기에서 뿜어져 나오는 압도감이 대단합니다. 초록색과 파란색이 화면을 가득 채우고 있어 신비한 느낌을 자아냅니다. 일상의 공간이 아님을

마르크 샤갈, 「떨기나무 앞의 모세」, 1966.

알 수 있습니다. 중앙 상단에는 불붙은 떨기나무 가운데 모습을 드러낸 천사가 두 팔을 벌린 채 모세를 부르는 장면이 보입니다. 천사를 원형으로 감싸고 있는 것은 무지개처럼 보입니다. 대홍수 이후에 노아에게 주셨던 보호와 돌봄에 대한 약속을 상징하는 것 같습니다. 흰옷을 입은 하얀 수염의 노인 모세가 경외감에 사로잡힌 채 떨기나무 불꽃을 바라보고 있습니다. 한 손을 가슴에 얹은 채 그는 기묘한 자세로 앉아 있습니다. 맨발입니다. 모세의 뒤로 그가 목자임을 나타내는 양 떼가 한가롭게 풀을 뜯고 있습니다. 그 뒤편에 한 인물이 보이는데 가슴에 흉배가 붙어 있는 것으로 보아 아론인 듯합니다. 화면 왼쪽에는 홍해 바다에서 일어난 사건이 보입니다. 좌측 하단에 있는 물고기 몇 마리가 그곳이 바다임을 암시합니다. 큰 바다가 흰 구름으로 보이는 것을 중심으로 위아래로 나뉘어 있습니다. 아래에는 혼돈에 빠진 이집트의 군병들이 보이고, 위에는 질서 있게 바다를 건너는 하나님의 백성이 보입니다. 좌측 상단에는 노란빛에 감싸인 모세의 얼굴이 보입니다. 그의 얼굴이 이스라엘 백성의 행렬과 연결되어 있어 한몸처럼 보입니다. 그는 지금 하나님으로부터 십계명 돌판을 받고 있습니다. 샤갈은 하나의 캔버스 위에 출애굽의 다양한 사건들을 묘사하고 있습니다. 원근법이 적용되지 않기에 가능한 일입니다.

심화된 하나님 체험

지금까지 우리는 지극히 낯선 타자인 하나님이 인간에게 육박해 오실 때 당혹감에 사로잡히는 동시에 매혹을 느꼈던 사람들의 이야기를 살펴보았습니다. 이 마음을 함석헌 선생은 "몰랐네/뭐 모른지도 모른/내 가슴에 대드는 계심이었네"라고 노래했습니다. 이제 그다음 단계로 넘어가야 합니다. 「하나님」이라는 시의 두 번째 연과 세 번째 연이 우리의 길잡이가 되어 줄 것입니다.

> 몰라서 겪었네
> 어림없이 겪어 보니
> 찢어지게 벅찬 힘의 누름이었네
>
> 벅차서 떨었네
> 떨다 생각하니
> 야릇한 지혜의 뚫음이었네

하나님을 다 안다고 하는 사람들이 있습니다. 허풍에 불과합니다. 우리는 하나님을 다 알 수 없습니다. 조금씩 알아갈 뿐입니다. 모르기 때문에 겪는 것입니다. 그 겪음이 우리가 감당할 수 있는 수준에 머물면 좋겠는데 그렇지 못할 때가 많습니다. "찢어지게 벅찬 힘의 누름이었네"라는 구절은 바로 그런 현실을 보여줍니다. 그 힘에 압도당하지만 두렵지는 않습니다. 질식할 것 같지도 않습니다. 사유가 시작됩니다. 시인은 벅차서 떨었지만 떨다가 생각하니 "야릇한 지혜의 뚫음"이었다고 말합니다. 이전에는 생각해 본 적도 없던 세계가 자기에서 개시됨을 느낀 것입니다. 심화된 하나님 체험이 시작된 것입니다. 하나님은 늘 우리가 기대하는 모습으로 말랑말랑하게 다가오시지는 않습니다. 때로는 고통과 시련이 새로운 인식의 문이 되기도 합니다. 시련과 고통까지도 자기 삶으로 품어 안을 때 삶이 무르익기 시작합니다.

하나님의 약속

아브라함 이야기로 잠시 돌아가 보겠습니다. 아브라함과 하
나님 사이에 언약이 맺어집니다. 창세기 15장에서 아브라함에게
임하신 하나님이 말씀하십니다.

아브람아, 두려워하지 말아라. 나는 너의 방패다. 네가 받을
보상이 매우 크다(창 15:1).

시편 시인들은 매우 빈번하게 하나님은 그분께 피하여 오는
이들에게 방패가 되어 주신다고 고백합니다. 하나님을 방패로 경험
한다는 말은 세상이 그만큼 적대감에 찬 공간임을 보여줍니다. "네
가 받을 보상이 매우 크다"는 말씀 때문인지 아브라함은 하나님께
투덜거리듯 질문을 던집니다.

주 나의 하나님, 주님께서는 저에게 무엇을 주시렵니까? 저에게는
자식이 아직 없습니다. 저의 재산을 상속받을 자식이라고는
다마스쿠스 녀석 엘리에셀뿐입니다(창 15:2).

아브라함은 자기에게 자식이 없는 것을 하나님 탓으로 여깁
니다. 그래서 자기 집에 있는 종이 상속자가 될 것이라고 말합니다.
그때 하나님은 아브라함을 데리고 바깥으로 나가서 말씀하십니다.

하늘을 쳐다보아라. 네가 셀 수 있거든, 저 별들을 세어 보아라
(창 15:5).

한번 상상력을 발휘해 보십시오. 캄캄한 어둠을 배경으로 별들이 반짝이고 있습니다. 은하수가 꿈결처럼 번져 있는 하늘, 그 무한대의 세계는 우리를 숭고함의 세계로 데려갑니다. 아브라함도 그런 느낌이었을 것입니다. 주님의 말씀이 들려옵니다.

너의 자손이 저 별처럼 많아질 것이다(창 15:5).

아브라함의 마음속에 하나의 영원한 이미지가 심어진 순간이었습니다. 그것은 "찢어지게 벅찬 힘의 누름"이지만, 야릇한 지혜의 세계로 그를 이끌어 갔습니다. 성경은 이 순간을 간략하지만 분명하게 기록하고 있습니다.

아브람이 주님을 믿으니, 주님께서는 아브람의 그런 믿음을 의로 여기셨다(창 15:6).

신약성경의 기자들은 이 사건을 믿음의 예로 제시하는 데 주저함이 없습니다. 바울은 로마서 4:9에서, 야고보는 야고보서 2:23에서 이 사건을 사람들에게 상기시키고 있습니다.

하나님의 약속은 두 가지입니다. 자손에 대한 약속과 땅에 대한 약속입니다. 그러나 이 약속은 즉각적으로 실현되지 않습니다. 현대인들은 욕구 또는 욕망이 일어나서 그것이 충족될 때까지의 시간을 견디기 어려워합니다. 욕망과 충족 사이의 시간이 짧을수록 행복할 것이라는 자기암시에 사로잡힌 이들은 스스로 불행을 영속화하고 있다고 말할 수 있겠습니다. 우리는 분과 초 단위로 파편화된 시간 속에서 바장이고 있습니다. 속도에 중독된 이들은 시간의 지속을 견디지 못합니다. 느긋한 마음으로 뭔가를 바라보는 능력이 점점 사라지고 있습니다. 지칠 줄 모르고 달리다가 기진맥진하는 이들이 많습니다. 프랑스 작가인 피에르 쌍소는 건강한 사람의 모습을 이렇게 그려 보입니다.

> 시대의 흐름에서 약간 뒤로 물러나 살 수 있는 사람. 즐겨 침묵을 택할 수 있는 사람. 지식이나 경험을 쌓기 위해 애쓸 때나, 시대의 격랑 속에서 힘든 전투를 벌이고 있을 때조차도 즐겨 명상에 잠길 수 있는 그런 사람.[4]

숙고를 가능하게 하는 것은 느림입니다. 그런 경험이 저마다 있으실 것입니다. 길을 걸으며 이런저런 생각을 합니다. 그러다가 한 가지 생각에 골똘하게 되면 저절로 발걸음이 느려집니다. 어떤 때는 아예 멈춰 서기도 합니다. 오래전 일이긴 합니다만, 월요일이면 늘 아내와 서울 근교의 산을 찾았습니다. 우리 둘 다 별 말이 없는 사람인지라 그저 서로 앞서거니 뒤서거니 하면서 걷습니다. 그러다가 문득 내 발걸음이 느려지고 이윽고 발걸음을 멈추면, 아내는 내가 부탁하지 않아도 제가 짊어지고 있는 배낭을 열어 종이와 연필을 꺼내 건네줍니다. 저는 그것을 받아서 떠오른 아이디어나 생각을 메모하고 다시 아내에게 건네줍니다. 사유는 느림 속에서 꽃을 피웁니다.

소크라테스 이전 철학자들을 철학자라고 부를 수 있는 것은 그들이 세상에 대해 새로운 사유를 했기 때문입니다. 그 전까지는 세상의 근원에 대해 의문을 제기하지 않았습니다. 신들이 모든 것의 근원이었기 때문입니다. 그런데 일단의 사람들이 만물의 근원

곧 '아르케'ἀρχή에 대해 묻기 시작한 것입니다. 보통 최초의 철학자 하면 밀레토스에서 활동했던 탈레스를 꼽습니다. 천문학자이기도 했던 그가 생각에 잠겨 밤하늘의 별을 보고 걷다가 도랑에 빠진 것을 보고 사람들이 땅의 현실도 모르면서 무슨 우주를 사유하냐고 비웃었다는 이야기가 있습니다. 정말 그런지는 모르겠습니다만, 근원을 사유하는 사람들은 보통 사람들이 볼 때 좀 이상한 사람인 것은 분명합니다. 현실 적응력이 높은 사람일수록 속도에 민감합니다. 지금은 성찰의 시대가 아니라 검색의 시대입니다. 누가 빨리 검색하고 검색된 것들을 조합하느냐가 중요하지, 더 깊이 사유하고 성찰하는 이들은 별종 취급을 받는 세상입니다.

아브라함에게 땅과 자식을 약속해 주셨지만, 하나님은 마치 그 약속을 잊으신 것처럼 느긋하십니다. 아브라함이 부르심을 받았을 때의 나이가 일흔다섯 살입니다. 그 후로 무려 20년이 넘는 시간이 흘렀지만 하나님의 약속은 하나도 실현된 것이 없습니다. 약속의 실현이 지연되고 있습니다. 우리 같으면 진작 다른 방책을 강구했을 것입니다. 사실 아브라함도 그렇게 했습니다. 하갈을 취해 이스마엘이라는 아들을 얻었으니 말입니다. 창세기 17장은 아브라함이 아흔아홉이 되었을 때의 이야기를 들려줍니다. 주님께서 다시 그에게 나타나셔서 말씀하십니다.

나는 전능한 하나님이다. 나에게 순종하며 흠 없이 살아라. 나와 너 사이에 내가 몸소 언약을 세워서, 너를 크게 번성하게 하겠다 (창 17:1-2).

아브라함은 얼굴을 땅에 대고 엎드렸습니다. 그러나 아무 말도 하지 않습니다. 하나님은 "내가 너를 여러 민족의 아버지로 만들었으니, 이제부터는 너의 이름이 아브람이 아니라 아브라함이다"(창 17:5)라고 말씀하시며 새로운 언약으로 아브라함을 초대하십니다. 그 언약은 아브라함과 맺는 것이지만 뒤에 오는 모든 자손과도 이어지는 영원한 언약입니다. 하나님은 언약의 징표로 할례를 행하라고 말씀하십니다. 하나님은 왜 이렇게 약속의 실현을 지연시키고 계신 것일까요? 답하기 어려운 문제입니다.

타자에 대한 책임을 떠맡는 삶

이 문제를 풀어가기 위해 또다시 뒤로 돌아가 보겠습니다. 노아 이야기입니다. 노아는 순종의 챔피언입니다. 창세기는 하나님이 보시기에 노아가 살던 세상이 온통 부패하였고, 무법천지가 되었으며, 사람들의 삶이 속속들이 썩어 있었다고 말합니다. 멸망할 수밖에 없는 상황이었습니다. 그런 세상에 살았지만 노아는 그 시대에 물들지 않았습니다. 창세기 기자는 노아를 이렇게 소개합니다.

> 노아는 그 당대에 의롭고 흠이 없는 사람이었다. 노아는 하나님과 동행하는 사람이었다(창 6:9).

노아를 모범적인 신앙의 인물로 받아들여도 좋을 것 같습니다. 그는 다 이해할 수 없다 해도 하나님의 명령을 수행하는 데 망설임이 없었습니다. 방주를 만들라 하시니 그대로 만들었고, 짐승들을 구별하여 방주에 들이라 하시니 그대로 들였고, 방주에 들어가라 하시니 들어갔습니다. 홍수가 나서 땅을 뒤덮을 때까지, 사람들이 보기에 그는 세상 물정 모르는 어리석은 사람이었습니다.

　　유대인 사이에서 전해지는 재미있는 전설이 하나 있습니다. 노아는 천사로부터 마을의 우물이 붉게 변하는 날부터 홍수가 시작된다는 메시지를 받았습니다. 그래서 날마다 우물에 가서 물의 색을 살피곤 했습니다. 노아가 방주를 만드는 것을 마뜩치 않게 바라보던 마을의 악동들은 노아를 골려 줄 계획을 세웁니다. 한밤중에 그들은 우물에 붉은색 염료를 풀어놓습니다. 다음 날 아침, 우물을 살피러 온 노아는 깜짝 놀랐습니다. 하나님의 시간이 다가왔음을 직감한 그는 얼른 집으로 돌아가 식구들을 데리고 방주에 올라탔습니다. 숨어서 그 광경을 바라보던 악동들은 배를 잡고 웃었습니다. 방주 문이 닫히고 얼마 지나지 않아 먹구름이 몰려오더니 큰비가 쏟아지기 시작했습니다. 홍수의 시작이었습니다. 하나님의 일은 그렇게 인간의 악의를 통해서도 성취되는 법입니다.

　　앞서 살펴본 바와 같이 노아는 의롭고 흠이 없는 사람으로 순종의 모본이었습니다. 그런데 하나님은 왜 노아를 통해 구원의 역사를 열어가지 않으셨을까요? 왜 그를 복의 근원으로 삼지 않으셨을까요? 왜 모든 민족의 아버지로 삼지 않으셨을까요? 하나님이 그 일을 위해 택하신 것은 아브라함이었습니다. 아브라함은 흠이 없는 사람이라 할 수는 없지만 하나님의 부르심에 순명한 사람입니다. 익숙한 세계를 떠나 낯선 세계로 가라 했을 때도 순명했고, 나중 일이기는 합니다만 백 세에 얻은 아들을 바치라는 지시를 받았을 때도 혼돈 속에서 순명하려 했습니다. 노아 역시 순종의 챔피언입니다. 그런데 아브라함에게는 있고 노아에게는 없었던 것이 하나 있었습니다. 그것이 결정적인 차이를 만들었습니다. 바로 타자에 대한 책임감입니다.

성경 어디를 봐도 노아가 자기 시대 사람들을 교화하려고 노력했다는 말이 없습니다. 그들의 죄를 용서해 달라고 하나님께 빌었다는 말도 없습니다. 물론 성경 기자들이 생략의 명수이니 그런 이야기를 일부러 누락시킨 것일 수도 있습니다. 하지만 그는 세상에 있는 생명을 모두 멸하시겠다는 하나님의 계획을 듣고도 하나님의 진노하신 팔을 붙들 생각이 없었던 것으로 보입니다. 앞선 강의에서 이야기했던 길가메시조차 가까스로 대홍수에서 살아남은 뒤 홍수가 할퀸 자국만 남은 세상을 보고 무릎을 꿇고 앉아서 울었다고 합니다. 노아도 일평생 트라우마 속에서 산지도 모르겠습니다. 그가 술에 취해 벌거벗은 채 잠이 들었다는 사실은 그런 짐작을 가능하게 합니다.

아브라함은 조금 달랐습니다. 그는 소돔에 살고 있던 조카 롯이 왕들이 벌인 전쟁의 소용돌이에 휘말려 침략자들에게 재산을 빼앗기고 사로잡혀 갔다는 말을 듣고 즉시 행동을 개시했습니다. 조카를 구하기 위해 그는 자기 집에서 낳아 훈련시킨 사병 삼백열여덟 명을 데리고 단까지 쫓아가 전투를 벌입니다. 결국 그들이 약탈한 모든 재물을 되찾고, 조카 롯과 롯의 재산까지 되찾아 돌아옵니다(창 14:1-16). 성경에서 이 대목은 다소 이질적입니다. 아브라함을 전쟁 영웅으로 묘사하고 있기 때문입니다. 아무튼 아브라함은 친족의 어려움을 해결하기 위해 위험을 무릅쓴 사람입니다. 조카 롯을 지키고 돌볼 책임을 스스로 떠맡았다는 말입니다.

창세기 18장에 나오는 이야기도 주목할 만합니다. 몹시 뜨거운 어느 대낮에 아브라함이 장막 앞에 앉아 있는데, 고개를 들어 보니 낯선 사람 셋이 자기의 맞은쪽에 서 있습니다. 그가 뛰어나가 그들을 맞이하며 땅에 엎드려서 절을 합니다. 나그네를 따뜻하게 맞아들이는 것이 유목민들의 윤리이긴 합니다만 아브라함의 태도는 이례적입니다. 유목민들은 물과 목초지가 있는 곳을 찾아 이동하며 삽니다. 이정표조차 없는 곳을 떠돌다 보면 가끔 길을 잃기도 합니다. 누구라도 그런 위기에 직면할 수 있습니다. 떠도는 이들을 누군가가 따뜻하게 맞아 주지 않는다면 살아남을 수 없습니다. 그래서 유목민들은 비록 원수라고 해도 길을 잃고 떠돌고 있으면 맞아들여 쉬게 해주었다고 합니다. 환대라는 말이 요즘 들어 더욱 전면에 등장하고 있는 것은 우리 세계가 점점 적대적 공간으로 변하고 있기 때문입니다. 인류학자인 김현경은 환대에 대해 이렇게 설명합니다.

> 환대란 타자에게 자리를 주는 것 또는 그의 자리를 인정하는 것, 그가 편안하게 '사람'을 연기할 수 있도록 돕는 것, 그리하여 그를 다시 한번 '사람'으로 만들어 주는 것이다. 사람이 된다는 것은 사회 안에 자리를 갖는다는 것 외에 다른 게 아니기 때문이다.[5]

자기 자리를 넓히기 위해 다른 이들을 서슴없이 밀어내는 세태에서 이런 환대의 윤리를 기대할 수 있을까 싶습니다. 비정한 인간 세상이 마치 탁란을 하는 새처럼 느껴질 때도 있습니다. 뻐꾸기 같은 큰 새들이 붉은머리오목눈이나 휘파람새 같은 작은 새의 둥지에 알을 낳아 놓으면, 먼저 부화된 큰 새의 새끼가 부등깃조차 변변치 않은 다른 새끼들을 둥지 밖으로 밀어내 죽게 합니다. 그것도 자연의 일부이지만 인간 세상의 일들이 투영되어 그 새들이 밉살스럽게 느껴집니다. 환대의 경험은 세상을 고향처럼 느끼게 만듭니다. 아브라함이 낯선 이들을 영접하는 장면을 저는 정말 좋아합니다. 본문을 읽어 보겠습니다.

손님들께서 저를 좋게 보시면, 이 종의 곁을 그냥 지나가지 마시기 바랍니다. 물을 좀 가져오라고 하셔서, 발을 씻으시고, 이 나무 아래에서 쉬시기 바랍니다. 손님들께서 잡수실 것을, 제가 조금 가져오겠습니다. 이렇게 이 종에게로 오셨으니, 좀 잡수시고, 기분이 상쾌해진 다음에 길을 떠나시기 바랍니다(창 18:3-5).

"물을 좀 가져오라고 하셔서"라는 구절에 주목할 필요가 있습니다. 아브라함은 자기 스스로를 행위의 주체로 내세우지 않습니다. 주인의 자리를 그들에게 양도하는 것처럼 보입니다. 이러한 태도는 음식을 만들어서 나그네 앞에 차려 놓고, 그들이 나무 아래에서 먹는 동안 "아브라함은 서서, 시중을 들었다"(창 18:8)는 대목과도 연결됩니다. 따뜻한 대접을 받은 나그네들이 소돔을 향해 길을 나서자 아브라함도 배웅하려고 함께 걸었습니다. 그때 주님께서 말씀하십니다.

내가 앞으로 하려고 하는 일을, 어찌 아브라함에게 숨기랴?
(창 18:17)

그러면서 두 가지를 말씀하십니다. 하나는 아브라함으로 하여금 장차 크고 강한 나라를 이룰 것이라는 하나님의 꿈 이야기였습니다. 다른 하나는 소돔과 고모라에서 들려오는 울부짖은 소리의 실체가 무엇인지 확인하려 한다는 이야기였습니다. 그것은 곧 심판으로 이어질 것이었습니다. 아브라함은 하나님과 비밀을 나눈 사람이 되었습니다. 그때 아브라함은 노아와는 다른 태도를 보입니다. 그는 주님께 가까이 다가가 아룁니다.

주님께서 의인을 기어이 악인과 함께 쓸어버리시렵니까? 그 성
안에 의인이 쉰 명이 있으면, 어떻게 하시겠습니까? 그래도
주님께서는 그 성을 기어이 쓸어버리시렵니까? 의인 쉰 명을
보시고서도, 그 성을 용서하지 않으시렵니까? 그처럼 의인을
악인과 함께 죽게 하시는 것은, 주님께서 하실 일이 아닙니다.
의인을 악인과 똑같이 보시는 것도, 주님께서 하실 일이 아닌 줄
압니다. 세상을 심판하시는 분께서는 공정하게 판단하셔야 하지
않겠습니까?(창 18:23-25)

어찌 보면 당돌하기 이를 데 없는 주장이며 질문입니다. 그는
의인을 악인과 함께 죽게 하시는 것, 의인을 악인과 똑같이 보시는
것은 주님께서 하실 일이 아니라고 말합니다. 놀라운 용기입니다.
어떤 열정이 아브라함으로 하여금 이렇게 위험한 진술을 하게 한
것일까요? 그것은 무고한 이들에 대한 말할 수 없는 연민의 마음이
었습니다. 그는 위험을 자기에게 끌어들여서라도 그들을 보호하고
싶어 합니다. 주님은 그 당돌한 도전에 친절하게 응대하십니다. "소
돔 성에서 내가 의인 쉰 명을 찾을 수 있으면, 그들을 보아서라도
그 성 전체를 용서하겠다"(창 18:26). 아브라함은 여러 차례 하나님 앞
에 서서 기대되는 의인의 숫자를 줄여 나갑니다. 결국에는 의인 열
명이 있으면 그 열 명을 보아서라도 그 성을 멸하지 않겠다는 약속
을 받아냅니다. 거룩함 앞에 선 사람은 두려움과 전율을 느끼게 마
련입니다. 그러나 아브라함은 두려움을 무릅쓴 채 소돔의 의인들을
구하려 했던 것입니다.

이 이야기를 마무리하겠습니다. 노아도 순종했고 아브라함도
순종했지만, 아브라함에게는 있고 노아에게 없었던 것은 타자에 대

한 책임감입니다. 랍비 조너선 색스는 노아 이야기 끝에 한 문장을 덧붙입니다. "순종만으로는 충분하지 않다"Obedience is not enough.[6] 저는 처음 이 문장을 읽었을 때 전율을 느꼈습니다. 흔히 믿음생활에서 중요한 것은 순종이라고 말하지만, 하나님은 우리가 타자를 어떻게 대하는지에 더 관심이 많으십니다. 타자에 대한 책임을 스스로 떠맡는 것이야말로 하나님의 백성다운 태도입니다. 하나님은 바로 그런 태도야말로 복의 근원으로 사는 삶이라 여기십니다.

아브라함이 도덕적으로 흠 없는 사람은 아니었습니다. 그는 두려움에 사로잡혀 비겁하게 처신하기도 했습니다. 그는 그랄 땅에 머물렀을 때 하나님을 두려워하지 않는 그곳 사람들이 자기를 죽이고 아내를 빼앗아갈까 두려웠습니다. 겁이 난 아브라함은 아내에게 자기를 남편이 아니라 오라버니로 소개하라고 말합니다. 이런 일들을 겪으면서 아브라함은 서서히 모든 민족의 아버지로 형성되어 갑니다. "너의 자손이 저 별처럼 많아질 것이다"(창 15:5) 하셨던 주님의 약속은 이삭의 탄생을 통해 그 실현의 단초가 마련됩니다. 땅에 대한 약속 또한 뜻밖의 방식으로 실현되기 시작합니다. 사라가 죽었을 때 아브라함은 아내를 매장할 땅 한 뙈기 없었습니다. 아브라함은 헷 사람들을 찾아가 자초지종을 설명하고 사라를 매장할 땅을 사고 싶다면서 소할의 아들 에브론이 그의 밭머리에 가지고 있는 막벨라 굴이면 적절할 것 같다고 말합니다. 마침 그 말을 듣고 있던 에브론은 그러실 필요가 없다면서 자기가 무상으로 그 밭과 굴을 드리겠다고 응답합니다. 아브라함은 그 고마운 제안을 넙죽 받아들이지 않고 에브론이 밭값을 받아야 비로소 거기에 아내를 묻을 수 있다고 말합니다. 에브론은 그 땅을 값으로 치자면 은 사백 세겔은 되겠지만 좋은 관계를 거래하는 관계로 만들고 싶지 않다고 거듭 그 땅을 무상으로 주겠다고 말합니다. 결국 아브라함은 에브론이 말한 금액을 치르고 막벨라 굴을 삽니다(창 23장). 아브라함과 에브론이 나눈 대화는 고대 근동 지방에서 어떻게 거래가 이루어졌는지를 보여주는 전형적인 이야기입니다. 이 대목을 두고 역시 아브라함이 지역민들에게 존경받는 사람이었다고 말하는 것은 아전인수일 뿐입니다. 사실은 그가 바가지를 쓴 셈입니다. 아브라함은 알면서도 그 값을 치렀습니다. 그런데 사라를 묻기 위해 구입한 그 땅곧 막벨라 굴이 바로 땅에 대한 약속을 실현하는 단초가 됩니다. 하나님이 약속을 이루시는 방식은 실로 다양합니다.

인생의 곤경이 다가올 때

아브라함의 시련은 아직 끝나지 않았습니다. 하나님이 아브라함에게 이삭을 바치라고 명하신 것입니다(창 22장). 앞선 강의에서 다루었습니다만 오늘은 이 이야기의 급진성에 대해 주목하고 싶습니다. 하나님의 요구는 합리적 이성으로는 납득할 수도 받아들일수도 없는 일이었습니다. 자식을 바치라는 명령은 비도덕적이고 비합리적입니다. 게다가 이삭은 아브라함의 자손이 하늘의 별처럼 많아지게 하겠다고 하신 하나님의 약속 실현의 씨앗이었습니다. 아브라함은 아무런 준거점도 없이 혼자만의 결단으로 어떤 행동을 해야합니다. 다시 말해 자식을 바치든지, 아니면 죽음을 무릅쓰고 하나님과 맞서든지, 달아나든지 해야 합니다. 상당히 엄중한 상황입니다. 17세기 네덜란드 화가 렘브란트는 이 사건을 소재로 여러 점의작품을 남겼습니다.

보시는 것은 렘브란트가 서른 살에 그린 「이삭의 희생」이라

렘브란트, 「이삭의 희생」, 1635.

는 유화 작품으로 그의 대표작 가운데 하나입니다. 가운데 있는 사람이 아브라함이고 그 아래에 이삭이 보입니다. 그리고 천사가 등장합니다. 이삭의 얼굴을 감싸 쥐고 있는 아브라함의 손은 노인의 손이라고는 믿어지지 않을 정도로 강인해 보입니다. 백발이 성성하지만 천사를 바라보는 아브라함의 눈빛은 형형합니다. 팔이 뒤로 묶인 채 환한 빛 속에 눕혀진 이삭이 오히려 연약해 보입니다. 아브라함이 막 이삭의 목을 찌르려는 순간 천사가 다급하게 다가와 그의 오른손을 꼭 붙잡습니다. 얼마나 강하게 붙잡았던지 아브라함은 가지고 있던 칼을 손에서 떨어뜨립니다. 천사의 표정 속에서는 놀란 기색이 엿보입니다. 허공에 떠 있는 칼은 그 상황의 급박함을 보여줍니다. 이 그림 속에 표현된 아브라함은 하나님에 대한 일말의 의심도 품지 않는 신앙인의 전형입니다. 사람들이 이 그림을 좋아하는 것은 아브라함의 믿음이 오롯이 드러났다고 믿기 때문일 것입니다. 하지만 저는 이 그림이 조금 불편합니다. 신앙이 광기와 결합할 수도 있다는 사실을 느낄 수 있기 때문입니다.

다음 작품은 앞선 작품으로부터 10년이 지난 1645년작 동판화 「아브라함과 이삭」입니다. 아브라함과 이삭이 서로 마주 대하고 서 있습니다. 터번 같은 것을 두르고 있는 아브라함을 보십시오. 구부정하게 몸을 숙이고 있는 아브라함이 왼손으로는 하늘을 가리키고 오른손으로 자기의 가슴에 손을 얹고 있습니다. 이 모습 속에 이야기가 담겨 있습니다. "위에 계신 분이 너를 바치라고 하니, 내 가슴이 찢어지는구나. 어떻게 해야 하겠니?"라고 말하는 듯합니다. 고개를 숙인 채 아버지의 말을 듣는 이삭의 표정이 어둡습니다. 아버지의 말을 납득할 수 없다는 표정입니다. 이삭의 손에는 장작이 기대어 있습니다. 자기를 태울 장작인 줄도 모른 채 운반한 것입니

렘브란트, 「아브라함과 이삭」, 1645.

렘브란트, 「아브라함의 번제」, 1655.

다. 그림의 배경은 어두운 구름이 뒤덮고 있습니다. 자세히 보면 이삭의 뒤편은 절벽입니다. 그가 처한 상황이 급박함을 알 수 있습니다. 렘브란트가 마흔 살이 되어 제작한 이 작품에는 앞서 본 작품에 나타나는 신앙적 단호함이 보이지 않습니다. 오히려 이해할 수 없는 하나님의 요구 앞에서 흔들리고 있는 두 인물의 상황을 보여줄 뿐입니다. 동일한 작가이고 동일한 텍스트를 주제로 하고 있지만 사건을 대하는 태도가 달라지고 있음을 알 수 있습니다.

그다음 작품은 앞선 작품으로부터 또다시 10년이 지난 1655년 그려진 동판화 「아브라함의 번제」입니다. 여기서는 이삭이 묶여 있지 않습니다. 마치 무릎을 꿇고 기도하는 것 같은 자세입니다. 그가 아버지의 결정을 받아들인 것 같습니다. 아브라함은 이삭의 눈을 슬쩍 가리고 있습니다. 이삭을 찌르기 위해 칼을 든 손은 이상하게도 왼손입니다. 작품의 구도 때문에 그렇게 그린 것처럼 보이기도 합니다. 아브라함은 더 늙어 보이고 무력해 보입니다. 앞서 본 유화에서는 천사가 깜짝 놀라 황급히 날아와 아브라함의 손을 꼭 붙잡는 모습이었는데, 이 작품에서는 천사가 아브라함을 감싸고 있어 포근하게 느껴질 정도입니다. 천사는 그렇게 두 손으로 아브라함을 말리고 있습니다. 마치 그만하면 됐다고 말하는 것 같습니다. 이삭의 순종, 무력해 보이지만 역시 순종하는 아브라함, 그리고 천사의 부드러운 몸짓, 이런 요소들로 인해 앞서 보았던 작품들 속에서 나타나던 갈등이 많이 사라져 있음을 볼 수 있습니다. 이것은 렘브란트가 쉰 살이 되었을 때 이 사건을 자신의 운명과 결부지어 생각하기 시작했음을 보여줍니다. 그는 생전에 누구보다 많은 초상화를 남긴 화가입니다. 초기의 초상화를 보면 그가 그 당시에 자의식이 매우 강했음을 알 수 있습니다. 다양한 장신구와 화려한 옷이 그의 내면에 있는 허영심을 보여주는 듯합니다. 하지만 제작자들의 주문에 따르지 않고 자기 화법을 고집스럽게 지키려는 그에 대해 사람들이 등을 돌리자, 그는 가난에 시달리게 되었습니다. 처음에는 받아들이기 힘들었지만 점차 그런 현실에 익숙해졌습니다. 그러한 가운데 그가 '이삭의 희생'이라는 이 사건 속에 자기를 투영하고 있었던 것이 아닌가 싶습니다.

마지막 작품은 소묘로 앞선 작품과 같은 해에 그린 것입니다. 어느 작품이 먼저인지는 알 수 없습니다. 번제단은 아주 작고 이삭은 무릎을 구부린 자세로 목을 뒤로 젖힌 채 누워 있습니다. 민머리인 아브라함은 구부정한 뒷모습만 보입니다. 앞선 작품들에 비해 더 나이 들고 무력해 보입니다. 천사는 희미하게 보이는데 하늘에서 아브라함의 머리에 안수하고 있는 듯합니다. 그 사실을 아는지 모르는지 아브라함은 자기 일에만 열중하고 있습니다. 모든 게 희미하고 불투명합니다. 아브라함의 무력함, 불투명한 인생 현실, 신적 광휘조차 없는 황량한 삶의 실상이 고스란히 담겨 있습니다. 믿음의 영광, 순종, 열정 등이 모두 소거되어 있습니다.

렘브란트의 네 그림을 보면서 무엇이 느껴집니까? 젊었을 때는 모든 게 뚜렷하고 분명했습니다. 그러나 시간이 지나면서 모든 것이 흐릿해졌습니다. 자명하던 것이 이해하기 어려운 것이 되고, 뜨거운 열정이 수그러들어 재만 남은 것처럼 보입니다. 이것을 신앙의 퇴보라고 해야 할까요? 이해할 수 없지만 아브라함과 이삭은 조금씩 자기 운명을 겸허하게 받아들이고 있는 것으로 보입니다. 하지만 그 속에 깃든 슬픔과 황량함은 사라지지 않습니다. 렘브란트의 이 그림들은 동일한 텍스트가 어떻게 달리 읽힐 수 있는지를 보여주는 아주 좋은 예입니다. 소설가 이승우는 이 이야기를 어떻

렘브란트, 「아브라함의 번제」, 1655.

게 보았을까요?『사랑이 한 일』의 한 장면을 보겠습니다.

나는 사흘 길을 걷는 동안 아버지에게 한마디 말도 걸 수 없었다.
아버지는 사흘 길을 걷는 동안 아무것도 먹지 않았다. 나는 사흘
길을 걷는 동안 아버지에게 먹을 것을 권할 수 없었다. 아버지의
얼굴은 어둡고 주름지고 황량했다. 바치려고 가는 그의 얼굴은
이미 바쳐진 사람의 얼굴이었다. 아버지 주변에 줄이 쳐진 것
같았다. 줄 안으로 발을 들여놓거나 말을 집어넣으면 무슨 일이
일어날 것 같았다. 아버지는 가까이 있었지만 따로 있었다.
아버지는 나와 같이 걸었지만 나와 같은 땅을 밟고 걷는 것 같지
않았다. 사막이 그의 얼굴에 들어가 있었다. 신이 바치라고 지시한
산을 향해 걷고 있었지만 그때 그가 한 일은 단순한 걷기가 아니라
영혼의 고투였다. 그것이 사생결단의 고독한 몸부림, 즉
기도였음을 이제 나는 안다. 고통으로 일그러진 그 얼굴을 나는
그전에 본 적이 없다. 다른 데서도 본 적이 없다. 아버지는 사랑
때문에 부여받았으나 사랑 때문에 할 수 없는 일을 하기 위해,
혹은 하지 않기 위해 싸웠다. 나는 아버지 앞에 놓인 거대한,
불가항력의 두 개의 바위를 본다. 사랑 때문에 할 수 없는 그 일을
그는 또 사랑 때문에 하지 않으면 안 되는 운명을 진 사람이었다.
그가 해야 하는 일은 불가능한 일이었지만, 그 일을 하지 않는 것
역시 불가능한 일이었다. 그가 해야 하는 일은 아들에 대한 사랑
때문에 불가능한 일이었지만, 그 일을 하지 않는 것은 신에 대한
사랑 때문에 불가능한 일이었다. 그는 바치는 것이 불가능했고,
바치지 않는 것도 불가능했다. 사랑은 그를 불가능한 사람으로
만들었다. 모든 것이 가능한 세계에서 어느 것 하나 가능하지 않은

세계로 사랑이 그를 밀어넣었다. 사랑이 관여되지 않을 때 순종은 문제가 되지 않는다. 사랑은 순종의 단순함을 휘젓고 헝클어서 복잡하게 만든다.[7]

이승우의 문장은 언제나 간단하지 않습니다. 저는 이것을 '주춤거리는 문장'이라 말하고 싶습니다. 앞으로 나아갔다 뒤로 물러나 다시 살피고 다시 앞으로 나아갑니다. 작가는 외길로 우리를 안내하지 않습니다. 세상의 어떤 일도 그렇게 명료하지 않음을 알기 때문입니다. 그는 복잡한 현실을 중층적으로 드러내고 그 현실에 대한 인식을 심화하기 위해 그런 문장을 선택했습니다. 사람들은 아브라함의 이삭 번제 이야기를 단순하게 바라보지만 소설가는 동일한 사건을 낯설게 바라봅니다. 낯설게 본다는 것은 우리 의식의 상투성을 뒤흔든다는 말입니다. 작가는 상상력을 동원해 아브라함이 겪었던 내적 고뇌를 보여줍니다. 지금 우리가 의지하고 있는 함석헌 선생의 시구를 다시 되뇌어 볼 필요가 있습니다.

몰랐네
뭐 모른지도 모른
내 가슴에 대드는 계심이었네

몰라서 겪었네
어림없이 겪어 보니
찢어지게 벅찬 힘의 누름이었네

벅차서 떨었네

떨다 생각하니

야릇한 지혜의 뚫음이었네

이 시 속에 아브라함의 경험이 고스란히 반영되어 있습니다. "벅차서 떨었네/떨다 생각하니/야릇한 지혜의 뚫음이었네." 인생의 곤경이 다가올 때, 절벽 앞에 선 것처럼 아뜩할 때, 한계상황에 직면했을 때 우리는 어찌할 바를 몰라 당황합니다. 위로부터의 도우심도 없습니다. 그런 상황에서는 정신을 가다듬으며 홀로 뚫고 나가야 합니다.

받아들여짐의 체험

창세기에 등장하는 형제들의 이야기는 거의 전부라고 할 수 있을 정도로 갈등 관계였습니다. 가인과 아벨의 경우는 참극으로 끝났고, 그나마 다른 형제들은 고통의 시간을 겪은 뒤 화해에 이르기도 했습니다. 갈등이 피할 수 없는 삶의 일부분인 것은 사실이지만 그것을 극복하는 것이 우리의 과제임을 성경은 보여줍니다. 창세기는 갈등의 이야기라고도 볼 수 있지만 거꾸로 화해를 모색하는 이야기라고 볼 수 있습니다. 이삭과 이스마엘은 아브라함의 장례를 함께 치릅니다(창 25:9). 서로에 대한 이해가 싹튼 것처럼 보입니다. 야곱과 에서의 화해 이야기도 아름답습니다. 얍복강에서의 아주 힘겨운 밤을 지낸 뒤 절름거리며 다가오는 동생 야곱을 에서는 뜨거운 형제애로 맞이합니다.

에서는 두 팔을 벌려, 야곱의 목을 끌어안고서, 입을 맞추고, 둘은 함께 울었다(창 33:4).

이 대목은 누가복음 15장에 나오는 '탕자의 비유'를 떠올리게
합니다. 저 멀리서 아들이 오는 것을 본 아버지는 가만히 있을 수가
없었습니다.

그가 아직도 먼 거리에 있는데, 그의 아버지가 그를 보고 측은히

여겨서, 달려가 그의 목을 껴안고, 입을 맞추었다(눅 15:20).

이 아름다운 화해 장면은 화해가 어떻게 이루어질 수 있는지
를 보여줍니다. 한마디로 '받아들여 줌'이라는 말로 요약할 수 있겠
습니다. '받아들여짐의 체험'은 '구원 체험'과 유사합니다. '하나님
이 우리를 있는 그대로 받아들여 주셨다'는 말 속에 은혜의 신비가
담겨 있습니다.

요한복음 21장은 부활하신 예수님이 디베랴 바다에서 다시
제자들과 만나는 장면을 보여줍니다. 바다라고 하지만 사실 담수
입니다. 유대 땅은 워낙 물이 귀한 곳이기 때문에 물이 많은 곳은
바다라 불렀습니다. 우리는 '강' 하면 한강이나 낙동강처럼 유장하
게 흐르는 큰 물줄기를 상상하지만, 성경에 등장하는 강들은 그렇
게 크지 않습니다. 우리로 보면 개울 정도에 해당되는 물줄기도 강
이라 합니다. 그중 가장 잘 알려진 강은 요단강입니다. 요단강은 '단
으로부터 흘러온 물'을 뜻합니다. 단은 이스라엘 영토의 최북단 지
역이고, 높은 산에서 눈이 녹은 물이 흘러내리는 곳이었습니다. 그
물이 흘러든 곳이 갈릴리 호수이고, 또 그곳에서 흘러내린 물이 사
해에 이르면 더 이상 흐르지 못했습니다. 사해는 지표면보다 훨씬

낮았기 때문입니다. 성경에서 갈릴리 호수는 갈릴리, 게네사렛, 디베랴 등 다양하게 지칭됩니다. 이것을 혼용해서 사용하기도 하지만 호수 전체를 지칭할 때는 갈릴리라 하는 게 맞습니다. 게네사렛이라는 어촌 마을 인근의 호수는 게네사렛이라 하고, 티베리아스라는 도시 앞에 있는 바다를 디베랴라 합니다. 팔레스타인 땅을 남북으로 가르며 흐르는 요단강은 그 이름을 모르는 사람이 거의 없지만 규모는 아주 소박합니다. 그 강이 유명한 것은 "며칠 후 며칠 후 요단강 건너가 만나리"라는 찬송가 가사 때문인지도 모르겠습니다. 우리나라 생태·생명 운동과 협동 운동의 선구자인 무위당 장일순 선생이 한 말이 있습니다. 요단강이 작은 강에 불과하지만 그곳에서 세례 요한과 예수 그리스도의 정신이 탄생했기에 위대한 강이라는 것입니다. 어떤 장소를 거룩하게 만드는 것, 혹은 소중한 곳으로 만드는 것은 장소 그 자체가 아닙니다. 그 장소와 관련된 사람들의 정신의 크기가 그 장소에 대한 기억을 규정한다고 말할 수 있습니다.

디베랴 바다 이야기를 하다가 여기까지 흘러왔습니다. 주님이 부활하셨다는 소식을 들었지만 베드로의 마음에 드리운 어둠은 쉬이 사라지지 않았습니다. "나는 고기를 잡으러 가겠소"(요 21:3). 깊은 어둠에 삼켜진 상태입니다. 지난날 주님을 모른다고 세 번이나 부인한 자신에게 깊이 실망했을 것입니다. 그 부끄러운 기억에서 벗어나기 어려웠습니다. 일곱 명의 제자들이 그와 함께 디베랴로 가서 배를 탔습니다.

그날 밤 바다에 그물을 던졌지만 한 마리의 고기도 걸려들지 않았습니다. 그들 마음속에 깃든 그 허망한 마음을 향해 그물을 던졌기 때문이 아니었을까요? 빈 그물은 그들을 온통 사로잡고 있는 공허함의 상징처럼 느껴집니다. 동틀 무렵 바닷가에 어떤 낯선 사람이 등장하여 말을 건넵니다. 우리는 그분이 부활하신 예수님임을 알지만 제자들은 알아보지 못합니다. 부활하신 예수님은 늘 낯선 이의 모습으로 나타나십니다. 그래서 엠마오로 가던 두 제자도, 막달라 마리아도 처음에는 예수님을 알아보지 못했습니다.

그 낯선 존재가 그들에게 말을 붙입니다. "얘들아, 무얼 좀 잡았느냐?" 그들이 대답합니다. "못 잡았습니다." 그가 다시 말합니다. "그물을 배 오른쪽에 던져라. 그리하면 잡을 것이다." 마치 주술에 걸린 것처럼 제자들이 배 오른쪽에 그물을 던졌더니 순식간에 수많은 고기가 그물에 걸려들었습니다. 고기를 잡는 이적은 예수님이 행하신 자연 이적 중 하나입니다. 눈치 빠른 제자, 예수님의 사랑을 받던 제자는 순간적으로 그 낯선 사람이 예수님임을 알아차립니다. "저분은 주님이시다." 베드로는 황망한 마음에 즉시 겉옷을 챙겨 입고 바다로 뛰어듭니다(요 21:4-7).

이것은 가야바의 법정에서 슬픈 눈길을 주고받은 뒤 최초의 만남입니다. 그 운명의 장소에서 베드로는 예수님을 세 번이나 부인했습니다. 최후의 만찬을 마치신 뒤 예수님은 자신이 겪을 고난을 예고하면서 음울한 음성으로 "오늘 밤에 너희는 모두 나를 버릴 것이다"라고 말씀하십니다. 그러자 베드로는 "비록 모든 사람이 다 주님을 버릴지라도, 나는 절대로 버리지 않겠습니다"라고 말합니다. 장담하는 그를 보며 예수님이 다시 말씀하십니다. "오늘 밤에 닭이 울기 전에, 네가 세 번 나를 모른다고 할 것이다"(마 26:31, 33, 34). 베드로는 호주머니를 뒤집듯 자기 마음을 뒤집어 진심을 보여드리고 싶었던 것 같습니다. 그래서 말합니다. "주님과 함께 죽는 한이 있을지라도, 절대로 주님을 모른다고 하지 않겠습니다"(마 26:35). 저는 이 말이 그의 진심이었다고 생각합니다. 그러나 그가 몰랐던 것이 하나 있습니다. 자기가 한낱 인간이라는 것, 공포가 불시에 닥쳐오면 어쩔 줄 몰라 허둥거릴 수밖에 없는 존재라는 사실 말입니다. 그런 의미에서 그는 영웅이 아니라 우리와 다를 바 없는 연약한 사람입니다.

예수님은 자신 앞에 선 베드로를 책망하지 않으십니다. 베드로의 약함을 아셨기 때문입니다. 그의 연약함과 부끄러움과 그로부터 야기된 죄책감까지 자신의 품으로 받아 안으셨습니다. 그물을 끌어올린 뒤 해변에 오른 제자들은 숯불 위에 생선과 빵이 놓여 있는 것을 봅니다. 예수님이 제자들에게 말씀하십니다. "너희가 지금 잡은 생선을 조금 가져오너라." 이어서 말씀하십니다. "와서 아침을 먹어라"(요 21:10, 12).

저는 이 대목을 읽을 때마다 감동합니다. 음식을 함께 먹는다는 것은 참 귀한 경험입니다. 가족家族은 피붙이를 이르는 말입니다. '집 가'家를 떠올려 보십시오. '갓머리'宀 밑에 '돼지 시'豕 자가 있습니다. 아열대 지방에서 뱀의 피해를 막기 위해 집을 높게 짓고 그 밑에 뱀의 천적인 돼지를 기른 데서 유래한다고 말하는가 하면, 옛날에 조상에게 제사를 지낼 때 돼지를 잡아 바쳤던 것에서 유래한다고 말하기도 합니다. 저는 어느 게 옳은지 잘 모르겠습니다. 아무튼 그렇게 본다면 '가'家는 제사 공동체를 가리킵니다. 가족이라는 것은 핏줄을 나눈 사이인 셈입니다. 그런데 가족을 뜻하는 다른 단어가 있습니다. 식구입니다. '먹을 식'食 자와 '입 구'口 자가 결합된 단어입니다. 한솥밥을 함께 먹는 이들이 식구입니다. 옛날에는 농사를 짓는 데 많은 일손이 필요했습니다. 땅이 없는 이들은 머슴이 되어 농사를 돕기도 했습니다. 식구는 어머니, 아버지, 형제자매도 있지만 새경을 받으며 일하는 아저씨도 포함되고, 심지어 솥을 가신 물이나 음식 찌꺼기를 먹는 돼지와 소도 포함됩니다. 왠지 정겹습니다.

누군가와 같이 밥을 먹는다는 것은 그를 환대한다는 말입니다. 예수 운동에서 가장 중요한 것 가운데 하나가 식탁 공동체였습니다. 예수님이 계신 곳에서는 잔치가 벌어졌습니다. 이전에는 만날 수 없었던 사람들이 만나는 장소가 예수님의 식탁이었습니다. 경건하다는 사람들은 도저히 받아들일 수 없는 현상이었습니다. 정결법이 그들의 발목을 잡고 있었기 때문입니다. 찬송가 가운데 이런 정경을 절묘하게 표현한 찬송가 가사가 있습니다. "산천도 초목도 새것이 되었고 죄인도 원수도 친구로 변한다." 예수님의 식탁에서 일어난 일이 바로 이러합니다.

"와서 아침을 먹어라"고 하신 말씀은 문자적으로 보면 그저 단순한 식사 초대 같지만 그 속에 담겨 있는 메시지는 매우 심오합니다. 저는 이것을 이렇게 해석합니다. "베드로, 네가 지금 죄책감과 부끄러움 때문에 어쩔 줄 몰라 하지만, 나는 너를 내 식구가 아니라고 생각한 적이 단 한 번도 없다." 베드로는 예수님을 버렸지만 예수님은 한 번도 그를 버린 적이 없었습니다. 베드로는 자기가 수용되고 있다는 사실을 직감적으로 알아차릴 수 있었습니다. '받아들여짐'의 체험이 구원의 체험과 유사하다고 말씀드렸지요? 폴 틸리히는 인간의 구원 체험을 이렇게 설명합니다. "구원은 궁극적 관심에 사로잡힌 상태다." "궁극적 관심"이라는 말을 조금 달리 설명하면, 구원이란 하나님의 손에 사로잡히는 것, 결국 하나님이 나를 받아들이신다는 사실을 내가 받아들이는 상태라 할 수 있겠습니다. 자격이 있어서가 아닙니다. 받아들여짐을 경험한 사람들은 하나님의 현존을 느낍니다. 에서가 야곱을 품어 안았을 때 야곱이 무엇이라 말했습니까?

> 형님께서 저를 이렇게 너그럽게 맞아 주시니, 형님의 얼굴을 뵙는 것이 하나님의 얼굴을 뵙는 듯합니다(창 33:10).

레비나스는 "얼굴은 일종의 계시"라고 말합니다. 얼굴은 자기를 표현합니다.

세상에 당연한 것은 하나도 없다

사람들이 하나님을 어떻게 경험하는지를 보기 위해 우리는 지금 성경의 인물들에 주목하고 있습니다. 수많은 인물들이 있지만 창세기에 등장하는 선조들의 이야기에 집중하고 있습니다. 이제는 요셉 이야기입니다. 성경의 인물 가운데 요셉만큼 삶의 변전을 극적으로 경험한 사람은 극히 드뭅니다. 무슨 죄가 그리도 많아 요셉의 삶이 그런 힘겨움의 연속이었을까요? 야곱이 지극히 사랑했던 라헬의 아들로 태어났다는 죄밖에 없습니다. 야곱은 요셉을 편애했습니다. 야곱이 그에게 입혀 준 화려한 채색옷은 편애의 상징입니다. 옷은 계급을 나타냅니다. 이콘화에서 삼위일체 하나님이나 성모자, 성인들의 옷은 늘 청색이나 붉은색으로 표현됩니다. 배경은 물론 금빛입니다. 그것은 물감으로 칠한 게 아니라 금을 두드려 종이보다 얇게 만든 뒤 그 자리에 입힌 것입니다. 울트라 마린이라는 청색 안료는 특히 거룩한 이들을 표현할 때만 사용했습니다. 그것은 아프가니스탄 동북부 지역에서 나는 라피스라줄리라는 청금

석에서만 얻을 수 있는 색이었습니다. 희귀하고 값비쌌기에 당연히 거룩한 이들에게만 사용했습니다. 어느 시대든지 옷은 계급을 나타냅니다. 다시 말해 채색옷은 그저 보기 좋은 옷이 아니라, 요셉이 누린 특권적 지위를 보여주는 상징물이었습니다.

요셉이 아버지에게 특별대우를 받는 것을 보면서 그의 형들은 질투심에 사로잡힙니다. 야곱의 편애는 야곱의 문제이지 요셉의 문제가 아닙니다. 그래도 형들은 아버지가 아니라 요셉을 미워합니다. 가인이 자기 제물을 받지 않으신 하나님께 보복할 수 없으니 하나님이 기뻐하시는 자인 아벨을 죽였던 것과 비슷합니다. 가인의 형제 살해는 하나님에 대한 변형된 복수입니다. 요셉에게 아무 문제가 없었다고 말하는 것은 아닙니다. 특권을 누리고 있는 사람은 자기가 특권을 누리고 있다는 사실을 알아차리지 못합니다. 페미니즘이나 여성주의의 문제가 불거진 것도 그 때문입니다. 저도 여성들을 존중하고 편견 없이 대하려고 애쓰는 편입니다. 하지만 문화적 습속에 젖어들어 나도 모르게 남성 중심적 사고를 할 수 있음을 인정할 수밖에 없습니다. 남성들이 두려움을 느끼지 않아도 되는 공간에서 여성들이 일상적으로 경험하는 있는 공포와 두려움을 남성들은 잘 모릅니다. 우리가 여성, 소수자, 이주자, 난민, 가난한 사람들의 이야기에 더 많이 귀를 기울여야 하는 것은 그 때문입니다. 우리는 많은 지점에서 특권을 누리고 살면서도 그것이 특권인 줄 모를 때가 많습니다. 특권의 세계는 당연의 세계입니다. 당연의 세계에는 감사가 없습니다. 세상 모든 사람이 나를 위해 봉사하는 것이 마땅하다고 생각합니다. 자기가 세상의 중심이기 때문입니다. 감사와 고마움이 사라진 세상은 삭막합니다. 우리가 인간적으로 성숙하기 위해서는 '세상에 당연한 것은 하나도 없다'는 사실을 알아차려야 합니다. 그럴 때 세상은 경이로운 곳으로 바뀝니다.

　　시편의 시인도 이와 같은 체험을 노래했습니다.

　　내가 이렇게 빚어진 것이 오묘하고 주님께서 하신 일이 놀라워,
　　이 모든 일로 내가 주님께 감사를 드립니다. 내 영혼은 이 사실을
　　너무도 잘 압니다(시 139:14).

　　옛날 개역한글 성경은 이 구절 앞부분을 "나를 지으심이 신묘막측하심이라"고 번역했습니다. 참 신묘막측한 번역입니다. 공동번역은 이 구절에 나오는 감사의 이유를 간명하게 요약했습니다. "내가 있다는 놀라움, 하신 일의 놀라움." 내가 이 세상에 없지 않고 있다는 것, 하나님이 우리 삶에 세심하게 간섭하시고 섭리하신다는 것이 어찌 놀랍지 않겠습니까? 이런 놀라움 앞에 선 이들의 반응은 "주님께서 나에게 베푸신 모든 은혜를, 내가 무엇으로 다 갚을 수 있겠습니까?"(시 116:12) 하는 수사의문문으로 나타납니다. 지금 누리고 사는 것이 당연한 것이 아니고 은혜의 선물로 주어졌음을 자각할 때, 사람은 더 이상 채권자처럼 살지 못합니다. 그는 사랑의 빚을 갚는 태도로 삽니다. 믿음이 깊어진다는 것은 이런 것입니다. 요구할 것이 여전히 많은 사람은 아직 믿음의 깊은 세계에 다다르지 못했다고 말할 수 있습니다.

　　가끔 영성에 대한 질문을 받곤 합니다. 영성이 깊다는 것은 어떤 것일까요? 겉으로 볼 때 남들이 알지 못하는 신비의 세계를 많이 아는 이들이 영성적으로 보이는 게 사실입니다. 영혼의 심층에 있는 불멸의 다이아몬드를 발견한 사람이 영성이 깊다고 말해도 틀린 말은 아닙니다. 그렇다면 영성이 깊어졌다는 것은 어떻게 알 수

있을까요? 저는 비교적 간단하다고 생각합니다. 영성이 깊어지면 채권 의식은 줄어들고 채무 의식이 커집니다. 갚아야 할 사랑이 많기 때문입니다. 삶의 깊은 실상을 본 사람은 다른 이들을 함부로 대할 수 없습니다. 그래서 친절하고 다정합니다. 무정하고 냉혹한 영성가라는 말은 성립되지 않습니다.

소년 시절의 요셉은 자기가 누리고 있는 특권을 특권으로 인식하지 못했습니다. 그는 철이 없습니다. 형들이 하는 나쁜 짓들을 아버지에게 미주알고주알 일러바칩니다. 그게 형제간의 의를 상하게 한다는 의식조차 없습니다. 좋게 말하면 천진한 것이고 나쁘게 말하면 눈치가 없습니다. 그는 꿈쟁이였습니다. 꿈은 성경에서 미래에 벌어질 일을 예고하는 역할을 합니다. 일종의 계시의 통로입니다. 그는 꿈 이야기를 형들에게 전합니다.

> 내가 꾼 꿈 이야기를 한번 들어 보셔요. 우리가 밭에서 곡식단을
> 묶고 있었어요. 그런데 갑자기 내가 묶은 단이 우뚝 일어서고,
> 형들의 단이 나의 단을 둘러서서 절을 하였어요(창 37:6-7).

형들은 이 꿈 이야기 때문에 요셉을 더욱더 미워하게 되었습니다. 얼마 후에 요셉은 또 다른 꿈을 꾸었고 이번에도 형들에게 말했습니다.

> 들어 보셔요. 또 꿈을 꾸었어요. 이번에는 해와 달과 별 열한 개가
> 나에게 절을 했어요(창 37:9).

야곱은 형제들 사이에 흐르는 미묘한 기류를 알아챘는지 짐

짓 요셉을 꾸짖습니다. 하지만 이미 요셉과 형들 사이에는 메우기 어려운 깊은 간극이 생겼습니다.

목적이 아닌 수단으로 취급될 때

어느 날 아버지가 요셉을 시켜서 형들이 지금 세겜 근처에서 양을 치고 있을 테니 잘 있는지 살펴보고 오라고 합니다. 요셉은 채색옷을 입고 소풍 가는 기분으로 형들을 찾아갑니다. 헤브론을 떠나 세겜에 갔다가 그들이 목초지를 찾아 도단으로 갔다는 말을 듣고 그곳까지 찾아갑니다. 멀리서 요셉이 오는 것을 본 형들은 그를 죽이기로 모의합니다. 그들은 요셉을 "꿈꾸는 녀석"이라 칭합니다. 요셉이라는 고유명사를 언급하지 않음으로 동생을 처벌하는 것이 아니라 잠재적 경쟁자를 제거하는 것으로 자기들의 행동을 포장할 여지를 만들었던 것입니다. 맏아들인 르우벤은 그 상황을 어떻게든 수습하려고 합니다. 아버지의 부재 시에 장자는 아버지 역할을 해야 했습니다. 미운 동생이기는 하지만 그를 지키는 것이 르우벤의 역할이었던 것입니다. 그는 다른 동생들을 설득하여 그를 죽이지 말고 들판에 있는 구덩이에 던져 넣자고 합니다. 르우벤이 지혜롭게 처신했다고 보아야 할까요? 그의 선택은 실제로는 책임 방기였습니다. 동생들이 요셉을 죽이려 할 때 그가 해야 할 일은 어떻게든 동생들을 설득해서 요셉을 지켜내는 일이었습니다. 형들의 폭력으로부터 동생을 지켜야 했던 르우벤은 어중간한 타협을 선택했습니다.

우리도 살다 보면 르우벤의 선택을 할 때가 많습니다. 바른 일을 선택하지 못하고 어중간한 입장을 취하면서 자기를 정당화합니다. 결국 요셉은 구덩이에 던져집니다. 형들은 천연덕스럽게 아무

일도 없는 것처럼 밥을 먹다가 길르앗으로부터 오고 있는 이스마엘 상인들의 행렬을 봅니다. 그들은 낙타에 향품과 유향과 몰약을 싣고 이집트로 내려가는 길이었습니다. 그때 유다가 형제들에게 말합니다.

> 우리가 동생을 죽이고 그 아이의 피를 덮는다고 해서, 우리가 얻는 것이 무엇이냐? 자, 우리는 그 아이에게 손을 대지는 말고, 차라리 그 아이를 이스마엘 사람들에게 팔아넘기자. 아무래도 그 아이는 우리의 형제요, 우리의 피붙이이다(창 37:26-27).

여기서도 요셉의 이름은 소거되고 "그 아이"로 지칭되고 있습니다. 고유명사를 잃어버리는 순간 인간은 목적이 아닌 수단으로 취급됩니다. 독일어 'Verdinglichung'은 우리말로 대개 '물화'物化라고 번역합니다. 이 단어에서 'Ding'은 '물건'을 뜻합니다. 아버지에게 고귀하게 사랑받던 요셉이 결국 물건으로 취급되어 은 스무 냥에 팔려갔습니다. 물화시키는 것은 그를 수단으로 삼는다는 이야기이고, 형제 관계가 파탄났음을 보여줍니다.

칸트의 정언명령定言命令은 사람을 수단이 아니라 목적으로 대하라는 것입니다. 사람은 물화되는 순간 목적이 아니라 수단이 됩니다. 사람들은 이웃을 수단으로 삼음으로 그에게서 하나님의 형상을 지우려 합니다. 이런 행위는 이중의 소외를 낳습니다. 팔려가는 요셉도 소외된 상태이고, 요셉을 팔아 버린 형들도 소외되기는 마찬가지입니다. 요셉은 마침내 인격성을 박탈당하고 사물의 자리로 추락해 버리고 말았습니다. 형들은 숫염소 한 마리를 죽인 다음 요셉의 옷에 그 피를 묻혀 아버지에게로 가져갔습니다.

우리가 이 옷을 주웠습니다. 이것이 아버지의 아들의 옷인지,
잘 살펴보시기 바랍니다(창 37:32).

이 대목도 우리의 시선을 끕니다. 요셉은 여기서도 "아버지의 아들"로 지칭되고 있습니다. 니체가 말하는 '르상티망'ressentiment이 이들에게서 고스란히 발견됩니다. 미움, 시기, 질투, 원한, 열등감 같은 부정적 감정에 사로잡힌 이들은 자기들의 어려움을 늘 다른 사람 탓으로 돌리려는 경향을 보입니다. 자기가 피해자라는 부정적 확신에 사로잡히는 순간 건강한 삶은 불가능해집니다. 요셉의 피 묻은 옷을 본 야곱은 큰 충격을 받고 위로받기를 거절합니다.

역사의 심층에 계신 하나님

여기서 흥미로운 사실은 지금까지 이야기가 전개되는 동안 하나님이 전혀 등장하지 않았다는 사실입니다. 하나님은 어디에 계십니까? 감추어져 있습니다. 일부러 숨으셨다는 말이 아닙니다. 일상 속에서 하나님의 임재를 경험하기란 여간 어려운 일이 아닙니다. 하나님의 임재는 알아차리는 것이지 발견되는 것이 아닙니다. 인간의 마당에서 벌어지는 일에 하나님이 전혀 관여하지 않는 것처럼 보이지만 그것은 표면에 지나지 않습니다. 역사의 심층에서는 다른 일들이 진행되고 있기 때문입니다. 우리는 이후에 벌어진 일들을 잘 압니다. 이집트에 팔려간 요셉은 보디발의 집에 들어가 사환 노릇을 하고, 보디발의 아내의 유혹을 받아들이지 않다가 미움을 사 결국 감옥에 갇히게 됩니다.

운명이 그를 세차게 걷어차도 요셉은 낙심하지 않습니다. 그

의 천진함은 감옥에서도 발현됩니다. 요셉은 자기도 어려움에 처했지만 함께 갇힌 동료들의 안색을 살피며 그들을 도우려 합니다. 그러다가 바로의 궁궐에서 왕의 술잔을 맡은 관리와 빵을 맡은 관리의 꿈을 해석해 줍니다. 빵을 맡은 관리는 죽을 운명이고, 술잔을 맡은 관리는 복직될 것이라고 말합니다. 그러면서 그의 일이 잘 되면 바로에게 아뢰어 자신이 풀려나게 해주기를 부탁합니다. 모든 일이 요셉이 말한 대로 진행되지만 술잔을 맡은 관리는 요셉의 존재를 까맣게 잊고 맙니다. 그로부터 2년이 지난 뒤 바로가 꾼 불길한 꿈은 잊혔던 요셉을 다시 무대로 소환하는 역할을 합니다. 이집트의 지혜자들이 그 꿈을 해몽하지 못하자 바로는 더욱 불안에 사로잡힙니다. 그때 술잔을 맡은 관리가 요셉을 떠올리고, 이후 요셉은 바로의 꿈을 해몽함으로 이집트 최고의 지혜자로 떠오릅니다. 그는 7년 동안 이집트 전역에 큰 풍년이 들겠지만, 이어서 7년 동안 전례 없는 흉년이 들 것이라고 말합니다. 요셉은 이런 상황을 타개하기 위해서는 풍년일 때 곡식을 비축해 두어야 한다고 말합니다. 바로는 요셉이 그 일을 가장 잘 수행할 수 있으리라 믿고 그를 이집트 땅의 총리로 세웁니다.

요셉은 7년 대풍년 때 생산된 식량과 곡식을 거두어들여 비축했습니다. 백성들에게 적절한 보상이 이루어졌는지 알 수 없지만 아마도 헐값으로 매입했거나 이전보다 세금 부담을 높였을 것입니다. 풍년이었기 때문에 백성들은 별 저항 없이 그 정책에 응했습니다. 흉년이 찾아오자 상황이 달라졌습니다. 기근이 이집트 전역으로 확산되자 요셉은 비축해 두었던 식량을 이집트 사람들에게 팝니다. 돈이 다 떨어졌지만 흉년이 끝나지 않자 그들은 자기의 전답을 넘겨주고 식량을 받습니다. 어떤 이들은 종으로 팔리기도 합니다.

바로는 이 일을 통해 거대한 부를 축적했습니다. 우리는 요셉의 지혜로움에 찬탄하지만, 그가 한 일이 아이러니하게도 이집트의 전제정치를 강화하는 데 일조했다는 사실에 눈길을 주어야 합니다. 날이 갈수록 인간사를 이해하기 어렵다는 생각이 듭니다. 오늘의 최선이 다음 순간에는 최악이 되기도 하니 말입니다.

고난과 시련의 의미

드라마적 요소가 풍부한 요셉 이야기는 가족과의 재회라는 클라이맥스를 향해 나아갑니다. 가나안 땅에 살고 있던 야곱 일가족도 흉년의 타격을 피할 수 없었습니다. 야곱은 이집트에 식량이 있다는 소문을 듣고 아들들을 이집트로 보냅니다. 전혀 다른 무대입니다. 화해를 위해 마련된 자리가 불행했던 사건의 현장이 아니라는 사실이 흥미롭습니다. 요셉은 형들을 즉각 알아보았지만, 형들은 이집트의 높은 관리가 동생일 것이라고는 상상조차 하지 못했습니다. 눈앞에 나타난 형들의 존재는 애써 잊고 있었던 과거의 아픔을 상기시켰습니다. 요셉은 그들을 어떻게 대해야 할지 알 수 없었습니다. 요셉은 짐짓 그들에게 간첩 혐의를 씌우기도 하고, 사흘 동안 감옥에 가두기도 합니다. 그리고 그들 말이 진실임을 입증하려면 반드시 고향에 있다는 막내아우를 데리고 와야 한다고 말합니다. 고난의 현실은 가끔 거울이 되어 우리의 삶을 돌아보게 만들기도 합니다. 그들은 자기들이 겪고 있는 시련이 과거의 한 사건으로부터 유래한 것임을 자각합니다.

그렇다! 아우의 일로 벌을 받는 것이 분명하다! 아우가 우리에게

살려 달라고 애원할 때에, 그가 그렇게 괴로워하는 것을 보면서도,
우리가 아우의 애원을 들어 주지 않은 것 때문에, 우리가 이제
이런 괴로움을 당하는구나(창 42:21).

르우벤은 형제들에게 우리가 지금 아우의 피값을 치르고 있
는 것이라고 말합니다. 요셉은 그 말을 듣고 잠시 물러나와 홀로 울
었습니다. 그렇다고 해서 화해가 쉽게 이루어지는 것은 아닙니다.
요셉은 아직 형들을 받아들일 준비가 되지 않았습니다. 그래서 시
므온을 결박하여 가두고 다른 형들은 돌려보냈습니다. 형제들은 아
버지 야곱을 어렵게 설득하여 베냐민을 데리고 다시 이집트로 갔
습니다. 요셉은 베냐민을 마주하고 감정이 북받쳤지만 자기 감정
을 숙이고 형들을 식사 자리에 초대합니다. 이제 마지막 시험이 남
았습니다. 요셉은 집 관리인에게 지시하여 베냐민의 자루에 돈과
함께 점을 칠 때 사용하는 은잔까지 넣어 둡니다. 요셉의 집 관리인
은 다음 날 고향으로 돌아가던 형제들을 뒤쫓아 와 요셉의 분부대
로 그들이 은잔을 훔친 것을 엄중하게 책망합니다. 그들은 자기들
은 결백하며 만일 도둑질을 한 사람이 나온다면 그를 죽여도 좋고
나머지는 모두 요셉의 종이 되겠다고 말합니다. 조사가 시작되고
베냐민의 자루에서 은잔이 나왔습니다. 변명의 여지가 없었습니다.
형제들은 슬픔에 북받쳐서 옷을 찢고 다시 요셉의 집으로 돌아갈
수밖에 없었습니다. 요셉의 엄중한 꾸지람을 들은 유다가 베냐민
을 포함하여 모두 다 요셉의 종이 되겠다고 말합니다. 하지만 요셉
은 은잔을 훔친 자만 종으로 삼을 것이니 나머지는 모두 돌아가라
고 말합니다. 그 옛날 도단 광야에서 벌어진 것과 정반대의 상황이
전개되고 있습니다. 그 당시 르우벤은 어중간한 타협책을 제시함으

로 자기 책임을 방기했습니다. 지금 이 상황에서 주동 역할을 하는 사람은 유다입니다. 그는 베냐민까지 없어진 것을 알면 백발이 성성한 아버지가 슬퍼하며 돌아가실 것이라고 말하며 한 가지 제안을 합니다.

> 저 아이 대신에 소인을 주인어른의 종으로 삼아 여기에 머물러 있게 해주시고, 저 아이는 그의 형들과 함께 돌려보내 주시기를 바랍니다(창 44:33).

여기서 "대신"이라는 개념이 등장합니다. 그리스도를 통한 대속 개념과 연결시키는 것은 좀 과도한 느낌이 있습니다만, 유다의 말은 매우 중요합니다. 과거에 유다는 요셉을 미디안 상인들에게 팔자고 제안했던 사람입니다. 그런 그가 아버지의 아픔을 우려하여 스스로 베냐민을 대신해 종이 되겠다고 말합니다. 언제부터 그가 이렇게 다른 사람의 고통에 공감하는 사람이 되었는지는 알 수 없습니다. 타자의 고통을 자기 속으로 받아들일 때 사람은 닫힌 자아의 세계에서 벗어나 초월적인 지평 앞에 서게 됩니다. 타자의 고통은 거울이 되어 자신의 불의를 보게 합니다. 유다는 아버지를 사로잡을 고통을 대신 받아들이려 합니다. 유다의 선택은 요셉의 저 깊은 기억의 지층에 도사리고 있던 얼음을 녹이는 햇살이 되었습니다. 마침내 요셉은 북받치는 감정을 억누르지 못하고 주변 사람들을 물리친 뒤 자기 정체를 형제들 앞에 드러냅니다. 놀란 형제들은 말문이 막혀 한 마디도 할 수 없었습니다.

내가, 형님들이 이집트로 팔아넘긴 그 아우입니다. 그러나 이제는 걱정하지 마십시오. 자책하지도 마십시오. 형님들이 나를 이곳에 팔아넘기긴 하였습니다만, 그것은 하나님이, 형님들보다 앞서서 나를 여기에 보내셔서, 우리의 목숨을 살려 주시려고 그렇게 하신 것입니다(창 45:4-5).

요셉 이야기 가운데 하나님은 이 대목에서 최초로 등장합니다. 물론 하나님이 무대 위에 오르셔서 직접 문제를 해결하시지도 않았고, 그동안 요셉과 형제들이 겪었던 일들의 의미를 풀어 설명하시지도 않았습니다. 하지만 요셉은 곡절 많은 자기 삶이 하나님의 섭리 속에서 운행되어 왔음을 자각합니다. 빙하는 바람을 거슬러 흘러갈 때도 있는데, 그것은 저 깊은 물속에 있는 해류의 영향 때문이라고 합니다. 우리는 순간순간 우리에게 일어나는 일들의 의미를 알아차리지 못합니다. 영문을 알 수 없는 일들이 우리를 괴롭힙니다. 그런데 먼 훗날 돌아보면 그 시간의 의미가 조금은 또렷하게 보일 때가 있습니다. 하나님의 섭리에 대한 자각은 늘 사후적으로 일어납니다. 그것은 사랑도 마찬가지입니다.

많은 시련을 거친 뒤에 요셉은 비로소 자기를 괴롭혔던 기억에서 벗어날 수 있었습니다. 무의미처럼 인생을 황폐하게 만드는 것이 또 있을까요? 도스토옙스키는 시베리아 유형지에서의 경험을 담아 쓴 소설에서 강제 노동의 어려움은 "고달픔과 끝없음 때문이 아니라 몽둥이 밑에서 의무적으로, 강제적으로 해야 한다는 점"에 있다면서 그보다 더 견디기 어려운 것은 어떤 합리적 목적도 성취할 수 없는 무의미한 일을 반복적으로 강요당하는 것이라고 했습니다.[8] 반대로 어떤 일이 의미 있다고 여길 때 사람은 어지간한 시련도 잘 견뎌 냅니다. 맹자도 비슷한 말을 했습니다.

하늘이 장차 이 사람에게 큰일을 맡기려 할 때에는 반드시 먼저 그 마음과 뜻을 괴롭히고 뼈마디가 꺾어지는 고난을 당하게 하며 그 몸을 굶주리게 하고 그 생활을 빈궁에 빠뜨려 하는 일마다 어지럽게 하느니라. 그러한 연유는 그의 마음을 두들겨서 참을성을 길러 주어 지금까지 할 수 없었던 어떠한 사명도 감당할 수 있게 하기 위함이니라.[9]

이 문장이 좀 어렵게 느껴질 수도 있는데, 이것을 조금 쉽게 풀어놓은 글이 있습니다.

사람들은 항상 잘못을 저지른 뒤에야 제대로 고치게 돼요. 마음에 괴로움을 느끼고 생각이 한계에 부딪힌 뒤에야 분발해서 확장을 이뤄내죠. 자신의 부족함으로 일이 어그러져서 자신에 대한 질책이 상대의 얼굴에 나타나고 목소리에 드러난 뒤에야 깨닫게 되고요.[10]

살다 보면 괴로울 때도 있고, 어려움이 거듭 닥쳐와 정신을 차리기 어려운 때도 있고, 가난에 시달리기도 하고, 하는 일마다 잘 안 되어 괴로울 때도 있습니다. 그럴 때 정신이 무너져 버리는 사람이 있는가 하면, 그런 시련을 통해 더 단단해지는 사람도 있습니다. 오산학교를 세웠던 남강 이승훈 선생이 한 예입니다. 가난한 집에서 태어난 이승훈은 젊은 시절 유기(놋그릇) 장사를 했습니다. 남의 밑에 들어가서 정말 성실하게 일했고, 그 성실함과 능력을 인정받아 자기 사업을 꾸릴 기회를 얻었습니다. 전국을 다니며 사업으로 많은 돈을 번 그는, 도산 안창호 선생을 만나며 완전히 새로운 세계에 눈을 뜹니다. 인재를 양성하기 위해 학교를 세우고 교육에 심혈을 기울이는가 하면, 1911년에는 데라우치 총독 암살 모의 사건에 연루되어 체포당하여 고초를 겪다가 감옥에 갇힙니다. 세칭 '105인 사건'이 그것입니다. 온갖 악형을 당하지만 그는 조금도 흔들리지 않았습니다. 감옥에서 시키는 일을 불평하지 않고 자기 집 일처럼 성실하게 수행했습니다. 일제는 남강에게 폭력을 가할 수 있었지만 그의 인간적인 품격을 빼앗아 갈 수는 없었습니다. 남강은 그 전해인 1910년에 한석진 목사의 '십자가의 고난'이라는 설교를 듣고 그리스도인이 되었습니다. 감옥에 있는 동안 그는 구약을 스무 번 읽었고 신약은 백 번 읽었습니다. 밤중에도 홀로 일어나 무릎을 꿇고 기도하는 일이 많았다고 합니다. 성경을 그렇게 읽으면서 그의 가슴에 들어온 하나의 메시지가 있었습니다. "하나님이 의로 다스리신다"는 말씀이었습니다. 곧고 굵은 기둥 하나가 그의 내면에 세워졌습니다. 의로 사는 사람은 두려워할 것도 없고 근심할 것도 없다는 생각이 들어오자 그는 당당해졌습니다. 그는 1915년에 석방되었습니다. 무려 3년 이상을 갇혀 있었던 것입니다. 감옥에서 나온 이승훈 선생은 사람들에게 이렇게 말했습니다. "감옥이란 이상한 곳인 걸. 강철같이 굳어서 나오는 사람도 있고, 썩은 겨릅대같이 흩어져서 나오는 사람도 있으니 말이야."

똑같은 고통을 겪어도 어떤 사람은 그 고난과 시련을 통해 단련된 인격으로 거듭나고, 어떤 사람은 정신이 황폐해져서 무너지기도 합니다. 이 시간 우리가 살펴보았던 인물들은 시련을 통해 더 단단해진 사람들입니다. 그들은 모두 함석헌 선생의 시가 전하는 메시지를 온몸으로 겪어낸 사람들입니다. 양파는 겨울 한파에 매운맛이 든다고 합니다. 저는 가끔 삶에 지칠 때마다 이재무 시인의 「땡감」이라는 시를 떠올리곤 합니다.

여름 땡볕
옳게 이기는 놈일수록
떫다
떫은 놈일수록
가을 햇살 푸짐한 날에
단맛 그득 품을 수 있다

시인은 이어서 떫은 놈일수록 벌레에 강하고, 비바람을 이길 수 있다고 노래합니다. 덜 떫은 놈은 홍시로 가지 못한다고도 말합니다. 이어서 시인의 탄식이 이어집니다.

아, 둘러보아도 둘러보아도
이 여름 땡볕 세월에
땡감처럼 단단한 놈들은 없다
떫은 놈들이 없다[11]

어려운 시절입니다. 이럴 때일수록 정신을 바짝 차려야 합니다. 고난과 시련의 시간을 통해 단맛을 품은 사람이 되어야 합니다. 그러기 위해서는 먼저 땡감처럼 먼저 단단해질 필요가 있습니다. 시련에 등을 돌리지도 않고, 쉽게 달관하지도 않고, 자기 삶을 끝까지 살아내는 용기, 벅차서 눌리면서도 기어코 야릇한 지혜를 얻어내는 삶이면 좋겠습니다.

하나님을
향하여
나아가다

하나님과의 만남이 깊어가면서
점점 그분의 세계 속에 끌려 들어갑니다.
하나님의 세계가 감각되기 시작합니다.
만져질 것 같기도 합니다.
이전에는 상상하지도 못했고 경험하지도
못했던 세계가 내 앞에 열립니다.

우리 속에서 사랑이 뛰놀기 시작합니다.
하나님이 우리 속에서 일하시는 것입니다.
이윽고 하나님의 사랑의 품에 푹 안깁니다.
마치 꿈을 꾸는 것 같습니다.

꿈에서 깨어 우러러보니 오히려 영광 그윽한 빛이
타오르는 것을 감지할 수 있게 되었습니다.
하나님의 현존이 뚜렷하게 느껴진 것입니다.
그 영광의 빛 속에 잠기니,
지금까지 '나'라고 생각하던 것은 녹아 버리고
크고도 충만한 세상이 눈앞에 전개됩니다.
지평의 한계조차 사라진 세계,
그 속에서 하나님과의 깊은 일치를 경험합니다.

오늘은 어떤 분이 제게 던진 질문으로부터 이야기를 시작하려고 합니다. "자기를 부인한다는 게 무슨 뜻인가요?" 이 질문은 급진적입니다. 문자적 의미를 묻는 게 아니라, 자신의 실존적 삶의 태도를 결정하기 위해 하는 진지한 물음이기 때문입니다. 예수님은 자신을 따르려는 이들에게 두 가지를 요구하셨습니다. 자기부인과 십자가 지기가 그것입니다. 둘 다 쉽지 않은 요구입니다. 몸을 가진 인간은 누구 할 것 없이 자기중심적일 수밖에 없습니다. 그것이 자연 인간의 모습입니다. 자기를 부인한다는 말은 자기를 세상의 중심으로 보는 근본적 태도를 포기하는 것과 관련됩니다. 자기를 부인하라고 해서 자기를 비하하거나 말살하라는 말은 아닙니다. 철학자 레비나스에게 자기부인이 무엇인지 묻는다면 아마도 타자의 고통에 책임을 지는 것이라고 말할지도 모르겠습니다.

　　동양의 고전 가운데『시경』이라는 책이 있습니다. '경' 자가 들어 있기 때문에 무척 엄숙하고 진지한 내용으로 가득 차 있을 것이라 짐작하곤 하지만, 실제로 이 책에는 사람살이의 풍경 혹은 사람의 마음 풍경이 흥미롭게 반영되어 있습니다. 주나라 때 사람들이 부르던 노래를 담은 민요집인 동시에 4언체로 이루어진 시입니다. 사람들은『시경』을 서민들의 노래인 풍風, 왕실의 연향에서 불리던 아雅, 선조들을 기리는 노래인 송頌으로 분류하기도 합니다.

본래 3천여 편이었고 공자가 311편으로 간추려 정리했다고 알려져 있지만, 지금까지 전해지는 것은 305편입니다. "시삼백 일언이폐지왈 사무사"詩三白 一言以蔽之曰 思無邪. 『시경』에 나오는 시 전체를 꿰뚫는 핵심을 공자는 "사무사"思無邪로 간추리고 있습니다. '삿된 마음을 품지 않는다'는 뜻입니다. 사람들이 시를 암송하거나 노래를 부르는 것은 우리 마음의 병을 치유하기 위함이라는 것입니다. 세상에서 사는 동안 우리 마음에는 때가 묻고, 그래서 불투명해지거나 더러워집니다. 자기중심성이 더욱 강화되는 것을 가리켜 기독교는 죄라 합니다. 이때 불순해진 우리 마음을 닦아 맑고 투명하게 만들어서 본래의 청정함을 되찾게 하는 것이 시의 본령입니다.

신앙생활의 본령

우리가 신앙생활을 하는 것도 마찬가지 아닐까요? 물론 여기에는 시가 하는 역할과는 다른 차원이 있는 것이 사실입니다. 우리는 스스로 닦을 수 없음을 잘 압니다. 그래서 바울도 자기한계에 직면하여 "아, 나는 비참한 사람입니다"(롬 7:24)라고 탄식했던 것입니다. 이 구절은 개역개정 번역이 우리에게 훨씬 익숙합니다. "오호라, 나는 곤고한 사람이로다."

앞선 강의에서 고대인들이 왜 그토록 많은 신들을 섬겼는지에 대해 살펴보았습니다. 하나는 신의 노여움을 사지 않기 위함이었고, 다른 하나는 신의 호의를 얻기 위함이었습니다. 설명할 수 없는 압도적인 현실 앞에서 인간이 느꼈을 두려움이 이런 태도로 나타났다고 보아야 할 것입니다. 그런데 사람들이 의지했던 신들은 그렇게 도덕적이지 않았습니다. 그리스 로마의 신들은 바람도 피우고, 나쁜 짓도 많이 하고, 남을 속이기도 하고, 감정적으로 처신할 때도 많습니다.

그에 비해 여호와 하나님은 백성에게 도덕적 삶을 요구하십니다. 하나님과 맺은 언약을 지키며 하나님의 현존 앞에서 살아가는 삶이 곧 성결하고 거룩한 삶입니다. 거룩한 삶은 자기관계나 타자관계에서 도덕적인 삶으로 나타납니다. 토라Torah는 본래 '가르침'이라는 뜻입니다. 하나님의 백성이 어떻게 살아야 하는지를 가르쳐 주는 내용이라는 말입니다. 토라는 613개의 가르침으로 이루어져 있습니다. '하지 말라'는 금지 계명이 365개이고, '하라'는 수행 계명이 248개입니다. 학자들은 참 꼼꼼합니다. 금지 계명이 수행 계명보다 많은 것을 보면 인간은 악의 경향성이 있기 때문인 것 같습니다. 맨 먼저 등장하는 수행 명령은 "생육하고 번성하여 땅에 충만하여라. 땅을 정복하여라. 바다의 고기와 공중의 새와 땅 위에서 살아 움직이는 모든 생물을 다스려라"(창 1:28)입니다. 이것은 앞서 동물들에게 주어졌던 "생육하고 번성하여 여러 바닷물에 충만하여라. 새들도 땅 위에서 번성하여라"(창 1:22)는 명령의 반영입니다. 첫 번째 금지 명령은 선악과에 대한 것입니다. "선과 악을 알게 하는 나무의 열매만은 먹어서는 안 된다"(창 2:17).

수행 명령과 금지 명령 사이의 긴장이 인간의 실존적 조건입니다. 여호와 하나님은 다른 신들과는 달리 백성들을 윽박질러 자기를 섬기도록 하지 않으십니다. 호의를 얻기 위해 제물을 바치라고 요구하지도 않으십니다. 하나님은 자신의 형상을 따라 지어진 인간이 하나님의 품성을 품고 사는 도덕적 주체가 되기를 바라십니다. 도덕적 삶이 무엇보다 중요합니다. 여기서 도덕적 삶의 핵심으로 제시되는 것이 바로 '이웃 사랑'입니다. 자기 좋을 대로 사는 것이 자연 인간의 본성이지만, 하나님은 인간이 자유 의지에 따라 자기중심성을 극복하고 다른 이들을 깊이 심려하는 삶을 살기 원하십니다.

인간, 죄에 매인 존재

그러나 인간은 하나님이 선물로 주신 자유 의지를 남용함으로 죄에 매인 존재가 되었습니다. 원죄라는 말은 사람 속에 있는 죄의 경향성을 가리키는 말일 것입니다.

현대인들은 죄에 대해 말하는 것을 좋아하지 않습니다. 교회에서도 죄에 대한 가르침이 줄어들고 있습니다. 사람들이 불편해하기 때문입니다. 상담이나 코칭이 목회의 중심이 된 것도 그런 이유가 아닌가 싶습니다. 죄에 대해 말하면 사람들은 '또 그 이야기야?' 하고 질색을 합니다. 하지만 죄의 문제는 여전히 심각합니다. 말하지 않는다고 하여 죄가 없어지지는 않습니다. 개인이 저지르는 죄는 물론이고 구조적인 악이나 죄에 대해 살피지 않으면 세상은 점점 어두워질 것입니다. 저는 '죄' 하면 '부자유'不自由라는 말이 먼저 떠오릅니다. '죄'罪라는 한자는 '그물 망'罒 자와 '아닐 비'非 자가 결합된 형태입니다. 잘못을 저지른 사람 위에 그물이 씌워져 있는 모습 같습니다. 그물이 씌워진 사람은 부자유할 수밖에 없습니다. 죄 그 자체가 벌임을 알 수 있습니다. 도스토옙스키의 『죄와 벌』은 전당포 노파를 도끼로 살해한 라스꼴리니코프가 겪는 심리적 압박과 두려움을 따라가면서 전개됩니다.[1] 그는 세상에 무익한 존재를 없애는 것이 정의라고 생각했지만, 그 행위의 결과는 그가 예측했던 것과는 전혀 다르게 전개되었습니다. 작가는 그 과정을 통해 죄가 곧 벌임을 보여줍니다.

죄란 무엇일까요? 죄를 말하기 위해서는 우리가 이 세상에서 홀로 사는 존재가 아니라는 데서부터 시작해야 합니다. 타자他者가 없다고 한다면 죄라는 것은 성립이 안 됩니다. 나 혼자 죄를 지을 수는 없습니다. 절해의 고도에 갇힌 로빈슨 크루소가 죄를 지을 수 있을까요? 물론 나쁜 생각을 품을 수도 있고, 자해를 할 수도 있습니다. 그런 의미에서는 혼자서도 죄를 지을 수 있다고 말할 수 있겠습니다. 하지만 우리에게 죄가 심각하게 다가오는 것은 나의 지향이나 행동의 결과가 타자들에게 영향을 미친다는 사실에 근거합니다. 나 홀로 세상에 존재한다고 한다면 도덕이라는 것도 있을 수 없습니다. 도덕은 늘 관계 개념이기 때문입니다. 내가 그런 것처럼 타자들 또한 세상의 중심입니다. 갈등이 빚어지는 것은 그 때문입니다. 타자라는 현실 앞에서 '나는 어떻게 살아야 하는가'를 고민하는 게 인간입니다. 내 삶이 소중한 것처럼 타자의 삶이 소중하다고 생각하는 사람은 자기 좋을 대로만 살 수 없습니다. 그들은 자기 자유의 한계를 수용합니다. 바로 이런 태도로부터 도덕 혹은 윤리가 나타납니다.

죄에 대해 설명하는 다양한 방식이 있겠습니다만, 저는 죄란 타자와 더불어 살아감에 있어서 자기한계를 받아들이지 않고 자기를 세계의 중심에 놓으려는 무한 욕심이라고 말하고 싶습니다. 인간의 인간다움은 '타자들과의 관계 속에서 어떻게 살아야 하는가'를 묻는 일에서 발생합니다. 남들이야 어찌 되든 제 욕심 채우는 일에 몰두하는 것, 이런 자기중심성이 세상 모든 문제의 근원인지도 모르겠습니다. 저는 이것을 '자기 속으로 구부러진 마음'이라 부르고 싶습니다.

자기중심성에서 벗어나 타자들의 세계에 눈을 뜨고, 그들의 고통과 아픔을 덜어 주기 위해 마음을 쓰는 이들이야말로 죄의 인력으로부터 자유로워진 존재라 할 수 있습니다. 이미 고질병이 된 인간의 죄성은 의지로 척결되지 않습니다. 산정에 겨우내 쌓인 눈이 봄볕을 만나야 녹는 것처럼, 은혜의 경험 없이 죄로부터 자유롭게 되기란 여간 어려운 일이 아닙니다. 은혜와의 접속이 일으키는 변화는 근원적입니다. 은혜는 타자의 세계에 눈을 뜨게 만듭니다. 그들이 겪고 있는 고통이 나의 고통으로 여겨집니다. 그 고통을 자기 속으로 받아들여 녹여내고 싶은 마음이 듭니다. 앞선 강의에서 이야기했듯이, 레비나스는 타자의 얼굴에 반응하는 게 인간다움이라고 했습니다. 그 얼굴은 우리에게 무언가를 호소하고 요구합니다. 얼굴의 호소를 외면하는 것이 죄입니다. 레비나스는 여기서 한 걸음 더 나아가 "가난과 고통 속에서 타자는 나의 주인"이라고 말합니다. 그의 존재는 내가 어떤 사람인지를 묻습니다. 죄로부터 벗어날 때 비로소 이웃 사랑이 가능합니다.

디트리히 본회퍼는 그리스도인의 실존을 가리켜 "타자를 위한 존재"라고 했습니다. 많은 사람들이 익히 들어 알고 있는 문구이지만, 자기를 타자를 위한 존재로 여기고 사는 이들은 그리 많지 않습니다. 타자에게 다가서려는 우리 옷자락을 누가 계속 잡아당깁니다. "우리를 두고 가려느냐? 이제 우리의 관계가 끝났다는 말이냐?" 옛 사람입니다. 옛 사람의 인력에서 벗어나기가 쉽지 않습니다. 죄는 힘이 셉니다. 폴 틸리히는 죄를 소외시키는 힘이라고 정의합니다. 멀어지게 한다는 말입니다. 죄는 나와 타자 사이의 관계를 버름하게 만듭니다. 반면 사랑은 잡아당기는 힘입니다. 잡아당기는 힘이 매력입니다.

자기를 부인한다는 것

　다시 처음 이야기로 돌아가겠습니다. 자기를 부인한다는 것은 "난 아무것도 아니에요" 하면서 짐짓 다른 사람을 높여 주는 게 아닙니다. 자기부인이란 자기의 작음과 무지를 자각한 사람이 보이는 겸허함이라 할 수 있습니다. 자기를 부인하는 사람은 자기옳음의 세계에 틀어박힌 채 타자를 배제하거나 자기주장을 관철시키려고 큰소리를 치지 않습니다. 자기를 부인하지 않고는 예수님의 길을 걸을 수 없습니다. 자기를 부인한 사람이라야 하나님의 뜻을 진실하게 수행할 수 있습니다. 요한복음에서 예수님은 보내신 분의 뜻을 행하는 것이 자신의 존재 이유라고 말씀하십니다. 철저한 자기부인입니다.

　　그것은, 내가 내 뜻을 행하려고 하늘에서 내려온 것이 아니라,
　　나를 보내신 분의 뜻을 행하려고 왔기 때문이다(요 6:38).

　　나의 가르침은 내 것이 아니라, 나를 보내신 분의 것이다(요 7:16).

　　나는 사람에게서 영광을 받지 않는다(요 5:41).

　자기부인의 최고의 예는 빌립보서에 나오는 '케노시스 기독론'kenotic Christology입니다.

　　그는 하나님의 모습을 지니셨으나, 하나님과 동등함을 당연하게
　　생각하지 않으시고, 오히려 자기를 비워서 종의 모습을 취하시고,

사람과 같이 되셨습니다. 그는 사람의 모양으로 나타나셔서,
자기를 낮추시고, 죽기까지 순종하셨으니, 곧 십자가에 죽기까지
하셨습니다(빌 2:6-8).

자기부인을 조금 다른 말로 설명해 보겠습니다. 한강을 떠올
려 보십시오. 남한강과 북한강이 있습니다. 태백산에 있는 검룡소
에서 발원한 물이 충청북도 북동부와 강원도 남동부를 통해 흐르는
물줄기를 가리켜 남한강이라 하고, 강원도 금강군에서 발원한 물이
금강천, 소양강, 홍천강과 합류하여 흐르는 물줄기를 가리켜 북한
강이라 합니다. 이 두 물줄기가 두물머리 즉 양수리에서 합류하여
더 큰 강줄기를 이루는데 이것이 한강입니다. 한강은 흘러서 서해
에 이릅니다. 어느 목사는 남한강과 북한강이 각자의 경로를 따라
흐르다가 두물머리에 이르러 남한강은 '남'을 버리고 북한강은 '북'
을 버리고 한강이 되었다고 노래했습니다. 버림으로 커진다는 말
입니다. 버림은 내가 사라지는 것이 아니고 더 큰 몸을 얻는 일인지
도 모르겠습니다. 초월이란 이런 것입니다. 실개천이 개울이 되고,
개울이 모여 강을 이루고, 강물이 흘러가 바다를 이룹니다. 우리는
그 큰 세계를 향해 잘 흐르고 있나요? 바다는 모든 것을 받아들이
기 때문에 바다라는 이름을 얻었다는 말도 있습니다. '바다 해'海 자
에 '어미 모'母 자가 포함되어 있다는 사실이 흥미롭습니다. 품어 안
는 게 어머니입니다. 가장 낮은 곳에 있기 때문에 모든 것을 받아들
일 수 있습니다. 이것도 자기부인의 이미지로 볼 수 있을까요? 기독
교가 보여주는 세계는 무한의 바다입니다. 그런데 스스로 잘 믿는
다고 자부하는 사람들이 기독교를 너무나 협소하게 좁혀 놓고 그게
전부인 것처럼 가르칩니다. 우물 안 개구리들이 지도자를 자처합니

다. 우리 정신도 더 큰 세계와 접속하면서 바다를 향해 잘 흘러가야 합니다. 그것이 순례로서의 삶입니다.

하나님의 통치

자기부인 이야기가 좀 길어졌습니다. 이 주제도 하나님 체험과 무관한 주제가 아니었습니다. 앞선 강의에서 우리는 하나님과의 만남에서 비롯된 당혹감과 매혹에 대한 이야기를 나누었습니다. 그 만남이 깊어지면서 조금씩 하나님을 알아가는 이들의 이야기가 매우 흥미로웠습니다. 이제 출애굽 공동체가 하나님을 어떻게 체험했는지 이야기할 차례입니다.

출애굽기 3장에서 모세가 하나님을 만나는 장면은 앞선 강의에서 이미 살펴보았습니다. 하나님은 떨기나무 불꽃 사이에서 모습을 드러내셨습니다. 현상학적으로 이야기하자면 '현상'하신 것입니다. 떨기나무는 불이 붙으면 금방 타서 재가 되고 마는데, 이것은 이집트라는 위계사회의 가장 밑바닥 계층을 형성하고 있는 사람들의 이미지입니다. 앞서 말했듯이 그들은 언제든 대체 가능한 수단이며, 물화된 존재, 인간적 존엄을 갖지 못한 존재입니다. 개념의 장은 조금 다르지만, 늘 항시적인 위태로움 속에 있다는 측면에서 불안정한 노동자 계급을 나타낼 때 사용되는 프레카리아트precariat나 조르조 아감벤이 말하는 호모 사케르homo sacer와도 유사합니다. 호모 사케르는 법의 보호를 받지 못하고 힘 있는 이들에 의해 언제든 제거될 수 있는 존재를 말합니다. 인간이 맺는 관계에는 어떠한 형태든 권력이 작용합니다.

하나님은 인간 세상에서 벌어지는 인간 소외의 현실을 고치고 싶어 하십니다. 한 사회의 밑바닥에 깔린 채 세상의 무게를 온통 감당하고 있는 이들의 운명을 바꾸고 싶어 하신다는 말입니다. 출애굽기는 하나님을 해방자로 인식합니다. 그 일을 위해 모세에게 모습을 드러내시고 자신의 계획을 알리시고 동참을 요구하시지만, 모세는 그 역할을 감당할 능력이 되지 않는다고 발뺌합니다. 하나님은 쉽게 포기하시는 분이 아닙니다. 누군가가 하나님은 악어와 같다고 말한 적이 있습니다. 불경한 이야기처럼 들립니다. 악어에 대한 사람들의 이미지가 대체로 부정적이기 때문입니다. '악어의 눈물'이라는 말만 보아도 알 수 있습니다. 그런데 그가 하나님이 악어와 같다고 말한 까닭은 하나님은 한번 세우신 계획을 쉽게 철회하는 분이 아니기 때문입니다. 악어의 이빨은 옥니여서 안으로 삼킬 수는 있지만 뱉어낼 수는 없다고 합니다. 저는 그게 생물학적으로 맞는 이야기인지 판단할 능력이 없습니다. 그러나 하나님의 통치를 설명하기 위한 이미지로는 그럴듯하다고 생각합니다. 하나님께 붙들린 사람은 그분께 삼켜질 수밖에 없습니다. 제가 걸어온 여정을 떠올려 봐도 그렇습니다. 저는 목회자로 일평생을 살 것이라고는 꿈에도 생각한 적이 없습니다.

모세는 결국 이집트로 돌아가 하나님의 메신저가 되어 바로 앞에 서서 말합니다.

주 이스라엘의 하나님이 말씀하시기를 "나의 백성을 보내라. 그들이 광야에서 나의 절기를 지켜야 한다" 하셨습니다(출 5:1).

모세의 말은 부탁이 아니라 선포입니다. 태양신의 아들을 자처하는 바로에게 모세의 말은 불경할 뿐 아니라 체제를 뒤흔드는 말이었습니다. 바로는 그 말에 즉각적으로 응답합니다.

> 그 주가 누구인데, 나더러 그의 말을 듣고서, 이스라엘을 보내라는
> 것이냐? 나는 주를 알지도 못하니, 이스라엘을 보내지도 않겠다
> (출 5:2).

화가 난 바로는 히브리인들이 수가 불어나면서 반체제적인
태도를 취한 것이라 여기고 히브리인들을 더욱 억압합니다. 그는
강제노동 감독관들과 작업반장들에게 이렇게 명령합니다.

> 너희는 벽돌을 만드는 데 쓰는 짚을 더 이상 이전처럼 저 백성에게
> 대주지 말아라. 그들이 직접 가서 짚을 모아 오게 하여라. 그러나
> 벽돌 생산량은 이전과 같게 하여라. 만들어 내는 벽돌의 수가
> 줄어들어서는 안 된다. 그들이 게을러서, 그들의 하나님께 제사를
> 드리러 가게 해달라고 하면서 떠든다. 그들에게는 더 힘겨운 일을
> 시키고, 그 일만 하게 하여서, 허튼소리에 귀를 기울이지 못하게
> 하여라(출 5:7-9).

혹 떼러 갔다가 혹 하나를 붙인 격입니다. 노동 조건은 더욱
악화되었습니다. 모세를 통해 전달된 하나님의 말씀은 허튼소리로
격하되고 있습니다. 예상되었던 일입니다. 새로운 세상은 저절로
오지 않습니다. 옛 세계의 강력한 저항을 견뎌야 합니다. 갈등을 피
할 수 없습니다. 백성의 삶은 더 어려워졌고, 마침내 하나님이 개입
하실 때가 되었습니다.

존재의 무게에 짓눌릴 때

열 가지 재앙이 이집트 땅에 닥쳐옵니다(출 7:14-12:36). 그 재앙 이야기를 이 시간에 모두 다룰 수는 없습니다만 물이 피로 변하는 첫 번째 재앙이 제게는 일종의 문명 비평처럼 보입니다. 나일강을 젖줄로 삼아서 찬란하게 꽃피운 이집트의 문명이 실은 억압받는 이들의 피와 땀으로 이루어진 것임을 이 사태는 암시합니다. 재앙이 그 땅을 덮치지만 아직 바로의 체제를 뒤흔들지는 못했습니다. 처음 두 가지 재앙은 이집트의 마술사들도 똑같이 따라합니다. 자연을 다루는 것이 지식인들의 직무였다면, 이집트의 마술사들도 어느 정도는 그런 능력을 보유하고 있었습니다. 하지만 아이러니하게도 그들이 행한 일은 백성의 고통을 가중시킬 뿐입니다. 그들은 세 번째 재앙인 먼지가 이로 변하는 사건은 따라하지 못합니다. 마술사들은 "그것은 신의 권능이 아니고서는 할 수 없는 일"이라고 말합니다. 네 번째 재앙인 파리 재앙이 닥쳐오자, 바로는 비로소 히브리인들의 요청을 유보적으로 수용합니다. 이집트 땅에서 하나님께 제사를 드려도 좋다는 것이었습니다. 모세가 그럴 수 없다고 하자, 바로는 이집트를 떠나 광야에서 제사 드리는 것까지 허용하겠다고 하면서 너무 멀리는 가지 말라고 합니다. 이후에도 재앙은 계속됩니다.

그때마다 바로는 위기를 직감하면서도 고집을 꺾지 않습니다. 새번역은 '고집을 부렸다'고 번역했지만 많은 이들에게 익숙한 개역개정은 '바로의 마음이 완강하게 되었다'고 말합니다. 예전 번역 성경은 이것을 '강퍅하다'는 말로 옮겼습니다. '괴팍하다, 성격이 까다롭고 고집이 세다, 너그럽지 못하다'라는 뜻입니다. 바로가 고

집을 부린 것도 사실이지만, 성경은 주님께서 그의 마음을 '완악하게 하셨다' 혹은 '고집을 부리게 하셨다'고 말하기도 합니다. 그와 같은 구절이 일곱 번이나 반복됩니다(출 7:3, 9:12, 10:20, 27, 11:10, 14:4, 8). '완악하게 하셨다'는 보통 영어로 'hardened'로 번역되지만, 어느 랍비는 이것을 'made heavy'라고 번역합니다. 이 구절을 이집트의 신화와 연결해 보면 상당히 심각한 메시지가 담겨 있음을 알 수 있습니다. 이것이 성서신학적으로 얼마나 신빙성 있는 해석인지는 모르겠지만, 제게는 상당히 중요하게 다가온 부분이 있습니다.

모세는 지금 이집트 왕 바로를 상대하고 있습니다. 이집트 사람들은 왕이 죽으면 신이 된다고 믿었습니다. 미라나 피라미드를 만드는 것은 모두 사후 세계에 대한 소망 때문이었습니다. 사후 세계의 문제는 그들에게 매우 중요했습니다. 소멸할 수밖에 없는 삶의 불안을 불멸에 대한 믿음을 통해 이겨내려 했던 것입니다. 이것은 동서양 모든 문화권에서 나타나는 현상입니다. 내세에 대한 관심은 현실의 괴로움이 클수록 많아집니다. 불교적인 세계관을 반영하고 있는 『티베트 사자의 서』라는 책도 인간이 죽으면 맞이하게 될 과정을 세밀하게 언급하고 있습니다.[2] 이집트 사람들은 『사자의 서』라는 책을 통해 불멸에 이르는 길을 배우려 했습니다. 사람이 죽으면 그 사람이 영생을 얻을 사람인지 아니면 사라져야 할 사람인지를 평가받아야 합니다. 평가 기준은 그 사람의 심장 무게입니다. 이집트 사람들은 인간의 영혼이 심장에 머문다고 생각했습니다. 미라를 만들 때도 다른 장기는 그대로 두더라도 심장만은 따로 떼어 용기에 보관했습니다. 영혼이 그 속에 담겨 있다가 미라 속으로 돌아올 것이라고 믿었던 것입니다. 심장을 담은 용기를 가지고 무게를 달아야 합니다. 다음 그림을 보십시오.

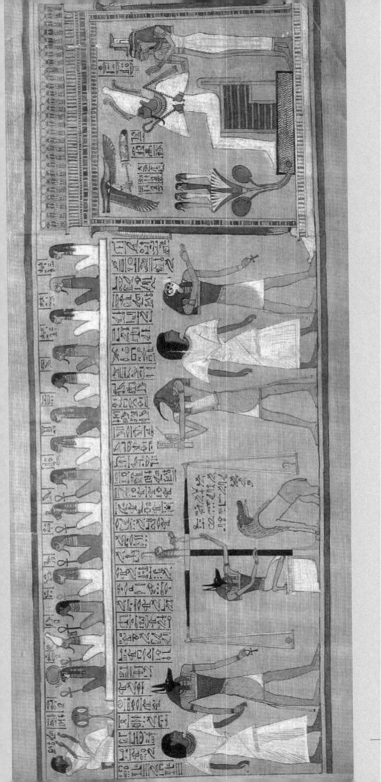

『사자의 서』일부, 기원전 1275.

고대 이집트 시대에 관 속의 미라와 함께 매장한 사후세계에 관한 안내서로 파피루스에 교훈이나 주문(呪文)이 상형문자로 기록되어 있다.

오른쪽에 명부의 신인 오시리스가 앉아 있습니다. 재칼의 머리를 한 아누비스가 영혼의 무게를 재고 있습니다. 아래에는 악어, 하마, 사자가 결합된 짐승인 암미트가 웅크리고 있습니다. 영혼이 무거우면 삼키기 위해 기다리고 있는 것입니다. 천칭의 한쪽에 심장을 담은 용기가 놓여 있고, 다른 쪽에는 모양은 좀 이상하게 보이지만 깃털이 놓여 있습니다. 이 깃털을 마아트라 합니다. 심장의 무게가 깃털보다 무거우면 안 됩니다. 무거울 경우, 저울을 보고 있던 암미트가 심장을 삼켜 버립니다. 영혼을 잃는 것이지요. 이것이 이집트 사람들이 생각하던 심판입니다. 심장을 잃어버린 사람들은 지하 세계인 두앗이라는 곳에 살아야 합니다.

중요한 것은 깃털로 표상되고 있는 마아트입니다. 이것은 이집트 사람들이 생각하는 우주 질서의 핵심을 나타내는 것으로 진실, 균형, 질서, 조화, 정의, 도덕성의 표상입니다. 고대 이집트 사람들은 살아가면서 얼마나 돈이 많고, 얼마나 큰 권력을 누렸는지보다 어떠한 사람이었는지가 심판의 기준이 된다고 여긴 것입니다. 앞서 말한 가치들을 잘 구현하며 살 때 그의 영혼은 가벼워지고, 심판을 거쳐 낙원에 이르게 되는 것입니다. 깃털보다 가벼워야 합니다. 어찌 보면 철저한 자기비움에 대한 이야기 같기도 합니다. 그런데 성경은 하나님이 바로의 마음을 무겁게 하셨다고 말합니다. 바로가 정말 소중한 가치들을 버렸기 때문에 그의 심장이 무겁게 되었고, 그 결과 영생을 누리지 못하게 되었다는 것입니다. 우리 삶이 맑아지고 깊어지면 사람은 천진해집니다. 그는 자기 존재의 무게에 짓눌리지 않기에 명랑합니다.

제가 외국에 처음 나가 본 게 아마 1997년이 아닌가 싶습니다. 정확한 기억은 아닙니다. 일본에 가게 되었는데 오사카에서 '남북기독교협의회'가 열렸습니다. 해외 동포, 북한의 조선그리스도교 연맹 대표들, 한국 대표들이 함께 모였던 것입니다. 평화 통일을 위해 기독교가 어떤 역할을 해야 하는지에 대한 논의가 이루어졌습니다. 저도 그 회의의 일원이 되어 다양한 이야기를 나누었습니다. 마지막 날 친교를 도모하기 위한 일종의 여흥 시간이 있었습니다. 캐나다 선교사들이 앞으로 나와 귀여운 율동과 함께 노래를 불렀는데 우리에게도 익숙한 「그래 그래서」라는 곡이었습니다. "박첨지는 밭 있어 그래 그래서 그 밭에 오리 있거든 그래 그래서 예서 꽥꽥꽥 제서 꽥꽥꽥"이라는 가사 기억하시지요? 이 곡은 원래 영미권에서 불리던 'Old MacDonald had a farm'이라는 노래를 번안한 것입니다. 그 캐나다 선교사들 가운데 며칠 동안 저와 비교적 친밀하게 소통하던 분이 계셨습니다. 그때 예순 살이었으니 저하고는 나이 차이가 좀 있었습니다. 그런데 그 노래를 부르면서 율동을 하는데 그렇게 귀여울 수가 없었습니다. 눈은 반짝반짝하고 표정은 천진하기 이를 데 없었습니다. 매우 인상 깊은 광경이었습니다. 믿음이 깊어지면 천진해짐을 깨닫는 순간이었습니다. 깨끗한 영만이 더러운 영과 맞설 수 있는 것처럼, 가벼움과 명랑함으로 무장해야 세상의 무거움과 싸울 수 있습니다.

제국에 대한 하나님의 심판

이제 아홉 번째 재앙 이야기를 잠시 하고 넘어가겠습니다. 흑암의 재앙입니다. 피, 개구리, 이, 파리, 집짐승의 죽음, 피부병, 우박, 메뚜기 재앙은 바로를 비롯한 이집트의 모든 사람이 겪는 생활상의 불편 혹은 시련이었습니다. 거기에 비하면 흑암의 재앙은 좀 견딜 만한 것 같습니다. 철없던 시절에 저는 흑암의 재앙이라면 한 사흘 정도 견딜 수 있겠다 생각한 적도 있습니다. 사실 요즘도 그럴 때가 있습니다. 하지만 이집트 사람들에게 이 재앙은 경천동지할 사건이었습니다. 이집트는 태양신의 나라라고 자부하는 나라입니다. 흑암이 내렸다는 것은 그들이 신으로 믿는 태양이 심판을 받았다는 말로 받아들여졌을 것입니다. 앞선 강의에서 우리가 다루었던 성경의 창조 이야기는 고대인들이 신성시하던 해와 달과 별을 비신화화하고 있습니다. 성경은 해와 달과 별의 창조를 넷째 날로 미루어 두었습니다. 그 천체들이 만들어지기도 전에 하나님은 땅에 푸른 움을 돋아나게 하셨고, 씨를 맺는 식물과 열매를 맺는 나무를 돋아나게 하셨습니다. 해와 달과 별이 그런 것들을 준다고 믿었던 사람들의 신앙을 뒤흔드는 발상입니다. 그리고 우리가 편의상 해와 달과 별이라 말했지만 실은 "빛나는 것들"이라 칭했고, 그것을 나누어 "큰 빛"과 "작은 빛"이라 불렀습니다. 해와 달과 별의 신적 지위를 박탈한 것입니다.

아홉 번째 재앙 이후에 마지막 타격이 옵니다. 장자의 죽음이 그것입니다. 장자의 죽음은 생명의 주인이신 분이 은총으로 주었던 생명을 스스로 거두어들이심을 나타냅니다. 체제 안정을 명분 삼아 영아 학살을 획책하고, 하층민들의 정당한 삶의 권리를 인정하지 않는 세계, 죽임당한 자들의 피가 땅에서 소리를 지르고 고역에 시달리는 이들의 신음소리가 하늘을 울리는 그런 세상에 대한 최종적인 심판이 행해진 것입니다. 결국 바로는 자신의 패배를 인정하지 않을 수 없었습니다.

너희와 너희 이스라엘 자손은 어서 일어나서, 내 백성에게서 떠나가거라. 그리고 너희의 요구대로, 너희는 가서 너희의 주를 섬겨라. 너희는 너희가 요구한 대로, 너희의 양과 소도 몰고 가거라. 그리고 내가 복을 받게 빌어라(출 12:31-32).

마침내 이스라엘은 억압과 착취의 땅을 떠나 약속의 땅으로 갈 수 있게 되었습니다. "젖과 꿀이 흐르는 땅"이라는 이미지는 강력합니다. 단순히 비옥한 땅이라는 뜻이 아닐 것입니다. 더 이상 사람들이 수단으로 전락하지 않아도 되는 땅, 남의 의지를 수행해야 하는 객체가 아니라 자기 삶의 주인이 되어 사는 세상의 꿈이 그렇게 이미지화되어 나타난 것입니다.

문제는 자유에 이르는 긴 여정에 시련이 있다는 데 있습니다. 홍해 앞에 이르렀을 때 그들은 최초의 난관에 부딪혔습니다. 바로는 비로소 제국이 직면한 위기를 실감하게 되었습니다. 이집트의 문명을 떠받치고 있던 값싼 노동력이 모두 빠져나가면 나라가 존속하기 어렵다는 생각이 들었던 것입니다. 그는 근동 지역 최강을 자랑하는 병거와 기병을 보내서 히브리인들을 뒤쫓게 했습니다. 성경은 상황의 다급함을 아주 간략하게 보도합니다. "바로가 다가오고 있었다.……이집트 사람들이 그들을 추격하여 오고 있었다"(출 14:10). 두려움에 사로잡힌 이스라엘 백성은 주님께 부르짖는 한편 모세를 원망했습니다. "광야에 나가서 죽는 것보다 이집트 사람을 섬기는 것이 더 나으니, 우리가 이집트 사람을 섬기게 그대로 내버려두라고 하지 않았습니까?"(출 14:12)

모세가 할 수 있는 일은 아무것도 없습니다. 그는 다만 "주님께서 당신들을 구하려 주시려고 싸우실 것이니, 당신들은 진정하십시오"(출 14:14)라고 말할 따름입니다. 이스라엘 백성은 여전히 이집트에서 벗어나지 못했습니다. 원망하는 버릇을 버리지 못했고, 자기들이 떠맡아야 할 운명을 다른 이들에게 맡기려 합니다. 모세가 하나님의 지시에 따라 지팡이를 든 팔을 바다 위로 내밀자 강한 동풍이 불어와 바닷물이 갈라졌습니다. 이스라엘 백성은 바다 한가운데로 마른 땅을 밟으며 지나갔습니다. 바로의 말과 병거와 기병이 뒤쫓아 왔지만 뻘흙 때문에 병거의 바퀴가 벗겨졌고 바로의 군대는 신적 공포에 사로잡혔습니다. 모세가 다시 팔을 내밀자 바닷물이 몰려와 바로의 모든 군대와 병거와 기병을 뒤덮어 버렸습니다.

성경을 연구하는 사람들은 홍해 사건 이후에 모세가 부른 노래와 미리암의 노래가 성경의 전승 자료 가운데 가장 오래된 것으로 보고 있습니다. "주님을 찬송하여라. 그지없이 높으신 분, 말과 기병을 바다에 던져 넣으셨다"(출 15:21). 그 오래된 이야기는 하나님의 구원에 대한 찬가인 동시에 제국에 대한 풍자입니다. 스스로 신적 위세를 자랑하는 제국도 하나님 앞에서는 무력할 수밖에 없다는 사실을 이 노래들은 암시하고 있습니다. 성경을 반제국주의 담론이라고 말하면 의아해하시는 분들도 있겠지만 그것이 핵심 주제인 것은 분명합니다. 무한 확장을 꾀하는 제국은 사회적 약자들을 양산하고 그들을 소외시키지만, 하나님은 제국에 의해 수단으로 전락한 이들에게 깊은 관심을 보이십니다. 이 일을 통해 이스라엘 백성은 하나님이 어떤 분이신지를 조금씩 이해하기 시작합니다.

만나의 경제 법칙

홍해를 건넌 뒤에 그들을 기다리고 있던 것은 끝도 없이 이어지는 광야였습니다. 술 광야, 신 광야, 시내 광야. 광야는 척박한 곳입니다. 인공의 구조물을 발견할 수도 없는 곳입니다. 도처에 위험이 도사리고 있고, 뜨거운 햇볕을 피할 그늘조차 찾기 어려운 곳, 모든 방향으로 열려 있지만 어디로도 가기 어려운 곳입니다. 광야는 영상을 통해 볼 때는 매력적인 공간이지만 그곳을 통과하려는 이들에게는 가혹한 공간입니다. 사막의 순례자였던 테오도르 모노는 사막은 '생략하는 법'을 가르쳐 준다고 말합니다.

> 한 사람에게 하루 2.5리터의 물, 간소한 음식, 몇 권의 책, 몇 마디
> 말이면 족하다. 저녁은 전설, 이야기, 웃음 가득한 밤샘으로
> 이어진다. 나머지 시간은 명상과 정신 수양으로 보낸다. 두뇌는
> 오직 한 곳을 향하고, 드디어 우리는 하찮은 일, 쓸데없는 것들,
> 수다스러움에서 벗어난다.[3]

이런 고백은 도시의 분잡에서 벗어나고 싶던 사람에게서 나올 법한 고백입니다. 아무런 보장이 없는 광야에서 이스라엘 백성이 불평을 터뜨리는 것은 어쩌면 당연한 일인지도 모르겠습니다. 모세의 노래와 미리암의 노래가 준 감동의 여운이 채 잊히기도 전에 우리는 이스라엘 백성이 불평을 터뜨렸다는 구절과 만납니다. 마라에 이르렀을 때 그들은 물이 써서 마실 수 없다는 사실을 알고 모세를 원망했던 것입니다. 신 광야에 이르렀을 때는 먹을 것이 떨어졌고 이스라엘 백성은 모세와 아론에게 항의했습니다.

> 차라리 우리가 이집트 땅 거기 고기 가마 곁에 앉아 배불리 음식을
> 먹던 그때에, 누가 우리를 주님의 손에 넘겨 주어서 죽게 했더라면
> 더 좋을 뻔하다. 그런데 당신들은 지금 우리를 이 광야로 끌고

나와서, 이 모든 회중을 다 굶어 죽게 하고 있습니다〈출 16:3〉.

심리학에서는 자기의 불안이나 불만의 원인을 해소하기 위해 그 원인을 남에게 뒤집어씌우는 것을 가리켜 투사projection라 합니다. 투사의 버릇이 있는 이들은 흔히 퇴행regression 현상을 보입니다. 퇴행이란 살아가면서 큰 위험이나 갈등 상황에 놓이게 될 때 거기에 능동적으로 대처하기보다 안전하고 즐거웠던 이전 단계로 물러섬으로써 불안을 완화시키려는 태도를 이르는 말입니다. 이스라엘 백성의 모습이 퇴행의 전형입니다. 그들은 채찍 아래에서 할당량을 채워야 했던 삶을 고기 가마와 음식으로 미화하고 있습니다. 자기 삶의 주체로 서지 못하는 이들은 늘 이런 '환상의 집'을 만들어 거기에 머물려 합니다.

하나님은 그들의 연약함을 아시기에 그들의 필요를 일단 채워 주십니다. 하나님은 "너희가 먹을 것을 하늘에서 비처럼 내려 줄 터이니, 백성이 날마다 나가서, 그날그날 먹을 만큼 거두어들이게 하여라"〈출 16:4〉 하고 이르십니다. 저녁에는 메추라기가 날아와서 진 친 곳을 뒤덮었고, 아침에는 진 친 곳 둘레 광야 지면에 마치 서리처럼 보이는 가는 싸라기 같은 것이 덮였습니다. 사람들은 그 처음 보는 광경에 놀라 서로 "이게 무엇이냐?" 하고 묻습니다. 이 말은 히브리어로 '만 후'מָן הוּא인데, 여기서 우리가 잘 아는 '만나'라는 단어가 유래되었습니다. 모세는 이것이 주님께서 주신 양식이라고 말하면서 주님의 명령을 전합니다.

당신들은 각자 먹을 만큼씩만 거두라고 하셨습니다. 당신들 각
사람은, 자기 장막 안에 있는 식구 수대로, 식구 한 명에 한 오멜씩

거두라고 하셨습니다(출 16:16).

이스라엘 백성이 광야로 나가 거두어들이기 시작했습니다. 많이 거두는 사람도 있고 적게 거두는 사람도 있었으나, 많이 거둔 사람도 남지 않고 적게 거둔 사람도 모자라지 않았습니다. 이 장면을 보면 뭔가 신비한 사건이 벌어진 것 같습니다. 하지만 이것은 그들의 경험이 낳은 삶의 지혜인지도 모르겠습니다. 욕심 많은 이들은 내일을 위해 많이 거두어 여둬 두려 했지만, 아침까지 남겨 둔 만나는 벌레가 생기고 악취가 풍겨 먹을 수 없었던 것입니다.

많이 거둔 이들은 그 삶의 지혜에 따라 조금 부족하게 거둔 이들에게 만나를 넘겨주지 않았을까요? 만나의 경제 법칙은 탈출 공동체에게 나눔의 삶을 가르치고 있었던 것입니다. 어떠한 이유에서든 어려움을 겪고 있는 이웃들을 돌보는 경험을 통해 그들은 책임적인 존재로 거듭나고 있었던 것입니다. 만나와 메추라기 사건은 단순한 급식 이적 사건이 아니라, 탈출 공동체를 운명 공동체로 묶어 주는 사건이었습니다. 투덜거리던 이들이 다른 이들을 돌보는 존재로 변화되기 시작합니다. 하나님의 섬세한 기획입니다.

하나님의 사랑법

그런데 이와는 성격이 다른 현실이 그들에게 닥쳐옵니다. 탈출 공동체가 르비딤에 진을 쳤을 때 그들은 큰 위기에 직면합니다. 광야를 터전으로 삼아 살고 있는 아말렉 사람들이 자기들의 오아시스 지대를 지키기 위해 이스라엘 백성을 공격한 것입니다. 이제 하나님이 나서야 하실 차례입니다. 이집트에서 열 가지 재앙으로 바로의 체제를 뒤흔들어 결국 이스라엘 백성을 해방시키신 하나님, 홍해를 갈라 그 백성을 건너게 하신 하나님, 물과 음식을 제공해 주신 하나님이 이번에는 무대 위에 오르실 생각이 없어 보입니다. 모세가 여호수아에게 말합니다.

> 장정들을 뽑아서 아말렉과 싸우러 나가시오. 내일 내가 하나님의 지팡이를 손에 들고, 산꼭대기에 서 있겠소(출 17:9).

모세가 지시한 대로 여호수아는 아말렉과 싸우러 나가고 모세와 아론과 훌은 언덕 위로 올라갑니다. 모세가 팔을 들면 이스라엘이 더욱 우세하고, 팔을 내리면 아말렉이 더욱 우세하였습니다. 이어서 설교에서 자주 인용되는 대목이 나옵니다. 모세가 피곤해서 팔을 들고 있을 수 없게 되자, 아론과 훌이 돌을 가져다가 모세를 앉게 하고 양옆에 서서 그 팔을 받쳐 주었습니다. 해가 질 때까지 모세의 팔이 내려가지 않았고, 여호수아는 아말렉을 성공적으로 무찔렀습니다.

여기서 한 가지 주목해야 할 사실이 있습니다. 아말렉 전투 이전까지는 하나님이 모든 문제를 다 해결해 주셨습니다. 이스라엘 백성이 미성숙했기 때문입니다. 시간이 지나면서 하나님은 그들을 스스로 삶의 무게를 감당할 수 있는 존재로 세우려 하십니다. 하나님은 직접 전쟁의 수행자가 되지 않으시고, 여호수아에게 전쟁을 수행할 수 있는 용기와 담력을 부여해 주셨습니다. 하나님은 자신의 백성이 영원한 미성숙 상태에 머물기를 원하지 않으십니다. 독일의 신학자이자 철학자인 슐라이어마허는 종교를 가리켜 "절대 의존의 감정"이라 했습니다. 이것은 우주와 무한자에 대한 직관적 느낌을 나타내기 위한 표현입니다. 하나님이 나와 함께하신다는 사실에 대한 직관적 지각을 이르는 말이지, 나는 아무것도 하지 않고 하나님이 모든 것을 다 이루어 주시기를 바란다는 뜻이 아닙니다.

오래전에 EBS 교육방송의 한 프로그램에서 서양 엄마들과 한국 엄마들의 차이를 비교하는 실험을 했습니다. 아이들이 풀기에 다소 어려운 문제가 아이들 앞에 제시됩니다. 서양 엄마들은 아이가 문제를 해결하면서 시행착오를 거치는 것을 묵묵히 지켜봅니다. 잘못된 길로 가도 그냥 내버려두더군요. 실패를 통하여 배우도록 하기 위함입니다. 반면에 한국 엄마들은 아이들을 지켜보다가 뭔가 길을 찾지 못하면 안타까워하면서 개입합니다. 길을 가르쳐 줍니다. 이 한 번의 실험 결과를 가지고 서양과 한국의 교육 전반에 대해 평가하는 것이 온당하지 않겠지만, 그럼에도 우리에게 시사하는 바가 많습니다. 우리는 아이를 사랑하기에 할 수 있으면 시행착오를 겪지 않도록 안내하고 싶어 합니다. 사랑하기 때문입니다. 하지만 사랑은 아이가 겪어야 할 어려움을 모두 차단하거나 해결해 주는 것이 아닙니다. 스스로 어떤 상황과 맞서고 그 문제를 해결할 수 있도록 기회를 주어야 합니다. 하나님의 사랑법이 그러합니다.

앞선 강의에서 여러 번 언급한 누가복음 15장의 '탕자의 비유'도 그와 같은 사실을 가리킵니다. 작은아들이 자기 몫의 유산을 가지고 먼 길을 떠날 때 아들이 어떻게 될지 아버지가 몰랐을까요? 물론 아들을 깊이 신뢰했기에 그런 결정을 받아들였을 수도 있습니다. 하지만 우리는 경험적으로 잘 압니다. 자기가 피와 땀을 흘려 이룬 재산이 아니라 거저 주어진 재산은 당사자를 망가뜨리는 경우가 많다는 사실을 말입니다. 그럼에도 비유 속의 아버지는 아들이 떠나는 것을 허용합니다. 시행착오를 겪을 수 있는 기회를 주는 것입니다. 떠나 보지 않은 자는 끝없이 떠남에 대한 욕구를 가질 수밖에 없습니다. 그 욕구가 해소되지 않을 때 사람은 투덜거리게 마련입니다. 비유 속 큰아들의 경우가 그러합니다. 작은아들은 인생의 바닥까지 가 보았기 때문에 아버지 집을 떠올리고 돌아올 수 있었습니다. 하나님이 가끔 우리를 방치하시는 것처럼 느껴질 때가 있습니다. 그 시간은 쓰리지만 우리를 성숙으로 부르시는 하나님의 시간일 수도 있습니다. 하나님이 인간에게 복을 주실 때도 완제품이 아니라 가능성으로 주실 때가 많습니다. 아말렉과의 싸움은 탈출 공동체가 이제 조금씩 제 발로 설 수 있게 되었음을 보여줍니다.

언약으로의 초대

이 모든 과정을 거친 뒤에 비로소 하나님은 이스라엘 백성을 언약으로 초대하십니다. 언약 covenant 은 계약 contract 과 다릅니다. 둘 다 공적 약속이라는 점에서는 일치하지만 그 지향이 서로 다릅니다. 먼저 계약은 이해관계에 바탕을 둔 약속입니다. 이해관계가 어긋나는 순간 계약은 무효화될 운명에 처합니다. 언약은 이해관계가 아니라 사랑과 신뢰가 바탕입니다. 어느 한편이 내 뜻대로 움직여 주지 않는다고 하여 쉽게 파기될 수 없습니다. 결혼식에서 가장 중요한 순서가 무엇일까요? 저는 서약이라고 생각합니다. 서약은 계약이 아니라 일종의 언약입니다. 오늘날 많은 가정이 파탄에 이르는 것은 결혼을 계약으로 여기기 때문인지도 모르겠습니다. 결혼 서약을 할 때 신랑과 신부는 어떠한 경우에도 항상 서로를 사랑하고 존중하며 진실한 남편과 아내로서의 도리를 다할 것을 맹세합니다. 여기서 두 단어가 중요합니다. "어떠한 경우에도"라는 말과 "항상"이라는 말입니다. 옛날 서약문에 상투적으로 등장하던 문구 기억나십니까? "검은 머리가 파뿌리가 될 때까지"라는 구절 말입니다. 왠지 투박하고 간질간질하지만 이 말이야말로 결혼이 서약임을 잘 드러내 보여줍니다. 우리가 서약을 할 때 "사랑의 감정이 지속될 때까지", "경제적으로 어려움에 빠지지 않을 때까지", "건강이 유지될 때까지"라고 말하지 않습니다. 어려움이 찾아와도 사랑과 신뢰의 관계를 깨뜨리지 않겠다고 다짐하는 것이 언약입니다. 하나님이 이스라엘과 맺은 것은 그런 의미에서 계약이 아니라 언약입니다. 언약의 신실하신 하나님의 사랑은 성경에서 주로 인애(仁愛)로 나타납니다. 히브리어로 '헤세드'חֶסֶד입니다. 이스라엘 역사는 언약에서 계속 벗어나는 백성들 때문에 분노하면서도 끝내 그 사랑을 거두지 않으시는 하나님의 사랑의 역사입니다.

시내산에서 하나님은 이스라엘과 언약을 맺으십니다. 무한하신 하나님이 유한한 인간과 언약을 맺으신다는 사실이 놀랍습니다. 바로 그것이 은혜이고 사랑입니다. 시내산 언약이 체결되는 과정을 살펴보면서 제가 감동하는 대목이 몇 가지 있습니다.

첫째는 하나님이 이스라엘 백성에게 자신의 뜻을 일방적으로 부과하지 않고 그들의 동의를 구하신다는 사실입니다. 모세를 산 위로 불러 올리신 하나님은 그에게 자신의 뜻을 다 일러 주면서 이스라엘 백성에게 그 뜻을 모두 전해 주라고 말씀하십니다. 백성들이 하나님의 뜻을 전해 듣고 그 뜻대로 살겠다고 동의하면 언약이 이루어지리라는 것이었습니다.

이제 너희가 정말로 나의 말을 듣고, 내가 세워 준 언약을 지키면, 너희는 모든 민족 가운데서 나의 보물이 될 것이다. 온 세상이 다

나의 것이다. 그러므로 너희는 내가 선택한 백성이 되고, 너희의 나라는 나를 섬기는 제사장 나라가 되고, 너희는 거룩한 민족이 될 것이다(출 19:5-6).

우리에게 익숙한 본문입니다. 이 말씀이 제게 감동이 되는 것은 자신의 백성을 주체로 세우시려는 하나님의 배려 때문입니다. 이집트에서 사는 동안 이스라엘 백성은 자기 삶의 주도권을 쥐지 못했습니다. 위로부터 부과된 명령을 수행하는 도구 혹은 수단에 불과했을 뿐입니다. 주인들은 종들에게 명령하지 의견을 묻지 않습니다. 그들은 명령에 반응하는 일에 익숙합니다. 하지만 하나님은 그들을 스스로의 삶을 선택할 수 있는 자유인으로 받아들이십니다. 그들은 출애굽 이전까지만 해도 미셸 푸코의 용어로 말하자면 "종속적 주체"였습니다. 자유가 없다면 사랑은 불가능합니다. 하나님은 자신의 백성을 사랑의 관계 속으로 부르십니다.

둘째는 하나님의 뜻이 특정한 계층이 아니라 모든 백성에게 개방되고 있다는 사실입니다. 고대 세계의 특징 가운데 하나는 왕과 사제 계급만이 신의 뜻을 알았다는 것입니다. 정보의 비대칭성이 권력의 뿌리입니다. 정보를 독점하는 사람이 그렇지 못한 사람을 지배합니다. 독재자들이 집권 이후 가장 먼저 정보부를 손아귀에 넣거나 언론을 통제하는 일에 몰두하는 것은 그 때문입니다. 과거 기독교 개혁자들은 사제나 수도자 혹은 라틴어를 해독할 수 있는 사람들만 읽을 수 있었던 성경을 일반 성도들도 읽을 수 있도록 자국 언어로 번역했습니다. 영국의 개혁자인 존 위클리프는 영어로 성경을 번역했고, 얀 후스도 자국 언어로 번역했습니다. 마르틴 루터가 1522년 번역한 독일어 성경은 그야말로 개혁의 도화선이 되었다고 말할 수 있습니다. 라틴어가 지배하고 있는 세상에서 통속적인 민중 언어로 성경을 번역한다는 것은 불경한 일이었습니다. 언어 자체가 불경해서라기보다 그것이 사제들의 특권을 해체하는 일이었기 때문입니다. 시내산 언약이 놀라운 것은 그 때문입니다. 하나님은 모든 백성이 자신의 뜻을 이해하고 받아들이기를 바라셨습니다.

셋째는 언약의 목적이 명확했다는 사실입니다. 하나님은 이스라엘 백성이 자신의 뜻대로 살기로 작정하고 언약 백성이 되면 그들이 제사장 나라, 거룩한 민족이 될 것이라고 말씀하십니다. 이 말씀이 왜 놀라울까요? 우리는 어릴 때 백의민족이니 반만년 역사니 하는 말들을 들으며 자랐습니다. 혈통의 순수성을 우리 정체성의 뿌리로 삼은 것이지요. 사실 이것은 우리가 만든 허구의 신화인지도 모릅니다. 다른 민족과 뒤섞일 기회가 많지는 않았더라도 아예 없지는 않았기 때문입니다. 대개 오랜 역사를 가진 나라일수록 자기 정체성의 근원을 과거에서 찾습니다. 하지만 하나님은 이스라엘 백성의 정체성을 과거로 소급하여 제시하지 않으십니다. 이스라엘 사람들은 아브라함을 믿음의 조상이라 여기고, 야곱의 아들들로부터 나온 열 두 지파가 자기들의 뿌리라고 여기지만 하나님은 전혀 다른 지점을 가리키십니다. 언약 백성이 되는 순간, 그들의 정체성은 과거가 아니라 그들이 실현해 가야 할 미래적 가치 속에 있게 됩니다. 이스라엘 역사는 뒤에서 밀어가는 역사가 아니라 앞에서 끌어가는 역사라는 말입니다.

종말론적 삶이란 이런 것이 아닐까요? 히브리서는 믿는 이들을 가리켜 본향을 찾는 나그네라고 말합니다. 그 본향이라는 종말론적 지향점이 오늘 우리의 삶을 규정합니다. "믿음은 바라는 것들의 확신이요, 보이지 않는 것들의 증거입니다"(히 11:1)라는 히브리서의 유명한 말씀도 같은 사실을 가리킵니다. 제사장 나라와 거룩한 민족이 되는 것이 이스라엘의 소명입니다. 제사장의 역할은 하나님 앞에서는 백성의 입장을 대변하고, 백성 앞에서는 하나님을 알리는 것입니다. 거룩한 민족이 된다는 것은 욕망이 아니라 하나님의 뜻 위에 인생의 집을 짓는다는 말입니다. 자기 속으로 구부러진 사람들 속에 섞여 살면서도 '다른 삶이 가능하다'는 사실을 삶으로 입증하는 사람들이 바로 거룩한 민족입니다. 언약을 맺으며 이스라엘 백성은 감동했을 것입니다. 하나님에 대한 인식이 점점 깊어가고 있었습니다. 가슴이 눌리는 것 같은 답답함도 있었고, 너무 힘겨워 온 존재가 찢기는 것 같은 어려움도 있었지만, 하나님과 동행하는 동안 야릇한 지혜의 뚫음을 맛보게 된 것입니다.

씨는 생명을 품고 있다

제가 함석헌 선생으로부터 배운 게 있습니다. '도인'桃仁이라는 단어입니다. '복숭아 도'桃 자와 '어질 인'仁 자를 붙여 놓은 것입니다. 한방에서 도인은 복숭아씨를 가리킵니다. '어질 인'이라 말씀 드렸지만 한자 문헌에서 '인'은 대개 씨앗이라는 뜻으로 새겨야 할 때가 많습니다. 과일 가게에 복숭아가 수북하게 쌓인 것을 보면 저절로 침이 고입니다. 노랗고 불그스름한 껍질이 매혹적입니다. 복숭아를 보고 맛있겠다고 생각하는 것은 이미 복숭아를 맛본 기억이 있기 때문입니다. 쌓여 있는 외적 대상을 보는 순간 그것이 복숭아라는 사실을 알아차리고 그 맛의 기억이 환기됩니다. 한국 사람들은 복숭아를 먹을 때 대개 껍질을 벗겨서 먹습니다. 씨는 당연히 버려집니다. 그런데 '도인'을 우리 인생에 빗대 보면 그 의미가 달라집니다. 복숭아를 보고 먹고 싶다는 느낌을 촉발한 것은 껍질입니다. 인생에서 껍질에 해당하는 것이 스펙일 것입니다. 가문, 출신 학교, 다니는 직장, 타고 다니는 차 등이 한 존재의 가치를 평가하는 기준이 되고 있는 것이 오늘의 현실입니다. 요즘에는 외모라든가 사는 곳도 중요한 평가 요소가 되었습니다. 사람들은 처음 만나면 노골적으로 스펙 확인을 할 수 없으므로 이런저런 우회 경로를 통해 스펙을 확인하려 합니다. 상대방의 스펙을 확인해야 내가 어떻게 처신해야 할지가 가늠되기 때문입니다. 이런 세상이기에 사람들은 껍질을 그럴싸하게 만드는 일에 몰두합니다. 남들보다 더 나은 스펙을 만들기 위해 죽도록 고생합니다. 루키즘 lookism(외모지상주의)이란 말은 껍질에 집착하는 사회의 단면을 보여줍니다.

　다른 이들과 지속적인 관계를 유지하며 살다 보면 껍질은 별로 눈에 들어오지 않습니다. 직장 동료, 부부, 동호회 멤버, 교우들과의 관계를 통해 우리는 스펙보다 중요한 것은 그 사람이 다른 이들을 대하는 태도, 그 사람의 성품이라는 사실을 알아차립니다. 재일 조선인 작가인 서경식 교수는 현대인에게 필요한 교양은 "타자에 대한 상상력"이라고 했습니다. 스펙은 좋은데 인성이 별로인 사람이 있습니다. 매몰차기 이를 데 없는 사람들, 늘 자기 이익을 챙기는 데 기민한 사람들, 다른 이들의 잘못을 지적하는 일에 천부적 재능을 보이는 사람들 말입니다.

　그런데 복숭아는 사람 보기 좋으라고 매혹적인 껍질을 만든 것도 아니고, 사람의 입을 즐겁게 하려고 과육을 만든 것도 아닙니다. 후손을 퍼뜨리기 위한 것입니다. 나무 입장에서는 껍질이나 과육이 아니라 씨가 중요합니다. 씨가 핵심입니다. 씨는 먹을 수 없기 때문에 관심을 받지 못할 때가 많습니다. 씨는 우리의 가장 깊은 곳에 감추어진 인격의 핵심입니다. 어떤 경우에도 포기될 수 없는 핵심이 있을 때 사람은 쉽게 무너지지 않습니다. 십자가야말로 그리스도인에게 도인 곧 씨에 해당하는 것입니다. 십자가는 다른 이들을 살리기 위해 자기를 내어 주는 사랑입니다.

평생 교회를 다녀도 그 인격의 중심에 십자가가 서 있지 않다면 무슨 소용이겠습니까? 직분도 받았고, 헌금도 열심히 하고, 성경도 많이 읽고, 기도생활도 소홀히 하지 않고, 봉사활동에도 동참하지만 씨가 없는 경우가 종종 있습니다. 감리교의 창시자인 존 웨슬리는 이런 경우를 가리켜 '거의 그리스도인'almost christian이라 부릅니다. '거의'라는 말이 참 모호합니다. 그런데 웨슬리는 매우 단호하게 말합니다. '거의 그리스도인'은 그리스도인이 아니라는 것입니다. 참으로 무서운 말입니다. 우리는 '온전한 그리스도인'altogether christian이 되어야 합니다. 씨는 생명을 품고 있습니다. 씨가 십자가인 동시에 부활인 것은 그 때문입니다. 씨가 든 사람은 인생의 경기장에서 패배한다 해도 낙심하지 않습니다. 나는 패배해도 하나님은 패배하지 않음을 믿기 때문입니다. 이것이 부활이 주는 든든함입니다.

하나님의 세계

지금까지 함석헌 선생의 시 「하나님」의 세 연을 살펴보았습니다. 우리의 가슴에 대드는 낯선 분과 만나고, 그 만남이 빚어낸 일들을 겪고, 견딜 수 없을 만큼 힘겨웠지만, 곰곰이 생각해 보니 이전에는 전혀 알 수 없었던 세계가 우리 앞에 개시됨을 느낍니다. 야릇한 지혜의 뚫음이었습니다. 그다음 연들입니다.

하도 야릇해 가만히 만졌네
만지다 꼭 쥐어보니
따뜻한 사랑의 뛰놂이었네

따뜻한 그 사랑에 안겼네
푹 안겼던 꿈 깨어 우러르니
영광 그윽한 빛의 타오름이었네

그득 찬 빛에 녹아버렸네
텅 비인 빈탕에 맘대로 노니니
거룩한 아버지와 하나됨이었네

모르겠네 내 오히려 모를 일이네
벅참인지 그득 참인지 겉 빔인지 속 빔인지
나 모르는 내 얼 빠져든 계심이네

　　하나님과의 만남이 깊어가면서 점점 그분의 세계 속에 끌려 들어갑니다. 하나님의 세계가 감각되기 시작합니다. 만져질 것 같기도 합니다. 이전에는 상상하지도 못했고 경험하지도 못했던 세계가 내 앞에 열립니다. 우리 속에서 사랑이 뛰놀기 시작합니다. 하나님이 우리 속에서 일하시는 것입니다. 이윽고 하나님의 사랑의 품에 푹 안깁니다. 마치 꿈을 꾸는 것 같습니다. 꿈에서 깨어 우러러 보니 오히려 영광 그윽한 빛이 타오르는 것을 감지할 수 있게 되었습니다. 하나님의 현존이 뚜렷하게 느껴진 것입니다. 그 영광의 빛 속에 잠기니, 지금까지 '나'라고 생각하던 것은 녹아 버리고 크고도 충만한 세상이 눈앞에 전개됩니다. 지평의 한계조차 사라진 세계, 그 속에서 하나님과의 깊은 일치를 경험합니다. 그래서 모든 것이 확연해지는 것이 아닙니다. 오히려 모름의 세계에 당도한 것입니다. 그래도 두렵지 않습니다. 시적 판타지처럼 보이는 이 체험을 하고 나면 비루한 삶에 더 이상 집착하지 않게 될 것입니다. 그러나 우리는 여전히 세상의 인력에 속절없이 끌려가고 있습니다.

자유는 사랑과 잇대어

율법의 세계 속에 매여 있던 사도 바울은 자기를 돌아보며 언제나 자책했습니다. 선을 행하고자 하는 의지가 번번이 좌절되고 악으로 기우는 자기 모습을 보았기 때문입니다. 도무지 그 모순을 해결할 길이 보이지 않았습니다. 아포리아aporia입니다. 그러다가 문득 자기 속에 또 다른 법 하나가 있어서 그를 이끌어 가고 있음을 자각합니다. 그 법을 바울은 죄의 법이라 말합니다. 죄의 법에 포로가 된 상태의 뿌리는 육정입니다. 육정을 떨쳐 버릴 힘이 자기에게 없음을 경험적으로 알기에 그는 절규합니다.

아, 나는 비참한 사람입니다. 누가 이 죽음의 몸에서 나를 건져 주겠습니까?(롬 7:24)

이 깨지고 상한 마음에 위로부터 빛이 비쳐듭니다. 깨어진 틈으로 빛이 비쳐들게 마련입니다. 바울은 그리스도의 은혜가 자기를 감싸고 있음을 느낍니다. 성령의 법이 그를 죄와 죽음의 법에서 해방해 주었던 것입니다. 성령의 법은 그리스도 예수 안에서 생명을 누리게 합니다. 바울은 이제 어둠에서 벗어나 빛의 세계에 들어섰습니다. 그 빛 안에 녹아들자 자유의 지평이 활짝 열렸습니다. "그득 찬 빛에 녹아버렸네/텅 비인 빈탕에 맘대로 노니니/거룩한 아버지와 하나됨이었네."

이런 자유로움을 경험한 바울은 어느 순간 극심한 슬픔에 사로잡힙니다. 이런 자유의 세계를 경험하지 못한 채 여전히 율법의 멍에 아래 살고 있는 동족들 때문이었습니다. 플라톤은 '동굴의 비유'를 통해 가상의 세상을 실상인 줄 알며 사는 사람들의 상황을 보여주었습니다. 바울도 그 동굴에 매여 있던 사람이었지만 이제 동굴 밖으로 나와 실재의 세계를 만났습니다. 그는 그리스도를 통해 맛본 자유를 한껏 누릴 수 있었지만, 그 자유는 자족적인 자유가 아니었습니다. 그 자유는 사랑과 잇대어 있었던 것입니다.

> 나는 어느 누구에게도 얽매이지 않은 자유로운 몸이지만, 많은
> 사람을 얻으려고, 스스로 모든 사람의 종이 되었습니다(고전 9:19).

매이지 않는 자유의 세계와 접속했지만 다른 이들을 그 세계로 인도하기 위해 기꺼이 모든 사람의 종이 되겠다는 것입니다. 기독교적 영성은 바로 이런 것입니다.

드러내시는 동시에 숨어 계시는 하나님

어쩌면 우리는 여전히 육정에 매인 채 죄의 법의 지배를 받고 있는지도 모르겠습니다. 하나님의 존재가 느껴질 때도 있지만 그렇지 못할 때가 더 많습니다. 노자는 유와 무의 세계가 서로 상통하지

만 그게 매우 미묘하다고 말합니다. 그래서 현지우현玄之又玄, "현묘하고도 현묘하구나"라고 하는데, 여기서 '현'은 보통 '검을 현'이라고 새기지만 실제로는 어슴푸레한 상태를 이릅니다. 너무 멀어서 구별하기 힘든 상태, 분명히 저곳에 있는데 알아차리기 어려운 상태 말입니다. 하나님의 존재가 그러한 것 같습니다. 하나님은 숨어 계실 때가 많습니다. 하나님의 숨으심이 가장 극단적으로 나타난 것은 골고다 언덕입니다. 십자가에 달리신 예수님이 "나의 하나님, 나의 하나님, 어찌하여 나를 버리셨습니까?"(마 27:46)라고 탄식할 때 하나님은 깊은 침묵 속에 머무셨습니다. 고통 못지않게 견디기 힘든 것이 무의미성이고 버림받았다는 의식입니다. 하나님은 스스로를 드러내시는 분Deus Revelatus인 동시에 숨어 계시는 분Deus Absconditus입니다.

　　얼마 전 인도의 우주선이 사상 최초로 달 남극 착륙에 성공했다는 뉴스 보도를 보았습니다. 지구에서 우리가 육안으로 볼 수 없었던 세계가 모습을 드러내기 시작한 것입니다. 볼 수 없다고 하여 없다고 말할 수는 없습니다. 우리는 의식의 지향성을 통해 어떤 대상을 봅니다. 시야에는 한계가 있기 때문에 우리 눈에 보이지 않는 부분도 분명히 거기에 있다는 사실을 의식합니다. 하나님은 부재한 것같이 보이지만 늘 존재하십니다. 다만 우리의 지각이나 인식이 미치지 못할 뿐입니다. 모름을 모름으로 남겨 두는 것이 정직함입니다. 하나님을 다 안다고 말하는 사람을 경계해야 합니다. 하나님에 대해 모르는 게 없는 것처럼 말하는 이들은 위험합니다. 그들은 사람들을 오도하기 쉽습니다. '신앙적 확신'이라는 게 때로는 인식의 오류일 때도 있고, 허위의식일 때도 있습니다. 흔들림 없는 확신을 무기로 하여 사람들을 지배하려는 이들이 있습니다.

다시 한번 강조합니다. 하나님은 스스로를 드러내시는 분이기도 하지만 숨기시는 분이기도 합니다. 앞선 강의에서 살펴보았듯이, 하나님은 이름을 묻는 모세에게 "나는 곧 나다"(출 3:14)라고 대답하셨습니다. 드러내면서 감춤입니다. 하나님은 사건 속에서 자신을 드러내시는 분입니다. 우리는 어떤 사건을 통해 하나님의 옷자락을 흘낏 보는 것입니다. 하나님은 인간의 개념 속에 포착될 수 있는 분이 아닙니다. 하나님의 임재를 나타내기 위해서 성경이 상징적인 언어를 사용하는 것은 그 때문입니다. 구름 기둥과 불기둥을 생각하면 되겠습니다. 하나님은 구름 가운데 계신 분 혹은 번개와 폭풍을 거느리신 분으로 소개되기도 하고, 어떤 때는 세미한 음성으로 다가오시는 분이기도 합니다. 하나님은 인간의 언어로 환원할 수 없는 존재입니다. 우리는 다만 하나님을 우리에게 다가오시고, 말을 건네시고, 개입하시고, 도전하시고, 꾸짖으시고, 징계하시고, 안아 주시는 분으로 경험합니다.

신앙의 눈이 열리는 순간

이사야는 그런 하나님의 모습을 누구보다 깊이 이해한 사람입니다. "구원자이신 이스라엘의 하나님, 진실로 주님께서는 자신을 숨기시는 하나님이십니다"(사 45:15)라고 말합니다. 신명기에도 유사한 말씀이 등장합니다. "주님께서 불길 속에서 당신들에게 말씀하셨으므로, 당신들은 말씀하시는 소리만 들었을 뿐, 아무 형상도 보지 못하였습니다. 당신들은 오직 소리를 들었을 뿐입니다"(신 4:12) 하나님의 파악 불가능성 혹은 무규정성을 전형적으로 보여주는 대목은 출애굽기에 나옵니다. "그러나 내가 너에게 나의 얼굴은 보이지 않겠다. 나를 본 사람은 아무도 살 수 없기 때문이다"(출 33:20). 하나님은 언제나 우리에게 흔적으로 다가오십니다. 바람을 눈으로 볼 수는 없지만 바람이 있다는 사실을 우리는 의심하지 않습니다. 바람이 일으키는 현상을 보고 알기 때문입니다. 사시나무가 떠는 모습을 떠올려 보십시오. 차를 타고 달리다가 가까운 산에서 반짝반짝 빛나는 나무는 사시나무인 경우가 많습니다. 잎사귀의 앞면과 뒷면의 색깔이 다르기 때문입니다. 흔들리는 나뭇잎을 보면 바람이 불고 있다는 사실을 알아차립니다. 하나님을 감각적으로 파악할 수는 없지만 경험을 통해 우리는 그분의 존재를 느낍니다.

하나님을 창조주로 고백하는 이들은 세상의 모든 것이 우리에게 하나님에 대해 말한다고 보아야 합니다. 단풍이 들기 시작한 나무도 하나님에 대해 말하고, 피었다 지는 꽃도 하나님에 대해 증언합니다. 흘러가는 시냇물도 하나님의 위대하심을 노래합니다. 말은 우리가 하나님을 창조주라고 고백하는 순간 하나님에 대해 우리에게 말하고 있습니다. 다르게 이야기하면, 저도 하나님의 말씀이고 여러분도 하나님의 말씀입니다. 저기 단풍 들기 시작한 나무도 하나님의 말씀이고, 또 피었다가 지는 꽃도 하나님의 말씀입니다. 흘러가는 시냇물도 하나님의 말씀입니다. 시편 시인도 이러한 신비를 노래합니다.

하늘은 하나님의 영광을 드러내고, 창공은 그의 솜씨를 알려 준다. 낮은 낮에게 말씀을 전해 주고, 밤은 밤에게 지식을 알려 준다. 그 이야기 그 말소리, 비록 아무 소리가 들리지 않아도 그 소리 온 누리에 울려 퍼지고, 그 말씀 세상 끝까지 번져 간다(시 19:1-4).

문제는 "그 말씀"을 듣거나 해석할 수 있는 능력이 우리에게 없다는 것입니다. 왜 그럴까요? 세계가 우리에게 너무 익숙한 일상 세계이기 때문입니다. 일상 세계가 당연히 거기에 있는 것으로 생각합니다. 물이 흐르는 것도 당연하고, 물이 얼어 얼음이 되는 것도 당연합니다. 봄이 되어 새싹이 돋아나는 것도 당연합니다. 가을이 되어 잎이 지는 것도 당연합니다. 모든 것이 당연한 세상에서는 감사도 없고 경탄도 없습니다.

신앙의 눈이 열리는 순간, 세상에 있는 모든 것이 하나님의 뜻 안에서 존재한다는 사실을 깨닫게 됩니다. 칼 야스퍼스는 초월자의 암호를 해독하는 것이 인간의 과제라고 했습니다. 사람들은 누군가가 물 위를 걸으면 기적이 일어났다고 말합니다. 중력의 법칙에 구애받지 않는 초자연적인 기적이 일어났다는 것입니다. 하지만 우리가 대지를 딛고 걷는 것은 기적이라고 생각하지 않습니다. 갑작스럽게 닥쳐온 사고로 다리가 부러지고 신경이 망가진 사람이 어느 날 한두 걸음 걷기 시작하면 모든 사람이 기뻐합니다. 가까운 가족들은 기적을 접한 듯 감격합니다. 오늘 우리가 당연하게 여기는 것들은 내게 속한 것이 아니라 주어진 것입니다. 주어진 것은 어느 날 거두어들여질 수도 있습니다.

구상 시인의 시 「은총에 눈을 뜨니」는 이런 경험을 잘 보여줍니다.[4] 이 시는 "이제사 비로소 두 이레 강아지만큼/은총에 눈이 뜬다"는 구절로 시작됩니다. 시인이 이미 노년에 접어들어서 쓴 시입니다. 나이가 들면서 눈은 어두워지지만 은총에 눈이 뜬다면 참 다행스런 일입니다. 눈을 뜬 이에게 무한한 신비가 펼쳐집니다. 약시여서 사물을 분간하지 못하던 아기에게 교정 안경을 씌워 주자, 아기가 잠시 어리둥절해하다가 곧 익숙한 목소리를 향해 눈을 돌리고, 거기서 엄마의 모습을 처음 보고 활짝 웃는 모습을 영상을 통해 본 적이 있습니다. 가슴 뭉클한 순간이었습니다. 시인은 겨우 "두 이레 강아지만큼" 은총에 눈을 떴다고 말합니다. 그 순간 그는 깨닫습니다. "이제까지 시들하던 만물만상이/저마다 신령한 빛을 뿜고/그렇듯 안타까움과 슬픔이던/나고 죽고 그 덧없음이/모두가 영원의 한 모습일 뿐이다." 눈을 뜨니 세상에 존재하는 모든 것이 신령한 빛을 뿜고 있음을 알게 되었다는 것입니다. 탄생과 죽음 사이에서 바장이며 그 덧없음을 안타까워했지만, 그 모든 것이 영원의 한 모습에 불과할 뿐임을 알게 되었습니다. 예수님은 의식주의 문제에 매달려 허덕이는 이들에게 "공중의 새를 보아라", "들의 백합화가 어떻게 자라는가 살펴보아라"고 말씀하셨습니다(마 6:26, 28). 시인은 새를 먹이시고 꽃이 피어나게 하시는 하나님이 나를 기르고 살리심을 깨닫고 눈물로 감사를 드립니다. 눈을 떴다고 해서 외적 세계가 변한 것은 아닙니다. 아침이면 해는 어김없이 동쪽에서 뜨고, 저녁이면 서쪽으로 지고, 식사 때를 놓치면 배고픈 것은 매한가지입니다. 변화가 아주 없는 것은 아닙니다.

> 출구가 없던 나의 의식 안에
> 무한한 시공이 열리며
>
> 모든 것이 새롭고
> 모든 것이 소중스럽고
> 모든 것이 아름답다.

살아남기 위해 날마다 발버둥치는 이들, 전쟁의 참화 속에서 가녀린 생존을 이어가는 사람들, 벼랑 끝에 선 듯 삶이 위태로운 이들, 모든 사람에게 버림받은 것 같은 극단적 외로움에 시달리는 이들에게 이 시는 사치스럽게 들릴 수도 있습니다. 그렇다 해도 이런 시는 낭송되어야 합니다. 세상을 바라보는 시선이 바뀌면 삶의 무게를 짊어지는 능력도 달라지기 때문입니다. 미국 시인 메리 올리버는 「죽음이 찾아오면」이라는 시에서, 죽음이 찾아오면 "호기심 가득 안고 그 문으로 들어가고 싶어"라고 노래합니다. "삶이 끝날 때 나는 말하고 싶어, 평생/나는 경이와 결혼한 신부였노라고./세상을 품에 안은 신랑이었노라고."[5] 우리도 그럴 수 있으면 좋겠습니다.

기도의 본질

기도라는 게 무엇입니까? 보통은 하나님께 내 사정을 아뢰고 하나님의 도우심을 구하는 것이라 여깁니다. 옳습니다. 인간은 유한하기에 기도하지 않을 수 없습니다. 믿지 않는 이들도 자기도 모르게 기도할 때가 있습니다. 절박한 처지에 빠지면 누구나 기도합니다. 또한 관습에 기대어 기도하기도 합니다. 보름달을 보며 소원을 빌기도 하고, 생일 케이크에 밝힌 촛불을 불어 끄기 전에 소원을 빌기도 합니다. 시편의 시인들은 하나님 앞에 자기 사정을 가감 없이 아뢰었습니다. 하나님을 찬미하기도 하지만, 자기 마음속에 일고 있는 두려움, 원망, 원수들에 대한 미움을 다 털어놓으며 하나님의 개입을 요청하기도 합니다. 그러나 저는 기도의 본질이 조율이라고 생각합니다. 우리는 모두 하나님의 선율을 노래하는 사람이어야 하지만 그렇게 하지 못할 때가 많습니다. 현악기로 이야기하자면 현이 너무 팽팽해지거나 느슨해져서 제소리를 낼 수 없기 때문입니다.

연주회장에 가본 적이 있으시지요? 연주회 시간이 다가오면 단원들이 나와서 저마다의 악기 소리를 내봅니다. 매우 시끄럽습니다. 조금 뒤에 악장이 나와 단원들을 향해 서면 오보에가 소리를 냅니다. 그 음을 기준음으로 하여 모든 악기가 조율되면, 비로소 지휘자가 나와 연주를 시작합니다. 기타를 치며 노래하는 연주자들도 마찬가지입니다. 몇 곡을 연이어 부르고 나면 키보드나 피아노 음에 맞춰 조율을 합니다. 기도란 하나님의 마음을 기준음으로 삼고 내 마음을 조율하는 과정입니다. 하지만 우리는 그 과정을 뒤집곤 합니다. 내 욕망과 뜻을 기준음으로 삼아 하나님이 거기에 맞춰 주시기를 바랍니다. 아직 기도의 신비 속에 다가서지 못했기 때문입니다. 20세기의 위대한 영성가 토머스 머튼의 기도가 우리에게 좋은 길잡이가 되어 줄 것입니다.

> 오, 하느님, 저의 영혼을 의화義化해 주십시오. 그리고 당신의
> 샘으로부터 흐르는 정열로 저의 의지를 채워 주십시오. 설령
> 당신의 빛이 '나의 체험에는 암흑이 된다' 하더라도 제 정신을
> 비추어 주십시오. 그리고 나의 마음을 당신의 거대한 생명이
> 차지하십시오. 저의 눈이 당신의 영광 외에는 세상에서 아무것도
> 보지 못하게 해주십시오. 그리고 당신을 섬기는 것이 아니라면 제
> 손이 아무것도 만지지 못하게 해주십시오. 당신의 크신 자비를
> 찬미하도록 저에게 힘을 주지 않는 음식이라면 제 혀가 아무
> 음식도 맛보지 않게 해주십시오. 저는 당신의 목소리를 듣고 또
> 당신이 만드신 모든 것의 화음, 당신을 찬미하는 노랫소리를

듣겠습니다. 당신을 섬기며 살도록 양털과 들의 목화가 저를 넉넉하게 감싸 줍니다. 저는 당신의 가난한 사람에게 휴식을 제공하겠습니다. 저로 하여금 한 가지만을 위해서 모든 것을 사용하도록 해주십시오. 영광이신 당신 안에서 저의 기쁨을 찾는 것.[6]

머튼의 기도는 길게 이어집니다. "죄악, 위험한 정욕, 감당 못할 정열, 인색과 야심, 감사할 줄 모르는 수고와 쓸데없는 일로부터 지켜 주십시오.……할 일이 없는데도 일하는 것처럼 가장하는 게으름과 필요 없는 일을 하는 비겁함으로부터 해방해 주십시오." 그가 적극적으로 청하는 것은 하나입니다. "하나님께서 내 마음을 차지해 주십시오."

하나님의 마음을 기준음으로 삼는다는 게 모호하게 들릴 수도 있습니다. 하나님의 뜻이라고 말하면서 자기 뜻을 추구하는 이들이 많습니다. 사람들 위에 군림하려는 잘못된 종교인들은 신비체험을 했다며 사람들을 현혹하기도 합니다. 지배 욕망에 사로잡힌 이들일수록 하나님의 뜻을 내세울 때가 많습니다. 하나님의 뜻은 어떻게 분별할 수 있을까요? 참 어려운 문제입니다. 제 전임 목사님은 "선택의 기로에 서서 하나님의 뜻을 알아차리기 어려울 때 어떻게 해야 합니까?"라는 질문에 이렇게 답했다고 합니다. "내게 유익한 것을 택하지 말고, 상대의 유익을 위해 선택해 보십시오. 그것이 하나님의 뜻인지는 알 수 없으나 그런 선택을 하나님은 귀히 여기실 것입니다." 무조건 손해 보라는 이야기는 아닙니다. 불의한 사람이나 제 욕심만 차리는 사람과는 맞서야 합니다. 만만하게 보여서는 안 된다는 말입니다. 그렇지 않은 경우라면 조금 전의 제안이 나쁘지 않습니다.

거룩한 삶으로의 부르심

사실 우리는 하나님의 마음을 모른다고 할 수 없습니다. 하나님의 말씀이 우리에게 있으니 말입니다. 모든 상황에 다 들어맞는 말씀을 찾기는 어려울지 몰라도, 우리가 지향해야 할 방향은 명확합니다. 앞선 강의에서 토라의 계명이 613개라고 말씀드렸습니다. 토라 전체를 간추리면 두 가지 계명이 됩니다. '하나님 사랑'과 '이웃 사랑'이 그것입니다. 이 두 계명을 지키는 이들의 삶은 거룩함으로 나타납니다. 거룩한 삶은 구별된 삶입니다. 구별되었다는 것을 특권으로 이해하면 안 됩니다. 구별된 삶은 하나님이 받으실 만한 삶입니다. 그 내용은 무엇일까요? 사회적 약자에 대한 마음씀입니다.

성결법전인 레위기 19:2은 다음과 같이 시작됩니다. "이스라엘 자손 온 회중에게 말하여라. 너는 그들에게 이렇게 일러라. 너희의 하나님인 나 주가 거룩하니, 너희도 거룩해야 한다." 하나님은 자신의 백성을 거룩한 삶으로 부르십니다. 3절 이하는 그 거룩한 삶에 대한 이야기입니다. 먼저 부모를 공경하고, 안식일을 지키고, 우상을 섬기지 않고, 희생제물을 조심스럽게 다루어야 합니다. 그런데 이어지는 대목이 놀랍습니다. 잘 알려진 구절이지만 그대로 읽어 보겠습니다.

> 밭에서 난 곡식을 거두어들일 때에는, 밭 구석구석까지 다
> 거두어들여서는 안 된다. 거두어들인 다음에, 떨어진 이삭을

주워서도 안 된다. 포도를 딸 때에도 모조리 따서는 안 된다.
포도밭에 떨어진 포도도 주워서는 안 된다. 가난한 사람들과
나그네 신세인 외국 사람들이 줍게, 그것들을 남겨 두어야 한다.
내가 주 너희의 하나님이다(레 19:9-10).

이 구절에는 타자관계에서 우리가 취해야 할 실천적 지혜가
담겨 있습니다. 우리도 가끔 이재민들이나 가난한 이웃들을 돕기
위해 의연금을 냅니다. 그러고 나서 자신의 선행에 스스로 뿌듯해
합니다. '내가 그래도 꽤 괜찮은 사람이야.' 예수님은 자선 행위와
관련해서 "너희는 남에게 보이려고 의로운 일을 사람들 앞에서 하
지 않도록 조심하여라. 그렇지 않으면, 너희는 하늘에 계신 너희 아
버지에게서 상을 받지 못한다"(마 6:1)고 하셨습니다. 사람들에게 칭
찬을 받으려고 자선을 행하는 이들은 자기 상을 이미 다 받았다는
것입니다. 그리스도인들이 많이 사용하는 단어 가운데 하나가 '베
풀다'입니다. 사전은 이 단어를 "남에게 금품을 주거나 도움을 주어
은혜를 입히다"로 풀이하고 있습니다. 은혜를 입히는 자의 이미지
를 자신에게 부여하는 것이 베푼다는 말 속에 담긴 숨겨진 욕구입
니다. 베푸는 행위는 사람을 시혜자와 수혜자로 갈라놓습니다. 일
종의 계급 관계가 발생한다는 말입니다. 시혜자는 스스로의 선행을
기뻐하지만, 수혜자는 받는 가운데 내면에 그림자가 생기기도 합니
다. 수혜자로 하여금 굴욕감을 느끼게 하는 시혜자들이 있기 때문
입니다.

하나님은 곡식을 거두어들일 때 밭 구석구석까지 다 거두어
들이거나 떨어진 이삭을 주워서는 안 된다고 말씀하십니다. 포도
수확도 마찬가지입니다. 그것은 가난한 사람, 나그네 신세인 사람

들의 몫입니다. 그런 명령 끝에 주님은 마치 도장을 찍듯 말씀하십니다. "내가 주 너희의 하나님이다." 땅의 주인은 하나님이십니다. 우리는 잠시 그 땅에 머물다 가는 존재들입니다. 주인이신 분의 엄중한 명령은 소외된 이들로부터 인간다운 삶을 누릴 가능성을 박탈하지 말라는 것입니다. 그들이 굴욕감을 느끼지 않도록 세심하게 배려해야 합니다. 한용운의 「당신을 보았습니다」라는 시에 나오는 한 구절이 떠오릅니다.

> 나는 갈고 심을 땅이 없으므로 추수가 없습니다.
> 저녁거리가 없어서 조나 감자를 꾸러 이웃집에 갔더니,
> 주인은 "거지는 인격이 없다. 인격이 없는 사람은 생명이 없다.
> 너를 도와주는 것은 죄악이다"고 말하였습니다.
> 그 말을 듣고 돌아 나올 때에, 쏟아지는 눈물 속에서 당신을
> 보았습니다.[7]

설명하지 않아도 상황이 그려집니다. 시적 화자인 "나"는 특정한 개인일 수도 있지만 암울한 시대를 살던 사람들을 대표합니다. 그들은 사람으로 존중받지 못합니다. 인격이 없는 사람으로 취급받습니다. 그악한 말에 상처를 입고 돌아서면 왈칵 눈물이 쏟아집니다. 그런데 그 눈물 속에서 "당신"을 봅니다. 눈물은 일쑤 렌즈가 되어 하늘을 비춰 줍니다.

거룩한 삶을 가르치는 맥락에서 밭의 한 모퉁이를 남겨 두라는 말이 나온 까닭이 무엇일까요? 거룩함은 종교적 덕목이기도 하지만, 하나님의 사람들이 일상 속에서 구현해야 할 가치이기도 하기 때문입니다. 이웃의 아픔을 알아차리는 것, 그의 살 권리를 인정

하는 것, 그가 굴욕감을 느끼지 않도록 세심하게 배려하는 것이 곧 거룩한 삶입니다. 교회마다 연말이면 어려운 이웃들을 돕기 위한 행사를 개최합니다. 그리고 그 행사를 기록하기 위해 사진을 찍습니다. 사진을 찍기 전에 혹시 그들을 피사체로 삼는 일이 그들의 마음에 그림자를 만들지는 않는지 생각해 보아야 합니다. 만에 하나 그럴 가능성이 있다면 사진을 찍지 않는 것이 좋습니다.

거룩한 삶에 대한 실천적 가르침은 그 뒤로도 이어집니다. 도둑질하지 않는 것, 이웃을 속이지 않는 것, 거짓 맹세를 하지 않는 것, 이웃을 억누르거나 이웃의 것을 빼앗지 않는 것, 품꾼의 품값을 미루지 않는 것, 듣지 못하는 사람을 저주하지 않는 것, 눈이 먼 사람 앞에 걸려 넘어질 것을 두지 않는 것, 재판할 때 공정하게 하는 것, 남을 헐뜯지 않는 것, 이웃의 생명을 위태롭게 하면서까지 이익을 보려 하지 않는 것, 동족을 미워하는 마음을 품지 않는 것이야말로 거룩한 삶이라는 것입니다(레 19:11-17). 우리가 흔히 종교적이라 생각하는 덕목들이 눈에 띄지 않습니다. 거룩한 삶에 대한 가르침을 한마디로 요약한 것이 바로 "다만 너는 너의 이웃을 네 몸처럼 사랑하여라. 나는 주다"(레 19:18)라는 구절입니다. 여기서도 명령에 뒤이어 "나는 주다"라는 구절이 첨가되어 있습니다. 흔히 경건한 삶 하면 예배 출석, 성경 읽기, 기도생활, 헌금생활 등을 떠올리지만, 하나님의 기준은 좀 다른 것 같습니다. 우리가 이웃에게 어떠한 사람인지가 중요합니다.

그렇게 살아야 하는 까닭은 우리가 사랑에 빚진 자이기 때문입니다. 사랑의 빚을 갚으며 사는 삶이 곧 하나님을 경외하는 삶입니다. 아브라함 헤셸은 "경외란 모든 사물이 하나님의 창조물로서 지니고 있는 존엄성과 하나님에게 값진 존재임을 직관하는 것"이라고 말합니다.[8] 세상에 존재하는 모든 것이 하나님의 창조물임을 자각하는 것, 또한 그것이 우리 눈에 하찮아 보여도 하나님께 값진 존재임을 알아차리는 것이 곧 경외하는 삶입니다. 경외심이 사라진 세상은 시장으로 변합니다. 모든 것을 이익의 관점에서 보게 된다는 말입니다. 말이 아니라 타자를 대하는 태도가 곧 내가 누구에게 속해 있는지를 드러냅니다. 거룩한 삶을 지향하는 사람은 세상에 있는 어떤 것도 함부로 대하지 않습니다. 내가 무한히 값지고 소중한 존재인 것처럼 다른 이들도 그러하다는 사실을 인정하는 것이 경건의 토대입니다. 여기서도 시몬 베유가 말한 '머뭇거림'이 중요합니다.

정의와 공의

사람이나 사물을 함부로 대하지 않는 이들이 있는 곳에 맺히는 열매가 있습니다. 정의와 공의입니다. 우리말 성경에서는 분명하게 구별하지 않을 때가 많지만 이 둘은 구별되어야 합니다. 히브리어로 정의는 '미슈파트'מִשְׁפָּט이고 공의는 '쩨다카'צְדָקָה입니다.

정의는 '사법적 정의'로 재판관이 법에 따라 공정하게 치우침 없이 판단하는 것을 가리킵니다. 부자라고 봐주지도 않고, 가난하다고 하여 편을 들지도 않는 것입니다. 우리 사회는 이런 정의의 원칙이 작동되고 있습니까? "유전무죄 무전유죄"有錢無罪 無錢有罪라는 말이 있습니다. '돈 있으면 무죄, 돈 없으면 유죄'라는 뜻으로, 오래전 인질극을 벌이던 어느 탈옥수가 세상을 향해 외친 말입니다. 힘 있는 사람은 큰 잘못을 저질러도 금방 나옵니다. 정치인들은 지지자들의 요구라는 이유로 풀려나고, 경제인들은 어려움에 처한 회사를 되살려야 한다는 핑계로 풀려납니다. 힘없는 사람은 그러한 기회를 부여받지 못합니다. 운전기사가 승객에게 받은 요금 중 몇백 원으로 자판기 커피를 사 마신 것 때문에 해고를 당합니다. 이것이 정의로운 세상일까요? 장발장은 우리 도처에 있습니다.

공의는 '회복적 정의'라 말할 수 있겠습니다. 인간 세상은 공평하지 않습니다. 금수저, 흙수저 논의도 있습니다만, 아무리 노력해도 좋은 삶의 기회를 부여받지 못하는 이들이 많습니다. 태어날 때부터 좋은 여건 속에서 사는 이들도 있습니다. 중국 작가인 라오서의 『루어투어 시앙쯔』라는 소설의 한 대목을 읽어 보겠습니다. 참 좋은 작가인데 문화혁명의 소용돌이 속에서 깊은 내상을 입고 세상을 등진 소설가입니다.

> 비가 개인 후에, 시인들은 연잎의 구슬과 쌍무지개를 읊조리지만 가난뱅이들은 어른이 병이 나면 온 식구가 굶는다. 한 차례의 비는 기녀나 좀도둑을 몇 명이나 더 보태 주는지, 감옥에 들어가는 사람을 얼마나 내는지 모른다. 어른이 병들면, 아이들에게는 도둑질이나 몸을 파는 것이 굶는 것보다 훨씬 낫기 때문이다. 비는 부자에게도 가난뱅이에게도 내린다. 의로운 사람에게도, 의롭지 않은 사람에게도 내린다. 그러나 실은 비는 결코 공평하지 않다. 공평함이 없는 세상에 내리기 때문이다.[9]

하나님은 인간 세상의 불공평함을 바로잡고 싶어 하십니다. 뒤처진 사람들에게도 새로운 삶의 가능성을 열어 주고 싶어 하십니다. 부족한 이들을 조금 도와주면 일어설 수 있습니다. 이것이 공의입니다. 면제년과 희년법은 공의가 제도화된 것이라 할 수 있습니다. 하나님은 역사를 주기적으로 갱신함으로써 사람들에게 새출발의 기회를 주고 싶어 하십니다. 정의와 공의를 관통하고 있는 것이 하나님의 언약적 사랑인 '헤세드'(인애)입니다. 하나님을 믿는다는 것은 하나님과의 언약적 관계에 돌입하는 것이고, 그 언약을 지켜가는 것입니다. 하나님이 통치하시는 세계의 토대가 바로 정의와 공의입니다.

하나님 체험의 다양성

하나님 체험에 대한 이야기를 하고 있습니다. 사람들은 저마다 하나님과의 만남에 관한 이야기를 품고 있습니다. 여러 해 전에 저는 프랑스에 있는 떼제 공동체에 가서 한 주간 머문 적이 있습니다. 전 세계적으로 젊은이들이 교회를 떠나는 추세 속에서도 많은 젊은이들이 그곳을 찾는 까닭을 알고 싶었기 때문입니다. 제가 머물던 곳은 35세 이상의 사람들에게 할당된 공간이었습니다. 2층 침대가 세 개 놓여 있는 방에 다섯 명이 함께 묵었는데, 저마다 국적이 서로 달랐습니다. 기도회에 함께 참여하고 기도회 뒤에 차도 한 잔씩 마시면서 조금씩 친밀해졌습니다. 그중 미국에서 온 한 성공회 신부와 이야기를 나눌 기회가 많았는데, 그는 묻지도 않은 이야기들을 털어놓았습니다. 자신의 딸이 컴퓨터에 익숙하지 않은 자기를 은근히 무시하는 투로 바라본다는 이야기, 사실 자신은 이혼을 했는데 연금 중 상당액이 아내에게 넘어간다는 등의 이야기였습니다. 어느 날 그는 자기가 만난 하나님에 관해 이야기를 들려주었습니다. 베트남 참전 용사였던 그는 죽음의 공포 속에서 하나님을 만났다고 고백했습니다. 그러더니 하나님이 제게 어떻게 다가오셨는지 들려달라고 청했습니다. 그의 요청 때문에 저는 제 삶을 돌아보아야 했고, 제 삶의 갈피에 새겨진 하나님의 숨결을 새삼스레 느낄 수 있었습니다. 그가 제게 물은 것은 하나님을 개념적으로 어떻게 규정하는지가 아니었습니다. 개념을 다루면 논쟁이 벌어질 수 있습니다. 우리 삶 속에서 하나님을 어떻게 경험했는지 이야기하는 가운데 우리는 서로에게 깊이 공감했습니다. 하나님에 대한 이해가 풍요로워짐을 느낄 수 있었습니다.

성경에는 하나님 체험을 은유적 언어로 표현하는 경우가 아주 많이 등장합니다. 은유metaphor 하면 많은 사람들의 머릿속에 떠오르는 문장이 하나 있습니다. 가곡으로도 유명한 김동명 시인의 「내 마음」이란 시의 일부입니다. "내 마음은 호수요/그대 노 저어 오오." 내 마음이 어떻게 호수겠습니까? 상대방을 향한 나의 사랑과 그리움이 이루 말할 수 없이 큰데 그것을 어떻게 설명할 수 없습니다. 그러다가 호수라는 보조관념이 떠올랐던 것입니다. 거기에서 파생된 표현이 바로 "그대 노 저어 오오"입니다. 사랑, 그리움 등의 단어는 등장하지 않지만, 이 시를 읊거나 노래를 듣는 이들은 바로 그 정서를 깊이 느낄 수밖에 없습니다. 수사학 연구자인 딸 김유림 씨와 함께 은유에 관한 책 3부작을 쓴 철학자 김용규 선생은 은유를 어떻게 분석하는지 상세하게 가르쳐 줍니다. 먼저 원관념이 있습니다. 원관념에 본질적인 의미가 있게 마련입니다. 여기에 원관념을 설명하기 위한 보조관념이 등장합니다. 보조관념 덕분에 원관념으로부터 나올 수 없었던 풍요로운 의미가 발생합니다. 이것을 '창의'라고 합니다. 이러한 틀을 적용해 보면, 광고나 동요 혹은 노래 등을 더 잘 이해할 수 있습니다. 이와 관련하여 시 한 편을 함께 읽어 볼까요? 도종환 시인의 「담쟁이」입니다.

저것은 벽

어쩔 수 없는 벽이라고 우리가 느낄 때

그때

담쟁이는 말없이 그 벽을 오른다

물 한 방울 없고 씨앗 한 톨 살아남을 수 없는

저것은 절망의 벽이라고 말할 때

담쟁이는 서두르지 않고 앞으로 나아간다

한 뼘이라도 꼭 여럿이 함께 손을 잡고 올라간다

푸르게 절망을 다 덮을 때까지

바로 그 절망을 잡고 놓지 않는다

저것은 넘을 수 없는 벽이라고 고개를 떨구고 있을 때

담쟁이 잎 하나는 담쟁이 잎 수천 개를 이끌고

결국 그 벽을 넘는다[10]

이미지가 그려집니다. 여기 벽이 있습니다. 수직의 절벽입니다. "저것은 벽"이라는 말 속에 숨겨진 뜻은 무엇일까요? 오를 수 없다는 판단입니다. 그런데 담쟁이는 두려움도 없이 벽을 기어오르기 시작합니다. 말없이 그 벽을 기어오르기 시작합니다. 벽은 물을 품을 수도 없고, 씨앗조차 받아 안지 못합니다. 담쟁이는 서두르는 기색조차 없이 조금씩 위로 올라갑니다. 홀로 오르지 않습니다. 옆에 있는 동료들과 손을 잡고 조금씩 올라갑니다. 보이지 않는 보폭으로 조금씩, 그러나 쉬지 않고 오릅니다. 어느덧 절망의 벽이 푸르게 변합니다. '푸르다'는 이미지는 희망입니다. 벽을 푸르게 덮을 때 담쟁이가 붙들고 있는 것은 절망입니다. 절망이 희망의 뿌리가 되었습니다. 놓지 않는 것이 중요합니다. 담쟁이 잎 하나는 담쟁이 잎 수천 개를 거느리고 결국 그 벽을 넘습니다.

담쟁이를 소재로 하고 있지만 시인은 인생에 대해 말하고 있습니다. 우리도 때로는 벽 앞에 선 듯 가슴 답답한 일들을 만납니다. 도저히 극복할 수 있을 것 같지 않습니다. 독재 정권 시절을 떠올려 보아도 좋을 것 같습니다. 많은 이들이 독재에 맞서 싸우지만 강고한 체제는 끄떡도 없는 것처럼 보입니다. 으깨지는 것은 순정한 사람들의 마음뿐입니다. 인간의 탐욕 또한 극복하기 어려운 벽처럼 여겨집니다. 선의를 품고 사는 사람들은 늘 악인들의 술수에 걸려들곤 합니다. 우리가 애써 성취한 가치들이 악의를 품은 소수의 사람들에 의해 속절없이 무너지기도 합니다. 그럴 때마다 우리속에서 들려오는 소리가 있습니다. "저것은 벽." 은유 분석의 틀을가지고 이 시를 분석해 볼까요? 드러나 있지는 않지만 '인생은 어렵다'가 원관념이라고 볼 수 있습니다. '어렵다'는 이미지가 '벽'으로나타납니다. 벽을 떠올리는 순간 보조관념인 '담쟁이'가 따라옵니다. 수직의 벽을 무서운 기색도 없이 오르는 담쟁이를 보며 시인은유약한 자기 마음을 부끄러워했을 것입니다. 그리고 희망은 절망을 옹골차게 붙드는 행위를 통해 발생하는 것임을 배웁니다. 이게바로 창의입니다. 추처럼 우리 마음을 아래로 끌어내리는 것이 소진 사회의 징후 가운데 하나입니다. '무거운 마음'이라는 뜻의 독일어 'Schwermut'가 현대인들의 기본 정서입니다. 담쟁이라는 빛나는 이미지가 돌연 우리 마음을 가볍게 위로 끌어올려 줍니다. 외적현실은 달라지지 않아도 내면의 풍경이 달라지면 세상은 사뭇 달리보입니다.

하나님을 만난 사람들은 자기 경험을 은유를 통해 드러냅니다. 일상의 언어로는 그 경험의 실체를 다 설명할 수 없기 때문입니다. 그런 은유는 주로 시편에 나오지만 꼭 그런 것만도 아닙니다. 하나님 체험을 드러내기 위한 은유는 대개 '주님은 나의 무엇'이라는 형태로 나타납니다.

주님은 나의 힘, 나의 노래, 나의 구원, 주님이 나의 하나님이시니, 내가 그를 찬송하고, 주님이 내 아버지의 하나님이시니, 내가 그를 높이련다(출 15:2).

나의 하나님은 나의 반석, 내가 피할 바위, 나의 방패, 나의 구원의 뿔, 나의 산성, 나의 피난처, 나의 구원자이십니다. 주님께서는 언제나 나를 포악한 자에게서 구해 주십니다(삼하 22:3).

아, 주님, 진실로 주님은 나의 등불이십니다. 주님은 어둠을 밝히십니다(삼하 22:29).

주님은 나의 목자시니, 내게 부족함 없어라(시 23:1).

몇 구절만 보더라도 하나님 체험이 얼마나 다양한지를 알 수 있습니다. 이 말씀들 가운데 등장하는 은유는 사람들이 직면한 현실의 어둠을 되비춰 주고 있습니다. 맥이 풀리는 경험을 해본 사람이라야 "주님은 나의 힘"이라는 구절이 실감 날 것이고, 발이 수렁 속에 빠져드는 것 같은 절망에 빠져 본 사람이라야 "하나님은 나의 반석"이라는 구절이 얼마나 절실한 고백인지 알아차릴 수 있을 것입니다. 적대자들이 사방에서 화살을 쏘아대는 것 같은 처지에 빠져 본 사람이라야 "하나님은 나의 방패"라는 말에 담긴 적실성에 공감할 것이고, 인생의 캄캄한 어둠 속에서 길을 잃고 방황해 본 기억이 있는 사람이라야 "주님은 나의 등불"이라는 고백에 스며 있는 따뜻함을 느낄 수 있을 것입니다. 또한 사방에서 사나운 짐승이 울어대는 죽음의 계곡에서 길을 잃은 듯 난감한 처지를 경험한 사람이라야 "주님은 나의 목자"라는 고백에 고개를 끄덕일 수 있을 것입니다. 성경에서 이러한 은유를 만날 때마다 밑줄만 긋지 마시고, 그들이 겪고 있던 생의 곤경이 무엇인지 헤아려 볼 필요가 있습니다. 그 맥락을 알아야 그 말씀이 우리 삶 속에서 재맥락화할 수 있기 때문입니다.

편협한 신자들은 하나님에 대한 자기들의 이해의 틀을 만들어 놓고 거기에 맞지 않는 이들은 무조건 틀렸다고 말합니다. 물론 이단들은 우리가 반드시 구별해야 합니다. 그들은 자기들이 만들어 놓은 거미줄 같은 가르침 속에 사람들을 끌어들여 결국 그들의 내면을 황폐하게 만듭니다. 사회적 자아가 파괴되어 외부의 사람들과 소통할 능력을 잃어버리는 이들이 많습니다. 이단 종파들은 사람들에게서 스스로 사유하는 능력을 빼앗아 자기들의 교의나 지도자를 맹종하게 합니다. 미국의 정치 철학자 한나 아렌트는 『예루살렘의 아이히만』이라는 책에서 "사유하지 않음" 곧 무사유가 악의 뿌리라고 말합니다.[11] 이런 경우를 경계해야 하겠지만, 우리는 하나님 체험이 다양할 수 있다는 사실을 인정하지 않으면 안 됩니다. "주님은 나의 목자"라고 고백하는 사람이 "하나님은 나의 등불"이라고 고백하는 사람과 누가 옳은지 다투면 안 됩니다. 우리가 서로의 이야기에 귀를 기울일 때 하나님 체험은 더욱 풍성해집니다.

독일 작가 토마스 만의 장편 소설 가운데 『요셉과 그 형제들』이라는 작품이 있습니다. 제목이 암시하는 대로 요셉과 그의 형제들 이야기를 담고 있는 책입니다. 독일 문학이 대체로 어렵습니다. 제목만 보면 매우 흥미로울 것 같은데 그렇게 만만한 책이 아닙니다. 종교학이 다루는 내용과 신화에 대한 이야기를 어느 정도 이해하고 있어야 제대로 읽을 수 있습니다. 이 책의 한 대목을 읽어 보겠습니다.

> 그러나 조상들의 신 이름이 여러 가지인 것은 바울의 경우와는 전혀 다르다. 그에게는 여러 개의 이름도, 그분이 단 한 분이라는 사실에 아무런 지장을 주지 않는다. 그는 엘 엘리온, 즉 가장 지고한 주님이라 불린다. 그리고 엘 로이, 곧 나를 바라보는 주님이라 불리기도 하며 엘 올람, 영겁의 주님이라 불리기도 한다. 또는 야곱이 굴욕을 겪은 후, 루즈에서 태어난 큰 얼굴을 가진 주님으로서 엘 벧엘이라고 불리기도 한다. 그러나 이들은 한 가지의 지고한 형태로 존재하는 유일한 분의 여러 가지 다른 이름인 것이다. 이분은 장소에 구속받지 않으며, 여러 강과 도시의 수호신인 개별적인 바알로 떨어져 나가지도 않으며, 모든 것에 존재하면서 각 개체의 주인이기도 하다. 각각의 바알들이 선사하는 생육과 그들이 지키는 우물들, 그리고 그 안에 살면서 속삭이는 나무들, 난동을 부리는 천둥번개, 씨앗이 풍요로운 봄과 메마른 동풍, 이 모든 것이 바로 이분이다. 바알은 이 모든 것을 하나씩 맡고 있지만 우리가 섬기는 분은 동시에 이 모든 것이다. 그에게 이는 마땅한 일이다. 그는 만유의 신이다. 만물이 그로부터 나왔기 때문이다. 그분은 '나'라고 말하면서 모든 것을 자신 안으로 끌어들이는 존재이다. 엘로힘, 그는 단 한 분이지만 통일성을 가진 복수이다.[12]

여기서 저자는 사람들이 얼마나 다양한 방식으로 하나님을 경험하는지 일깨워 주고 있습니다. 그 경험을 언어라는 기호로 표현한 것이 여기 다양하게 등장합니다. 엘 엘리온, 엘 로이, 엘 올람, 엘 벧엘. 그 밖에 여기에 나오지는 않지만 여러분에게 익숙한 다른 호칭들도 많습니다. 엘 샤다이, 여호와 라파, 여호와 삼마, 여호와 이레, 여호와 로이, 여호와 마케, 여호와 샬롬. 어느 분의 표현대로 하나님은 얼굴이 많으십니다. 토마스 만은 "이들은 한 가지의 지고한 형태로 존재하는 유일한 분의 여러 가지 다른 이름"이라고 말합니다. 주님은 만유의 신, 모든 것을 그분 안으로 끌어들이는 존재라는 것입니다. 엘로힘을 가리켜 저자는 "단 한 분이지만 통일성을 가진 복수"라고 말합니다. 그가 상당히 신학적으로 오리엔테이션이 되어 있음을 알 수 있는 대목입니다.

이 이야기를 조금 더 발전시키기 위해 어거스틴의 문장도 한 번 읽어 보겠습니다. 조금 어렵습니다. 그는 목회자이고 신학자이지만 원래는 수사학자였습니다. 그래서 문장을 구성하는 일에 공을 들입니다. 공들인 문장이 단순하면 좋겠는데 오히려 복잡합니다. 현학적이어서 그런 것은 아닙니다. 하나님에 대해 말하면서 문장이 복잡해지는 것은 그만큼 하나님을 이해하기가 어렵다는 사실을 반증합니다. 『고백록』 제1권에 나오는 대목입니다.

> 그러면 당신이 하늘과 땅에 충만하시다 하여 그 하늘과 땅이
> 당신을 포용하고 있는 것입니까? 혹은 하늘과 땅이 당신을 포용할
> 수 없기 때문에 당신은 그것들을 충만하게 채우시고
> 넘쳐흐르십니까? 그렇다면 하늘과 땅을 채우시고 당신의 남은
> 부분은 어디에서 쏟으십니까? 당신은 모든 것을 포용하고

계시기에 다른 아무것에 의해서도 허용될 필요가 없으십니다. 왜냐하면 당신은 모든 것을 채우시되 그것들을 포용함으로써 채우시기 때문입니다. 당신이 채운 그릇들이라 해도 당신을 제한시킬 수 없음은 그 그릇이 깨어졌다고 할지라도 당신은 쏟아지지 않기 때문입니다. 그러므로 당신을 우리 위에 쏟아부어 주신다고 할 때도 그것 때문에 당신은 엎질러져 밑으로 내려오신 것이 아니요, 오히려 우리를 일으켜 올리십니다. 당신은 흩어지심이 없이 우리를 하나로 모으십니다. 그러나 당신의 모든 것을 채우신다고 할 때 당신의 전부를 통틀어 채우십니까? 그렇지 않으면 이 모든 것이 당신을 전부 포용할 수 없기 때문에 당신의 일부분만을 포용하는 것입니까? 혹 이 모든 것이 당신의 한 부분을 동시에 포용합니까? 그렇지 않으면 제각기 따로 당신을 포용함으로 큰 것은 당신을 더 많이, 작은 것은 당신을 덜 포용하는 것입니까? 그러면 당신의 어떤 부분은 더 크고 어떤 부분은 더 작습니까? 그렇지 않으면 당신은 어디에든지 전체적으로 편재하시되 세상에 있는 아무것도 당신 전부를 포용할 수 없는 것입니까?[13]

어거스틴은 '나는 하나님을 이렇게 이해한다'는 방식으로 서술하지 않습니다. 오히려 그는 하나님께 질문을 하고 있습니다. 질문한다는 것은 모르겠다는 말입니다. 하지만 질문 속에 답이 있다는 말처럼, 적절한 질문은 우리를 하나님의 현존 앞으로 데려가기도 합니다. 맨 처음 그의 질문이 무엇입니까? 우리는 하나님이 하늘과 땅에 충만하다고 고백합니다. 그런데 하나님은 하늘과 땅보다 크신 분입니다. 어거스틴은 충만하다는 말은 넘친다는 말인데 세상에 다 담길 수 없는 하나님의 잉여는 어디에 쏟으시냐고 묻습니다. 이상한 질문입니다. 하나님은 모든 것을 포용하시는 분이기 때문에 하나님의 외부는 존재할 수 없습니다. 여기서 한 가지 깨달음이 발생합니다. 하나님은 모든 것을 포용함으로 채우시기 때문에 하나님은 쏟아지지 않는다는 것입니다. 하나님이 자신을 이 세상에 쏟아부어 주신다 해도 하나님은 흩어지지 않습니다. 오히려 흩어진 사람들을 하나로 모으십니다.

에스겔서에서 하나님은 백성을 돌보라고 권한을 위임해 주신 왕과 지도자들이 제대로 직무를 수행하지 못했음을 엄중하게 책망하십니다. "너희는 약한 양들을 튼튼하게 키워 주지 않았으며, 병든 것을 고쳐 주지 않았으며, 다리가 부러지고 상한 것을 싸매어 주지 않았으며, 흩어진 것을 모으지 않았으며, 잃어버린 것을 찾지 않았다. 오히려 너희는 양 떼를 강압과 폭력으로 다스렸다"(겔 34:4).

지도자들이 소홀히 한 일을 하나님이 친히 하십니다. 계속해서 다음 대목을 보겠습니다.

제가 묻사오니 그러면 나의 하나님 당신은 누구십니까? 주님이 아니시고 누구십니까? 주님 외에 누가 하나님이십니까?(시 18:31) 당신은 지극히 높으시고 선하시며, 전지전능하시며, 지극히 자비로우면서도 의로우시며, 지극히 은밀히 계시면서도 가장 가까이 현존하시며, 지극히 아름다우면서도 지극히 강하시며, 항상 계시되 어디에 의존해 계시지 않으시며, 스스로는 변하지 않으시되 모든 것을 변화시키시며, 새롭게 되거나 옛것으로 돌아가지 않으시되, 모든 것을 새롭게 하십니다. 그러나 당신은 교만한 자들을 노쇠하게 하시니 그들은 이것을 알지 못합니다.

당신은 항상 일하시되 안식하시고, 부족함이 없으시나 거두시며, 계속 받들어 주시고, 채워 주시고, 보호해 주십니다. 당신은 항상 창조하시고, 양육하시며, 완성하십니다. 당신은 부족함이 없으시나 찾으시고, 사랑을 하시되 (욕심으로) 불타지 않으시며, 질투를 하시나 괴로워하지 않으시고, 뉘우치시나 슬퍼하지 않으시며, 노하시되 안정하십니다. 당신이 하시는 일을 바꾸시되 당신의 뜻과 계획은 바꾸지 않으시며, 당신이 무엇을 찾으셨다 할 때 아주 잃어버린 것을 찾음이 아니십니다.

당신은 결코 궁핍함이 없으시나 무엇을 얻을 때 기뻐하시며, 욕심이 없으시나 이자를 요구하십니다. 사람들은 당신께 필요 이상 더 바쳐 당신을 인간에게 빚진 자로 만들려 하나 사실 인간이 가진 것 중에 당신 것 아닌 것이 어디 있습니까?(고전 4:7) 당신은 인간에게 빚진 것이 하나도 없으시나 마치 빚진 것처럼 그들에게 갚아 주십니다. 또한 당신에게 진 빚을 없이 해주신다 해도 그것 때문에 당신은 손해 보는 것이 없으십니다. 오 나의 생명, 나의 거룩한 즐거움이 되신 하나님, 내가 지금 무엇을 말했습니까? 인간이 당신에 대하여 말할 때 무엇을 감히 말할 수 있겠습니까? 그러나 당신에 대하여 침묵을 지키는 자들에게는 화가 있을 것입니다. 왜냐하면 당신에 대하여 말을 많이 하는 사람도 실은 벙어리와 같기 때문입니다.[14]

『고백록』에 나오는 하나님에 대한 고백인데 참 아름답습니다. 서로 대조되는 문장을 한 구절 속에 담아 놓음으로 긴장을 유지하게 하지만, 하나님 통치의 신비를 오롯이 드러내고 있습니다. 부정 신학적인 표현과 긍정 신학적인 표현들이 아름답게 교직되면서 하나님 체험이라는 멋진 태피스트리가 만들어지고 있습니다. 하나님은 인간의 경험적 언어로 환원될 수 없는 분이십니다. 어거스틴은 하나님이 어떻게 일하시는지 장엄하게 펼쳐 놓은 다음 "내가 지금 무엇을 말했습니까? 인간이 당신에 대하여 말할 때 무엇을 감히 말할 수 있겠습니까?"라고 물러섭니다. 하나님에 대해 말한다는 것은 어쩌면 이런 것인지도 모릅니다. 그래서 조심스러워야 합니다. 하나님은 역설 속에서 일하십니다. 어거스틴의 말대로 하나님은 항상 일하시되 안식하시고, 부족함이 없으시나 거두시고, 계속 받들어 주시고, 채워 주시고, 보호해 주시는 분입니다. 스스로는 변하지 않으면서 다른 것들을 변하게 하십니다. 인간의 언어나 인식의 범주로는 하나님을 다 담아낼 수 없습니다.

일상을 성화하는 삶

아리스토텔레스가 가르친 논리학 이론 가운데 동일률과 배중률을 잠시 살펴보겠습니다. 먼저 동일률同一律입니다. '고양이는 고양이다.' 이것을 도식화하면 'A＝A'가 되겠습니다. 이것은 어떤 의미를 내포하고 있습니까? 'A는 A가 아닌 것이 아니다'라는 뜻입니다. 이것을 도식화하면 'A≠-A'가 됩니다. '고양이는 개다'라고 말하면 이것은 모순입니다. 그럴 수 없기 때문입니다. 그다음 배중률排中律을 볼까요? '배排'는 배척한다는 뜻입니다. '배중'이란 중간이 없다는 말입니다. 배중률은 'A와 A가 아닌 것 사이에는 중간이 없다'는 논리입니다. 이것을 도식으로 표시하면 'A∨-A'입니다. 그런데 이게 조금 문제가 있습니다. 조금 극단적인 예입니다만, 검은색과 흰색이 있을 뿐 그 중간에 아무것도 없다는 말이 옳은가요? 참 아니면 거짓이 있을 뿐 그 중간은 없다는 말이 늘 옳은가요? 이 논리는 우리 삶의 경험에 부합하지 않은 것 같습니다. 검은색과 흰색 사이에는 채도를 달리하는 수많은 색들이 존재하기 때문입니다.

플라톤은 그 중간 세계의 존재를 인정합니다. 이것은 이데아 이론과 연결되는데, 플라톤은 이데아의 세계가 실재이며 우리가 살고 있는 현실은 가상이라고 설정합니다. 우리가 큰 삼각형이나 아주 작은 삼각형을 보고 삼각형으로 인식하는 것은 삼각형의 이데아가 있기 때문입니다. 여기 붉은색의 이데아가 있습니다. 이데아에 가장 가까운 게 완전히 붉은색이라 할 수 있겠지만, 조금 옅은 붉은색도 있고 그보다 더 옅은 붉은색도 있습니다. 플라톤은 이 차이를 이데아의 '분여'分與 혹은 '분유'分有라는 개념으로 설명합니다. 헬라어로 '메텍식스'μέθεξις라는 그의 분여 이론에 의하면, 세상에 존재하는 모든 것은 정도의 차이는 있지만 각자 이데아를 반영하고 있습니다. 여기서 플라톤과 아리스토텔레스가 갈라집니다. 아리스토텔레스는 중간이 없다고 말하고, 플라톤은 중간이 많다고 말합니다. 여기서 조금 전에 살펴본 어거스틴의 견해는 플라톤에 가까움을 알 수 있습니다. 하나님은 부족함이 없으시나 거두시고, 빛이시나 어둠을 이해하신다는 논리는 그렇게 만들어진 것입니다.

주위를 보면 배중률적 신앙을 가진 이들이 많습니다. 삶의 태도 역시 마찬가지입니다. 우리 편 아니면 적, 좌파와 우파라는 이분법이 한국 사회를 어지럽히고 있습니다. 중간이 설 자리가 없습니다. 자기와 입장이 다르다는 것을 확인하는 순간 타인은 부정되어야 할 사람, 비진리로 규정됩니다. 비진리는 물리쳐야 하고, 가끔은 폭력도 필요하다고 생각합니다. 젊은 시절부터 저는 '회색인'의 사유에 익숙했습니다. 삶은 그렇게 단순하지 않다는 사실을 알았기 때문입니다. 소설가 강석경의 『숲속의 방』에 깊이 공감했던 것도 그래서입니다.[15] 자기가 가진 신념을 살아내기 위해 일직선으로 달려가는 사람도 있지만, 주변을 살피며 천천히 가는 사람도 있습니다. 누가 옳고 누가 그르다고 함부로 말할 수 없습니다. 최인훈의 소설 『광장』에 나오는 이명준이나 『회색인』에 나오는 독고준에게 저는 깊이 공감하곤 했습니다.[16] 사유한다는 것은 자기와의 대화입니다. 대화가 단절될 때 발생하는 것이 클리셰cliché입니다. 남이 한 말을 자기 말로 삼는다든지, 남이 심어 준 가치를 자기 신념으로 생각하는 것입니다. 이들은 여백이 없습니다.

배중률의 도식 'A∨-A'를 가끔은 뒤집어 보아야 합니다. 'A∧-A' 중간에 무수히 많은 것들이 있음을 알아차릴 때 혹은 인정할 때 여백이 생깁니다. 이때 나오는 것이 이중논변입니다. 예컨대 우리는 예수 그리스도는 참 하나님이며 참 인간이라고 고백합니다. 이 말은 모호합니다. 하나님이면 하나님이고 인간이면 인간이지 어떻게 하나님이면서 인간일 수 있습니까? 신학은 이 패러독스 위에 서 있습니다. 하나님은 아버지인 동시에 성자와 본질적으로 일치를 이룹니다. 구별되면서도 일체를 이룬다는 말입니다. 이것은 아리스토텔레스의 배중률적 세계관을 가지고는 설명될 수 없는 세계입니다.

여기서 우리가 유추할 수 있는 것이 일상과 거룩함이 서로 배척하지 않는다는 사실입니다. 저는 삶의 모든 순간이 하나님의 은총이 유입되는 통로라고 믿습니다. 거룩함은 예배를 위해 구별된 특별한 장소에서 발현되는 것이 아닙니다. 우리 일상의 자리 또한 거룩함이 현현하는 자리입니다. 돌베개를 베고 자던 야곱은 자기가 누웠던 그 자리에서 하나님의 현존을 경험했습니다. 식당에서 음식을 조리하거나 서빙을 할 때, 공장에서 일을 할 때, 논과 밭에서 작물을 돌볼 때, 악기를 연주할 때, 그림을 그릴 때, 산길을 걸을 때도 하나님과 만날 수 있습니다. '사크라멘툼 문디'Sacramentum Mundi 곧 '일상을 성화하는 삶'이 거룩한 삶입니다.

예수님의 비유는 대부분 하나님 나라에 대한 것입니다. '겨자씨와 누룩 비유'(마 13:31-33), '밭에 감추인 보물 비유'(마 13:44), '진주를 구하는 상인 비유'(마 13:45), '잃은 양 비유'(마 18:12-14), '물고기를 가리는 어부 비유'(마 13:47-48), '씨 뿌리는 사람 비유'(마 13:3-9), '되찾은 드라크마 비유'(눅 15:8-10). 그런데 그 비유에는 종교적인 표현이 거의 등장하지 않습니다. 예수님은 종교적인 언어를 하나도 쓰지 않으면서도 가장 빛나는 거룩의 세계를 열어 보이셨습니다.

일상의 성화가 담긴 아름다운 그림이 여기 있습니다. 여러분도 잘 아는 밀레의 「만종」입니다. 삼종 기도Angelus를 드리고 있는 부부의 모습이 보입니다. 부부의 발밑에 바구니가 놓여 있는데 거기에 감자가 담겨 있습니다. 스페인 화가 살바도르 달리는 저게 감자가 아니라 사실 죽은 아이의 시신이었다고 주장하기도 합니다. 면밀하게 연구한 미술사가들 중에는 저 바구니가 처음에는 관 모양으로 그려졌다고 말하는 이들도 있습니다. 멀리 교회가 보입니다. 그림이라는 공간에서 소리가 들려오지는 않지만, 저녁 무렵이 되어 종소리가 울려 퍼지고 있었던 것이 분명합니다. 부부는 손을 모으고 대지 위에서 기도를 드리고 있습니다. 남자는 모자를 벗어 손에 들고 있습니다. 쇠스랑이 땅에 꽂혀 있고, 외발수레가 여인의 뒤에 놓여 있습니다. 대지와 부부는 마치 한몸을 이룬 것처럼 보입니다. 밀레는 이 그림을 1859년에 그렸는데, 그의 할머니가 일을 하다가도 삼종 기도 종소리가 울려오면 일상의 걸음을 멈추고 기도하시던

장 프랑수아 밀레, 「만종」, 1859.

모습을 기억하면서 이 작품을 그렸다고 합니다. 농민 화가라는 칭호를 듣던 밀레의 가장 밑바닥에 있는 정서의 토대가 그런 할머니의 모습이 아니었을까 싶습니다.

그런데 이 그림은 단순히 낭만적인 그림으로만 볼 수 없습니다. 프랑스 혁명을 배경으로 보아야 하기 때문입니다. 프랑스 혁명은 1789년에 일어났지만, 그 후로도 크고 작은 혁명이 끊임없이 일어났습니다. 19세기의 프랑스는 혁명의 나라였다고 해도 과언이 아닐 것입니다. 이 그림은 1848년 2월 혁명이 일어난 지 얼마 되지 않은 때에 그려졌습니다. 프랑스 혁명이 일어났던 까닭은 제3계급이 들고 일어났기 때문입니다. 프랑스 사회는 일종의 위계사회였습니다. 제1계급은 사제 계급이고, 제2계급은 왕과 귀족이었습니다. 그들은 일하지 않고 살았습니다. 제3계급인 일반 서민들은 제1, 2계급을 떠받들기 위해 고단한 노동을 해야 했습니다. 그러니 불만이 없을 수가 없었습니다. 프랑스 혁명이 일어났을 때 프랑스의 민중들이 제일 먼저 찾아갔던 곳이 어디일까요? 수도원입니다. 그들은 농기구를 파괴의 도구로 삼아 클루니 수도원을 황폐하게 만들었습니다. 노동하지 않고 사는 계층에 대한 원한 감정이 그렇게 폭발적으로 나타난 것이었습니다. 밀레는 다른 계급에 대한 분노를 터뜨리는 대신 노동하는 사람의 아름다움을 표현하고 싶어 했습니다. 그래서인지 이 그림에 등장하는 여인의 모습은 남루하거나 천박해 보이지 않습니다. 오히려 성스러워 보입니다. 밀레는 이 그림을 통해 대지에 굳게 발을 딛고 살고 있는 사람들의 삶이 거룩하다고 말하고 있습니다. 사제 계급들이 화려한 성의를 입고 의례를 집례하는 것만이 거룩함이 아니라, 노동의 현장 속에서 이렇게 건강하게 사는 이들이야말로 진실로 거룩한 삶을 사는 것이라는 급진적 메시

장 프랑수아 밀레, 「이삭 줍기」, 1857.

지가 담겨 있습니다. 밀레의 다른 그림을 보겠습니다.

밀레의 또 다른 걸작 「이삭 줍기」입니다. 이 그림에는 세 여인이 등장합니다. 밭에 떨어진 이삭을 줍고 있습니다. 이 그림을 보여주며 무엇이 떠오르는지 물으면 사람들은 이구동성으로 성경의 인물 '룻'이 떠오른다고 말합니다. 아주 큰 그림은 아니지만 구도가 매우 인상적입니다. 전면에 배치된 세 여인은 화면을 지배하고 있습니다. 화면 위쪽 저 멀리 수확한 것들을 가득 실은 수레가 보입니다. 수레를 끄는 짐승이 말인지 소인지는 분명하지 않습니다. 흰옷을 입은 많은 사람들이 수확물을 거두고 있습니다. 화면의 우측 상단에는 말을 타고 있는 사람이 보입니다. 그는 감독관인 것 같습니다. 일하고 있는 이들을 지켜보고 있습니다. 전면에 배치된 세 여인은 그 노동의 무리에도 끼지 못한 사람들, 곧 사회의 가장 낮은 계층에 속한 사람들입니다. 레위기 19장이 이 화면의 배경처럼 보입니다. 바닥에 떨어진 이삭을 주워서라도 연명해야 했던 사람들의 신산스러운 처지가 이 그림에 담겨 있습니다. 이 그림이 제작된 것은 1857년입니다. 목가적으로 보이는 이 그림 속에 담긴 메시지는 노동하지 않는 계층에 대한 비판입니다. 사회에서 가장 낮은 계층에 속해 있던 이 세 여인도 「만종」에 등장하는 부부가 그랬던 것처럼 남루해 보이지 않습니다. 장시간의 노동으로 손은 비록 거칠어졌지만 그 손으로 희망을 줍고 있는 것처럼 보입니다. 저는 이 그림을 볼 때마다 일상의 거룩함을 느낍니다. 그림 한 점을 더 보겠습니다.

살바도르 달리의 「황혼의 격세유전」이라는 작품입니다. 이 그림은 누가 봐도 밀레의 「만종」을 패러디한 것임을 알 수 있을 것입니다. 살바도르 달리가 이 그림을 그린 것은 1932년입니다. 남자의 얼굴은 노동에 시달려서인지 이미 해골로 변해 있습니다. 화가

살바도르 달리, 「황혼의 격세유전」, 1932.

살바도르 달리, 「밀레의 만종에 대한 고고학적 회상」, 1935.

는 그의 머릿속 생각을 표현하기 위해 남자의 머리를 곡식 자루를 싣고 있는 수레와 연결하고 있습니다. 그는 오직 먹고사는 문제에만 몰두하고 있습니다. 그의 가슴은 텅 비어 있습니다. 감성이 메말 랐다는 말일 것입니다. 그림자조차 가슴이 비어 있습니다. 신성함의 자취는 어디에도 찾을 길이 없습니다. 오른쪽의 여인은 두 손을 모으고 서 있습니다. 경건해 보입니다. 그런데 여인의 팔에 긴 막대기가 연결되어 있습니다. 이게 무엇일까요? 이 막대기는 여인이 꼭 두각시임을 나타내기 위해 등장한 것입니다. 자기 삶이 얼마나 비참한 줄도 모르고 신에 대한 사랑을 한다고 스스로 생각하고 있는 여성, 종교에 의해 속아 넘어간 여성의 모습을 살바도르 달리는 이와 같이 표현하고 있습니다. 이것이 바로 무신론적 세계를 살고 있는 인류의 모습입니다. 살바도르 달리의 그림이 또 한 점 있습니다.

이 그림은 「밀레의 만종에 대한 고고학적 회상」이라는 제목이 붙어 있습니다. 화면 아래쪽에 아주 작은 사람들이 보입니다. 사막과 같은 장소에 있는 거대한 조형물을 구경하기 위해 찾아온 사람들입니다. 우리가 고대 세계의 유물을 찾아다니는 것처럼, 사람들은 지금 기도하는 모습의 거대한 조형물을 희귀한 유물처럼 여겨 바라보고 있는 것입니다. 살바도르 달리의 종교 비판이 신랄하기 이를 데 없습니다. 종교가 고고학적 유물인 세대가 열렸다는 것입니다. 자칫하면 오늘의 한국 교회와 세계 도처에 흩어진 한인들의 교회가 이런 조롱의 대상이 될 가능성이 있습니다. 지금 우리에게 필요한 것은 밀레의 「만종」과 「이삭 줍기」가 보여주듯, 우리의 일상이 하나님의 은총이 유입되고 있는 거룩한 장소임을 자각하고 일상을 거룩함으로 채워가기 위해 노력하는 것입니다. 오늘 강의는 여기서 마치겠습니다.

나의 인생,
나의 하나님

우리는 하나님 안에서 태어났고,

하나님과 함께 인생의 길을 걸어가고 있으며,

우리가 가는 궁극적인 지점은 하나님을 향하여 가는 것입니다.

우리 마음은 불안에 시달리고 때때로 흔들리지만,

대지에 발을 굳게 딛고 하나님을 향하여 나아가게 될 때

희망이 이 세상에 유입되리라 생각합니다.

하나님은 파악될 수 있는 분은 아니지만

순간순간 시간 속에서 우리와 동행하며 사건을 일으키시는 분이고,

그 사건을 통해 평화의 나라가 서서히 우리에게 다가올 것입니다.

시작이 있으면 끝이 있다는 게 참 좋습니다. 인생도 시작이 있으면 끝이 있습니다. 사람들은 인생의 끝인 죽음을 그렇게 좋아하지는 않는 것 같습니다. 이승에 미련이 많아서 그런 것일까요? 어쩌면 죽음은 미지의 세계이기 때문인지도 모르겠습니다. 끝이 없는 삶을 상상할 수 있을까요? 끝이 없는 삶은 권태로울 것입니다. 끝이 있기에 사람들은 유보된 시간에 의미를 부여하거나 창조하며 살려 합니다.

불안이라는 세계

하이데거는 1927년에 발간한 그의 주저 『존재와 시간』에서 "인간은 죽음에 이르는 존재"Sein-zum-Tode라고 말합니다.[1] 싱거운 이야기처럼 보이지만, 그의 초기 철학은 죽음의 한계 아래 있는 인간의 실존적 조건과 의미에 대해 탐구하고 있기에 매우 중요한 명제입니다. 인간이 죽음에 이르는 존재라는 말은 인간 스스로 자기한계를 의식하며 산다는 것을 의미합니다. 동물들 역시 죽음의 공포를 느낍니다. 도살장으로 끌려가는 소가 눈물을 흘린다는 이야기를 들은 적이 있습니다. 공포는 즉각적인 것이지 반성을 거쳐 인식되는 것이 아닙니다. 오직 인간만이 죽음이라는 한계 앞에 서서 자기 삶의 의미에 대해 묻습니다. 하이데거는 다른 동물과 구별되는 인간을 지칭하기 위해 "현존재"Da-sein라는 표현을 사용합니다. 번역하면 '거기에 있다'는 단순한 뜻이지만, 이 말이 함축하고 있는 뜻은 간단하지 않습니다. 'da'는 '거기에'라는 뜻도 있지만 '나타나다'라는 뜻도 있습니다. 인간은 세계에 던져져 있는 존재인 동시에, 세계의 가능성으로 나타날 수 있는 존재이기도 합니다. 그것이 현존재의 특성입니다. 그런데 현존재가 경험하는 기본 정조는 불안입니다. 하이데거는 불안을 무엇이라 설명하기 어려운 "근본 기분"Grundstimmung이라고 부릅니다. 불안에 잠식당한 영혼은 세상을 낯설게 인식할 수밖에 없습니다. 불안 속에서 자기 삶을 기획해야 하는 것이 인간의 삶입니다.

　인간의 근본 기분인 불안을 설명하기 위해 하이데거는 '히기누스의 우화'를 인용합니다. 어느 날 근심의 신 쿠라가 강을 건너가 흙이 많은 땅에 들어섰습니다. 보들보들한 점토를 보는 순간 그의 속에 있는 공작의 본능이 깨어났습니다. 공들여 작품을 빚고 보니 참 좋았습니다. 그런데 한 가지 아쉬운 것이 있었습니다. 흙으로 빚어진 자기 작품과 이야기를 할 수 없었던 것입니다. 그래서 그는 유피테르에게 그 작품 속에 숨을 불어넣어 달라고 부탁합니다. 유피테르의 숨결이 닿자 그는 생명 있는 존재가 되었습니다. 쿠라는 기뻐하며 그 존재에게 이름을 붙여 주려 합니다. 그러자 유피테르가 이의를 제기합니다. 자기가 숨을 불어넣었으니 이름을 부여할 자격이 자기에게 있다는 것입니다. 둘 사이의 논쟁이 벌어지는 가운데 흙도 논쟁에 가담합니다. 그 존재의 질료인 자기가 새로운 존재에 이름을 붙여야 한다는 것입니다. 도무지 해결의 기미가 보이지 않자 그들은 제3자를 심판관으로 모십니다. 그는 농업의 신인 사투르누스였습니다. 사투르누스는 아주 슬기롭게 판결을 내립니다. 그 새로운 존재가 죽으면 생명의 본체인 혼은 본래의 주인인 유피테르에게 귀속되고 몸은 본래의 질료인 흙으로 돌아가면 된다면서, 살아 있는 동안에는 쿠라의 이름을 따면 될 것이라고 말합니다. 쿠라는 라틴어로 '근심', '불안'이라는 뜻입니다. 심판관인 사투르누스는 농사를 관장하는 동시에 시간의 질서를 관장합니다. 심판관이 시간이라는 사실이 의미심장합니다.

인간의 기본 정조가 불안이라는 것은 성경 이야기에서도 이미 드러났습니다. 아벨을 죽이고 에덴의 동쪽으로 이동한 가인이 정착한 땅 이름 '놋'은 '유리하다', '방황하다'라는 뜻이었습니다. 사랑의 관계로부터 소외되는 순간 불안은 그림자처럼 우리와 분리할 수 없음을 보여주는 이야기입니다. 에덴 동산에서 쫓겨나는 아담과 하와를 그린 마사초의 그림을 앞선 강의에서 살펴보았는데요. 그들은 영원의 세계에서 쫓겨나 시간 속에서 살아야 했습니다. 화가가 그 결정적 변화를 표현하기 위해 사용한 것이 바로 그림자였습니다. 그림자는 곧 시간의 세계입니다.

앞의 이야기에서 한 존재의 운명을 판정해 준 심판관은 시간이었습니다. 시간 속에 사는 인간은 누구나 불안의 운명에 매일 수밖에 없습니다. 불안과 공포는 구별되는 정서입니다. 공포는 대상이 있는 두려움입니다. 숲길을 걷다가 그리즐리 곰을 만났습니다. 불안합니까, 두렵습니까? 설핏 잠에서 깨어나는 순간 누가 내 머리에 총을 겨누고 있습니다. 불안합니까, 두렵습니까? 그런데 불안은 대상이 없습니다. 그것은 느닷없이 다가와 우리 삶을 뒤흔들어 놓습니다. 실체가 없습니다. 이 불안을 존재론적 결핍으로 설명하는 사람도 있습니다. 인간은 무로부터 창조되었기 때문에 원초적으로

'무의 당기는 힘'에 이끌리게 마련이고 바로 그것이 불안이라고 설명하는 사람도 있습니다. 불안은 좀 낯선 느낌인 게 분명합니다. 그런데 인간은 그 불안 때문에 인간답게 됩니다. 불안은 자기 존재를 근원으로부터 재사유할 것을 요구하고 있기 때문입니다.

인생이라는 항로에서

앞선 강의에서 소개했던 칼 야스퍼스의 '한계상황'을 다시 떠올려 보십시오. 한계상황이란 죽음, 죄책감 등 우리가 통제할 수 없는 현실과 맞닥뜨렸을 때의 상황을 가리킵니다. 칼 야스퍼스는 그것이 우리가 부딪쳐 난파하는 하나의 벽과 같다고 말합니다. 사실 이것은 의식하지 못할 뿐 우리가 늘 직면하고 있는 현실입니다. 한계상황을 의식하는 순간 사람은 누구나 자기를 돌아보게 됩니다. 그 반갑지 않은 손님과 만났을 때, 비로소 자기가 맹렬하게 따라가고 있던 삶의 목표가 허망하다는 느낌에 사로잡힙니다. 삶의 우선순위가 달라집니다. 소중하게 여겼던 것들이 허망한 것처럼 여겨지고, 소홀하게 다루었던 것들이 소중하게 다가오기도 합니다. 어떤 의미에서 한계상황은 우리 삶을 근본에서부터 돌아보라는 일종의 초대장인지도 모르겠습니다. 한계상황은 누군가가 기획하는 것이 아니라 예기치 않은 시간에 닥쳐와 우리를 확고하게 사로잡습니다. 한계상황에 직면했을 때 어떤 사람은 낙심한 채 무너져 버립니다. 인생의 무게를 감당할 내적인 힘이 없기 때문입니다. 그러나 그 한계를 넘어 실존적인 도약을 감행하는 이들도 있습니다. 한계상황은 그런 의미에서 한계와 무한 사이의 교차점이라 할 수 있습니다.

무한으로의 도약을 감행하는 것이 용기입니다. 한계를 받아들이면서도 새로운 세계를 기획할 때 인간은 아름답습니다. 불안이 없는 인생은 가능하지 않습니다. "우리 마음이 당신 안에서 안식할 때까지는 편안하지 않습니다"라고 했던 어거스틴의 고백은 적실합니다.[2] 그는 인생을 바다에 비유하기도 했습니다. 배가 출항하는 순간 배는 다양한 위험 속에 노출되기 마련입니다. 바람이 순하게 불고 파도가 잔잔할 때는 저절로 노래가 나옵니다. "창공에 빛난 별 물 위에 어리어 바람은 고요히 불어오누나."[3] 마치 꿈을 꾸는 것 같은 순간입니다. 그러나 물결이 조금씩 높아지다가 이윽고 감당할 수 없는 풍랑이 배를 위협할 때도 있습니다. 파선의 위기와 죽음의 공포가 우리를 사로잡습니다. 항구에 도착해 닻을 내릴 때라야 비로소 배는 위험에서 벗어납니다. 항해 이야기는 우리 인생의 절묘한 유비입니다. 인생은 순경과 역경이 교직하며 만들어 내는 풍경인지도 모르겠습니다. 세상의 여정을 마치고 보내신 분의 품에 안기기까지는 불안이 운명에서 벗어날 수 없습니다. 그런데 인생이라는 항로에서 마주치게 될 태풍과 물결이 무서워서 출항하지 않는다면, 숙명론의 노예살이를 할 수 밖에 없습니다. 떠나지 않으면 안전할지는 모르겠지만 그 길 위에서 만나게 될 새로운 세계와 경험을 할 수 없습니다. 성경이 끊임없이 사람들에게 떠나라고 하는 것은 그 때문입니다.

우리는 인생의 여정을 거치면서 '나'라고 하는 정체성을 만들어 갑니다. 그것을 알에 비유해도 좋을 것 같습니다. 내 생각과 입장, 이데올로기, 세계관이 바로 설 때 주체적 삶이 가능합니다. 알은 나를 보호해 주는 울타리입니다. 알은 냉혹한 세상살이에 지칠 때 돌아가 쉴 수 있는 둥지이기도 합니다. 하지만 알 속에만 머무르면 안 됩니다. 알은 안에 든 생명을 보호해 주기도 하지만, 그 속에만 머물려 할 때 생명을 죽게 하는 무덤이 될 수도 있습니다. 여성의 자궁은 알을 닮았습니다. 새로운 생명을 품어 키웁니다. 그러나 때가 되면 큰 고통을 감수하면서 그 생명을 밖으로 밀어냅니다. 새로운 탄생은 늘 고통을 동반합니다. 깨지기를 거부하는 것을 고착이라 합니다.

신앙도 마찬가지입니다. 사람들은 하나님과의 만남을 내면화하면서 자기 나름의 신앙관을 형성합니다. 삶의 복수성과 다양성을 경험하면서 그 알은 조금씩 단단해져 갑니다. 그러나 자기가 형성한 알을 절대화하기 시작할 때 파탄이 시작됩니다. 그 속에 갇히는 순간 교조적으로 변하고, 다름을 용납하지 못하는 편협함을 보이며, 폭력적인 태도로 다른 이들을 동화시키려 합니다. 근본주의자들이 위험한 것은 자기와 다른 것들을 비진리로 규정하기 때문입니다. 그들은 배우려 하지 않습니다.

위학일익 위도일손 爲學日益 爲道日損

노자의 『도덕경』 48장에 나오는 구절입니다. 노자는 배움에 대해서 다소 부정적인 입장입니다만, 저는 제 나름으로 받아서 이 구절을 좌우명으로 삼고 있습니다. 배움을 위해서는 날마다 쉬지 않고 더해가야 하고, 마음공부를 위해서는 자꾸 덜어내고 또 덜어내 가벼워져야 한다는 말로 받아들입니다. 노자가 배움에 대해 부정적인 것은 그것이 자기확장욕과 관련된다고 생각하기 때문입니다. 자기가 커지면 자기 이외의 세계를 보려 하지 않는다는 것이 인간의 병통입니다. 자기를 비운 이들은 타자들의 존재를 자각하지 않을 수 없습니다. 내게 집중되었던 관심의 영역이 넓어져 타인들을 향하게 되고, 더 나아가 궁극적인 세계와 마주하게 될 때 우리는 비로소 진정한 자유에 이르게 됩니다.

갈라진 틈으로 들어오는 빛

이것을 기독교 신앙의 언어로도 이야기할 수 있습니다. 저는 죄란 '자기 속으로 구부러진 마음'이라고 일단 정의합니다. 자기가 세상의 중심이 되지 않으면 못 견디는 마음이 곧 죄라는 것입니다. 타자를 위한 여백은 없습니다. 그러다가 앞서 말한 한계상황을 만나 자기성찰에 이르게 되면 자신의 비참함에 놀라게 됩니다. 그 비참함 혹은 깨짐의 경험은 은혜가 들어오는 문이 됩니다. 캐나다의 음유시인 레너드 코언의 송가 「Anthem」에는 이런 대목이 나옵니다.

> 모든 것에는 부서져 갈라진 틈이 있지.
> 바로 그 틈으로 빛이 들어오는 거야.
> There is a crack, a crack in everything.
> That's how the light gets in.

살다 보면 이런저런 상처가 누적되어 마음에 금이 생깁니다. 그 금이 깊어져 갈라지기도 합니다. 그런데 코언은 그 갈라진 틈으로 빛이 들어온다고 말합니다. 은총이 작동하는 원리가 바로 이러합니다. 시편 시인의 "하나님께서 원하시는 제물은 찢겨진 심령입니다"(시 51:17)라는 고백이 가리키는 것도 바로 이런 진실일 것입니다. 자기가 하나님의 자비에 의해 있는 그대로 받아들여졌음을 알 때 우리 내면에 일어나는 것이 정화purification입니다. 죄 씻음을 받은 것입니다. 그때 우리 내면에 켜켜이 쌓여 있던 어둠을 자각하게 됩니다. 어거스틴은 이 경험을 인상 깊게 표현했습니다. 스스로 보기 싫어서 자기 뒤로 숨겨 놓았던 부끄러운 일들을 하나님이 자기 눈앞에 들이대며 보라고 하셨다는 것입니다. 스스로 깨끗하다 여기며 살았지만 하나님 은혜의 빛이 도래하는 순간, 자기의 더러움과 추함이 확연하게 드러납니다. 바울은 이때가 잠에서 깨어나야 할 때라고 말합니다.

> 밤이 깊고, 낮이 가까이 왔습니다. 그러므로 우리는 어둠의 행실을 벗어 버리고, 빛의 갑옷을 입읍시다(롬 13:12).

빛의 갑옷을 입은 것을 가리켜 조명illumination이라 합니다. 그 밝음의 세계를 따라 걸을 때 우리는 마침내 하나님과의 깊은 일치unification를 경험하게 됩니다.

> 그 날에 너희는, 내가 내 아버지 안에 있고, 너희가 내 안에 있으며, 또 내가 너희 안에 있음을 알게 될 것이다(요 14:20).

이런 단계까지 이르는 것이 신앙의 성숙입니다. 정신이 커진 사람은 너그럽습니다. 사소한 차이 때문에 다른 이들을 배제하지 않습니다. 자기초월이 일어날 때 사람은 커집니다. 앞선 강의에서 '바다'라는 이름이 지닌 포용성에 대해서 살펴보았습니다. 받아들임이야말로 큰 존재의 특징입니다. 예수님은 모든 사람을 받아 안으셨습니다. 유대교 지도자들이 죄인 혹은 불경건한 사람으로 낙인찍은 이들과 사귀는 데 주저함이 없었습니다. "세리와 죄인의 친구"(마 11:19)라는 예수님의 별명은 불명예스러운 것이 아니라 오히려 그분의 크심을 보여줍니다.

그리스 작가 니코스 카잔차키스의 『그리스인 조르바』에는 참으로 매력적인 인물 조르바가 등장합니다. 그는 천상 자유인입니다. 제가 다섯 번 이상 읽은 책이 몇 권 있는데 이 책도 그중 하나입니다. 평생 백면서생으로 살아서 그런지 조르바의 활달한 자유가 언제나 마음에 와 닿았기 때문입니다. 기억에 남는 문장이 많지만 조르바가 자기를 고용한 소설 속 화자에게 한 이 말이 제게 꽤 충격적으로 다가왔습니다.

> 아시겠지만 하느님은 굉장한 임금이십니다. 굉장한 임금이시라는 게 뭡니까? 용서해 버리는 거지요![4]

조르바는 혼령 하나가 하나님께 다가와 자기 죄를 밑도 끝도 없이 조목조목 나열하면, 하나님은 하품을 하고는 혼령을 꾸짖으신 뒤 쓱싹쓱싹 물 묻은 스펀지로 문질러 죄를 몽땅 지워 버리신다고 합니다. 그런 다음 "가거라, 천당으로 썩 꺼져라. 여봐라, 베드로. 이 잡것도 넣어 줘라!" 하고 말씀하신다고 합니다. 소설적 상상력이긴 합니다만 참으로 놀랍지 않습니까? 오늘의 그리스도인들이 편협하다는 비난을 받는 것은 우리 정신의 그릇이 점점 작아지고 있기 때문입니다.

보이지 않는 세계

노자는 『도덕경』 14장에서 "보아도 보이지 않는 것을 이름하여 이夷라 하고, 들어도 들리지 않는 것을 이름하여 희希라 하며, 잡아도 잡히지 않는 것을 이름하여 미微라 한다"고 말합니다. 지구가 둥글다는 사실은 모두가 다 압니다. 그런데 육안으로는 그것을 확인하기가 어렵습니다. 지구가 둥글다는 사실을 입증하기 위해 사람들은 수평선 너머로 사라지는 배의 예를 들기도 하고, 우주인들이 지구 밖에서 찍은 사진을 제시하기도 합니다. 우리의 시각은 지구가 평평하다고 말합니다. 캐나다 로키산맥 일대를 둘러보고 나서 드럼헬러라는 지역에 가다 보니 산은 하나도 안 보이고 광활한 평야가 펼쳐지더군요. 이곳에 유채꽃밭이 많다는데 아쉽게도 철이 지나 보지는 못했습니다. 멀리 지평선이 보였는데 그런 광경을 보아도 지구가 둥글다는 생각은 들지 않습니다. 왜 그럴까요? 큰 세계는 우리 눈에 보이지 않기 때문입니다. 보아도 보이지 않는 세계가 있습니다.

움직임 또한 그렇습니다. 지구는 움직입니까, 아니면 정지해 있습니까? 어리석은 질문인 줄 압니다. 지구는 물론 자전과 공전을 하고 있습니다. 위도에 따라 달라지기는 하지만 적도를 기준으로 볼 때 지구의 자전 속도는 대략 시속 1,674킬로미터라고 합니다. 고속열차 속도의 다섯 배가 넘습니다. 공전 속도는 더 어마어마합니다. 태양 주위를 1초에 30킬로미터 돌고 있습니다. 그런데도 우리는 지구가 움직임을 느끼지 못합니다.

속도가 그렇다면 그 소리 또한 어마어마할 텐데 우리는 그 소리조차 듣지 못합니다. 지구가 돌아가는 소리를 혹시 들으신 분 계신가요? 우리는 아는 것보다 모르는 게 더 많습니다. 밤하늘을 배경으로 별들이 찬란하게 빛나고 있지만, 그 공간을 가득 채우고 있는 것은 압도적으로 많은 암흑물질입니다. 그 신비 앞에 설 때 우리는 저절로 겸허해지지 않을 수 없습니다.

인간은 한정된 시간을 살다 가는 존재입니다. 하루살이가 겨울이라는 시간을 이해할 수 없는 것처럼 우리는 영원을 그리워할 뿐 파악하지는 못합니다. 그 흔적을 흘낏 볼 뿐입니다. 예수 그리스도는 우리에게 영원의 세계를 보여주셨을 뿐만 아니라, 그 세계로 우리를 끌어올리십니다. 골로새서는 그리스도의 신비를 이렇게 표현합니다.

> 그 아들은 보이지 않는 하나님의 형상이시요, 모든 피조물보다 먼저 나신 분이십니다. 만물이 그분 안에서 창조되었습니다. 하늘에 있는 것들과 땅에 있는 것들, 보이는 것들과 보이지 않는 것들, 왕권이나 주권이나 권력이나 권세나 할 것 없이, 모든 것이 그분으로 말미암아 창조되었고, 그분을 위하여 창조되었습니다. 그분은 만물보다 먼저 계시고, 만물은 그분 안에서 존속합니다 (골 1:15-17).

그리스도가 앞서 가신 그 길을 따라 우리는 조금씩 하나님의 신비에 다가섭니다. 가끔 하나님은 우리에게 낯선 이의 모습으로 다가오십니다.

하나님의 현존과 부재 사이에서

하나님이 사람을 자신의 형상을 따라 지으셨지만, 인간은 하나님을 자신의 욕망을 따라 지어내곤 합니다. 절대 타자로서 하나님을 대면하지 않고, 내 욕망에 길들여진 모습으로 하나님을 상상합니다. 몇 가지 이미지가 떠오릅니다. 우선, 권선징악勸善懲惡으로 세상을 심판하시는 하나님의 이미지가 있습니다. 선한 사람에게는 보상을 내리시고 악한 사람에게는 형벌을 내리시는 하나님 말입니다. 하지만 우리는 하나님의 정의가 현실 속에서 계속 지연되거나 어그러지는 것을 경험합니다. 시편 73편의 기자가 거듭 말하고 있는 것처럼, 악한 자들은 피둥피둥 살만 쪄서, 거만하게 눈을 치켜뜨고 다니며, 남을 비웃으며, 악의에 찬 말을 쏘아붙이며, 입으로는 하늘을 비방하고, 혀로는 땅을 휩쓸고 다닙니다. 죽을 때도 고통이 없으며, 몸은 멀쩡하고 윤기까지 흐릅니다. 재산도 자꾸만 늘어나서 그 자식들까지 떵떵거리며 삽니다(시 73:4, 7-9, 12). 세상이 잘못 돌아가고 있습니다. 하나님이 마땅히 개입하셔서 무너진 정의를 바로 세우셔야 하지만, 하나님은 세상일에 도무지 관심이 없으신 것 같아 보입니다. 세상이 이렇다고 하여 자식들에게 "선하게 살아 보아야 아무 소용 없다. 기회주의적으로 사는 게 최고야"라고 가르칠 부모는 없을 것입니다. 생각해 보면 요즘은 노골적으로 이렇게 가르치지는 않지만 그런 삶을 부추기는 이들은 있는 것 같습니다. 학부모들의 '갑질' 이야기가 도처에서 터져 나옵니다. 자식 잘 기르겠다는 마음은 알겠지만, 그것이 자식을 망치는 일이라는 사실을 도무지 인식하지 못하는 것 같아 안타깝습니다.

하나님의 정의가 실현되지 않는 세상을 보며 사람들은 탄식합니다. 시편에 나오는 탄식시들은 당위와 현실 사이의 비대칭성에 시달린 이들의 신음소리를 담고 있습니다. 탄식시는 하나님이 부재하시는 것 같은 상황에서 겪는 괴로움을 솔직하게 토로합니다. 시편에 탄식시만 있는 것은 아닙니다. 하나님을 찬양하는 노래 혹은 기도 또한 많습니다. 그것은 하나님의 현존을 경험하는 이들이 누리는 기쁨을 담고 있습니다. 솔직히 말하자면, 찬양보다는 탄식이 더 많은 게 우리 삶입니다.

탄식시에 등장하는 대표적인 두 단어가 있습니다. '어찌하여' 와 '언제까지'입니다. 선한 이들에게 가해지는 고통의 현실 곧 불의한 현실을 마주한 시인은 그 억울함을 풀 길이 없기에 하나님께 "어찌하여 이런 일이 벌어집니까?"라고 묻지 않을 수 없습니다. 지속적인 고통 속에 처한 이들은 그 고통이 빨리 끝나기를 바랍니다. "언제까지입니까? 지금 내가 겪고 있는 고통의 의미는 무엇이고, 그 고통은 언제 끝나는 것입니까?" 시편과 잠언은 둘 다 성문서이지만, 잠언은 선인에게 상을 주시고 악인에게 벌을 주시는 하나님을 상정합니다. 시편은 하나님의 현존과 부재 사이에서 바장이는 인간의 현실을 직시하면서 하나님께 의문을 제기합니다. 성문서에 속한 다른 책인 욥기는 시편의 세계에서 더 나아갑니다. 하나님의 정의가 무너진 것 같은 느낌을 넘어 하나님 자신이 불의하신 분처럼 인식되는 세계를 보여주고 있으니 말입니다.

내가 가진 신앙의 동기

이제 욥의 세계로 진입해 보겠습니다. 성경은 욥을 "흠이 없고 정직하였으며, 하나님을 경외하며 악을 멀리하는 사람"(욥 1:1)이라고 소개합니다. 노아를 소개할 때보다 더 적극적으로 욥의 덕성을 서술하고 있습니다. 그러면 조금 불안하게 느껴집니다. 인간의 드라마를 너무 많이 본 까닭일까요? 호사다마好事多魔라는 말도 같은 지점을 가리킵니다. 좋은 일에는 시샘하듯 나쁜 일이 따른다는 뜻입니다. 어쩌면 이게 생의 이면인지도 모르겠습니다. 한 인물을 소개하기 위해 욥기가 선택한 언어는 간명합니다. '흠이 없다', '정직하다', '하나님을 경외한다', '악을 멀리한다.' 복된 인생입니다. 아들딸도 많이 낳았습니다. 아들이 일곱이고 딸이 셋입니다. 한마디로 완벽합니다. 7과 3은 일종의 완전수입니다. 여러 문화권에서 3은 하나님을 가리키는 숫자이고 4는 세상을 가리키는 숫자입니다. 그 둘이 합쳐진 7과 곱인 12가 완전수인 것은 그 때문입니다.

욥의 가축 수도 흥미롭습니다. 양이 7천 마리, 낙타가 3천 마리, 겨릿소가 5백 쌍, 암나귀가 5백 마리입니다. 종도 아주 많았습니다. 욥은 동방에서 으뜸가는 부자였습니다. 유대인들이 복 받은 사람의 표상으로 삼는 모든 조건이 욥에게 갖춰져 있습니다. 자녀가 많고, 재산이 넉넉하며, 사회적 평판이 좋고, 하나님을 경외하는 자라고 인정되고 있으니 말입니다. 유대인과 우리가 생각하는 복이 비슷합니다. 우리가 말하는 오복五福이 무엇이지요? 수壽, 부富, 강녕康寧, 유호덕攸好德, 고종명考終命입니다. 수는 오래 사는 것이고, 부는 물질적인 넉넉함이고, 강녕은 몸과 마음이 두루 건강한 것이고, 유호덕은 덕을 좋아하며 즐겨 행하는 것이고, 고종명은 평안하게 살다가 잘 마무리하는 것입니다. 욥은 그 운명의 날이 닥쳐오기 전까지만 해도 복 받은 사람의 표상이었습니다.

욥은 매우 조심스럽게 살았습니다. 경거망동하지 않았고 교만하지도 않았습니다. 앞에서 잠시 언급한 시편 73편의 악인들과는 매우 대조적입니다. 자식들에 대한 사랑 또한 지극했습니다. 의가 좋은 자식들이 종종 모여 잔치를 벌이곤 했는데, 잔치가 끝난 다음날이면 욥은 으레 자식 수대로 하나님께 번제를 드렸습니다. 부지불식간에 죄를 짓지 않았는지 염려했기 때문입니다.

욥기는 그렇게 욥이라는 사람에 대해 소개한 뒤 하늘의 광경으로 우리를 초대합니다. 천사들이 하나님 앞에 섰는데 그 자리에 사탄도 함께 서 있었습니다. 사탄은 우리가 흔히 생각하는 사악하고 불길한 악마가 아닙니다. 그는 참소하는 자입니다. 참소讒訴는 남을 해치려고 죄가 있는 것처럼 꾸며 윗사람에게 일러바치는 것을 이르는 말입니다. 가톨릭 전통에서는 어떤 사람을 성인聖人으로 추대하기 전에 엄격한 심사를 진행합니다. 순교자나 덕행이 뛰어난 신앙인 혹은 타인을 위해 자기 목숨을 바친 사람이 그 대상이 되는데, 그를 통해 기적이 나타났는지를 살피는 것도 중요한 일입니다. 기적은 하나님이 함께하심의 징표이기 때문입니다. 과거에 성인을 추대하는 과정에서 독특한 제도가 있었는데 악마의 변호인Devil's Advocate 제도입니다. 그 역할을 부여받은 사람은 의도적으로 시성 대상자의 허물을 찾아 고발하는 역할을 합니다. 그 고발을 이겨내야 성인이 될 수 있는 것입니다.

하나님이 사탄에게 "어디를 갔다가 오는 길이냐?"라고 물으시자, 사탄은 "땅을 이리저리 돌아다니다가 오는 길입니다"라고 대답합니다(욥 1:7). 사탄은 참 부지런합니다. 가지 않는 곳이 없습니다. 또한 모르는 게 없습니다. 그쯤에서 마치셨더라면 좋았을 텐데 하나님은 느닷없이 욥을 칭찬하십니다.

> 너는 내 종 욥을 잘 살펴보았느냐? 이 세상에는 그 사람만큼 흠이 없고 정직한 사람, 그렇게 하나님을 경외하며 악을 멀리하는 사람은 없다(욥 1:8).

노아 시대에 하나님은 사람 지으신 것을 후회하셨고 마음 아파하셨습니다. 지금은 정반대의 상황입니다. 사탄은 하나님의 칭찬에 이의를 제기합니다.

> 욥이, 아무것도 바라는 것이 없이 하나님을 경외하겠습니까?
> 주님께서, 그와 그의 집과 그가 가진 모든 것을 울타리로 감싸
> 주시고, 그가 하는 일이면 무엇에나 복을 주셔서, 그의 소유를 온
> 땅에 넘치게 하지 않으셨습니까? 이제라도 주님께서 손을 드셔서,
> 그가 가진 모든 것을 치시면, 그는 주님 앞에서 주님을 저주할
> 것입니다(욥 1:9-11).

우리가 알지 못하는 곳에서 우리의 운명을 두고 이런 일이 벌
어진다고 생각하면 인생이 답답해집니다. 사탄의 말 가운데 "욥이,
아무것도 바라는 것이 없이 하나님을 경외하겠습니까?"라는 질문
이 중요합니다. 사탄의 이 말은 우리 신앙의 동기를 돌아볼 것을 요
구하고 있습니다. 우리가 하나님을 믿는 것은 바라는 것이 있기 때
문인가요? 하나님이 우리가 바라는 것을 들어주시지 않아도 여전
히 하나님을 믿을 수 있을까요? 사탄은 욥의 신실한 삶은 하나님
이 그에게 많은 복을 내려 주셨기 때문이라고 말합니다. 사탄은 하
나님이 욥이 가진 것을 치시면 주님을 저주할 것이라고 말합니다.
이제 우리는 압니다. 사탄이 시험하는 것은 욥이 아니라 하나님입
니다. 하나님은 마침내 사탄에게 욥을 시험하도록 허용하십니다.
한 가지 금지 명령이 주어졌습니다. "그의 몸에는 손을 대지 말아
라!"(욥 1:12) 사실 이 구절은 욥이 겪게 될 더 큰 시련을 예고하고 있
습니다.

고난의 시간을 지날 때

이어지는 욥기 1:13-19을 보면, 불과 몇 절밖에 되지 않는 짧은 구절에 욥이 겪은 참담한 경험이 긴박하게 그려지고 있습니다. 욥의 아들딸들이 맏아들의 집에서 잔치를 벌이고 있는데, 일꾼 하나가 달려와 욥에게 스바 사람들의 습격으로 가축들을 약탈당하고 종들 또한 도륙당했다고 보고합니다. 곧이어 또 다른 사람이 달려와 하늘에서 하나님의 불이 떨어져서 양 떼와 목동들을 살라 버렸다고 말합니다. 그 말이 채 끝나기도 전에 또 다른 사람이 달려와 갈대아 사람들이 몰려와 낙타 떼를 모두 끌어가고 종들을 칼로 쳐서 죽였다고 보고합니다. 결정적인 타격이 아직 남아 있습니다. 또 다른 사람이 달려와 욥의 아들딸들이 맏아들의 집에서 잔치를 벌이고 있을 때 갑자기 강풍이 불어와 집이 무너져 젊은 사람들이 그 속에 모두 깔려 죽었다고 보고합니다. 엎친 데 덮친 격, 설상가상이라는 말로도 이 참상을 다 표현할 길이 없습니다. 욥은 일어나 슬퍼하며 겉옷을 찢고 머리털을 밀었습니다. 그러면서도 하나님을 경배하는 노래를 부릅니다.

> 모태에서 빈손으로 태어났으니, 죽을 때에도 빈손으로 돌아갈 것입니다. 주신 분도 주님이시요, 가져가신 분도 주님이시니, 주님의 이름을 찬양할 뿐입니다(욥 1:21).

이 이야기를 전하면서 욥기의 저자는 아주 건조하게 한 마디를 덧붙입니다.

이렇게 욥은, 이 모든 어려움을 당하고서도 죄를 짓지 않았으며, 어리석게 하나님을 원망하지도 않았다(욥 1:22).

많은 목회자들이 이 대목을 본문으로 삼아 믿음이란 바로 이런 것이라고 설교합니다. 물론 신앙의 심층적 차원에 도달한 이들은 이런 고백에 '아멘'으로 응답할 수도 있지만, 평범한 사람들로서는 쉽게 수긍하기 어려운 대목입니다. 성경의 급진성과 만나기 위해서는 쉽게 '아멘' 하면 안 됩니다. 도무지 받아들여지지 않는 현실을 믿음이라는 이름으로 강요해서도 안 됩니다. 자신의 감정에 충실해질 필요가 있습니다. 욥기 1장에 나오는 욥은 도무지 우리가 범접할 수 없는 사람입니다. 손에 가시 하나만 박혀도 어쩔 줄 몰라 당황하는 게 우리들입니다. 하루아침에 인생의 모든 성취와 토대가 무너졌습니다. 그런데도 "주신 분도 주님이시요, 가져가신 분도 주님이시니, 주님의 이름을 찬양할 뿐입니다"라고 노래할 수 있을까요? 운명의 타격으로 인해 큰 슬픔에 잠겨 있는 사람을 찾아가 위로를 한답시고 이 문장을 인용하는 사람이 있습니다. 저는 그런 이들을 보면 입에 테이프를 붙여 주고 싶습니다. 당사자가 애도의 시간을 충분히 가진 뒤 마침내 성찰적 거리가 확보되어서 그 사태를 그렇게 인식할 수는 있습니다. 그러나 아직 애도의 시간도 지나가지 않았는데 그가 겪은 불행의 의미를 해석하려 한다면 그 자체가 오만입니다. 슬픔의 시간은 개인마다 차이가 있습니다. 중요한 것은 그를 기다려 주고, 그의 곁에서 함께 머물러 있어 주는 것입니다. 큰 불행을 겪은 사람들이 좀처럼 슬픔에서 벗어나지 못하는 것을 보고 "이제는 그만하면 됐다"고 역정을 내는 이들이 있습니다. 무정한 사람들입니다.

장자의 경우는 조금 달랐습니다. 『장자』 외편을 보면, 장자의 아내가 죽어 친구인 혜자가 조문하는 이야기가 나옵니다. 장자가 슬픔에 잠겨 있을 것이라 생각했는데, 혜자가 찾아갔을 때 그는 바닥에 두 다리를 쭉 뻗고 앉아 질그릇을 두드리며 노래를 부르고 있었습니다. 당혹감을 느낀 혜자가 "아니, 부부로서 오랫동안 함께 살았고, 자식을 낳아 길렀으며, 그러느라 늙어간 아내가 죽었는데 어찌 노래나 부르고 있단 말인가? 자네는 슬프지도 않은가?"라고 묻자 장자가 대답합니다. "슬프지. 나도 슬프다네. 그런데 가만히 생각해 보니 내 아내는 태어나기 이전의 자리로 돌아갔어." 찰기시察其始 곧 생명의 시작을 곰곰이 생각해 보니 아내가 본래의 자리로 돌아갔음을 알았고, 하늘과 땅이라는 거대한 방에 누워 편안히 잠들어 있는 사람을 두고 곡을 할 수 없더라는 것입니다. 믿음의 세계는 이보다 더 깊다고 말씀하신다면 저는 할 말이 없습니다. 그저 존경할 뿐입니다.

우리가 텍스트에 집착할 때가 많지만 텍스트는 꽤 많은 것을 숨기거나 생략합니다. 모든 것을 다 기록할 수 없기 때문입니다. 그런 생략 혹은 숨김이 오히려 텍스트를 생동감 있게 만들어 줍니다. 읽는 이들은 텍스트 속에 숨겨진 이야기를 헤아려 보면서 그 메시지의 핵심에 도달하기 위해 노력해야 합니다. 욥은 그런 참담한 일들을 겪고 나서 즉시 "주신 분도 주님이시요, 가져가신 분도 주님이시니, 주님의 이름을 찬양할 뿐입니다"라고 고백한 게 아닐 것입니다. 말문이 막히는 상황입니다. 하나님께 도대체 내게 왜 이러시냐고 항의라도 하고 싶었을 것입니다. 어둠과 환멸의 시간이 지나간 뒤 그는 비로소 현실을 현실로 받아들입니다. 하나님의 뜻을 헤아릴 길이 없지만 하나님께 자기의 가련한 삶을 넘겨드립니다. 그것이 욥의 고백입니다. 겟세마네에서 예수님이 하셨던 기도도 마찬가지입니다.

> 나의 아버지, 하실 수만 있으시면, 이 잔을 내게서 지나가게
> 해주십시오. 그러나 내 뜻대로 하지 마시고, 아버지의 뜻대로
> 해주십시오(마 26:39).

사람들은 이 대목을 숨도 안 쉬고 한달음에 읽습니다. 예수님이라면 그러실 수 있을 것이라 생각하기 때문일 것입니다. 저는 "지나가게 해주십시오"와 "그러나" 사이에 우리 눈에 보이지 않는 심연이 있다고 생각합니다. 성경은 예수님의 마음을 심리학적으로 해석하거나 헤아리는 일에는 관심을 보이지 않습니다. 그 심연을 헤아릴 수 있을 때 비로소 "그러나" 이후의 문장들이 깊이 있게 다가옵니다. 하나님의 깊은 침묵을 이해할 수는 없지만, 예수님은 자신에게 주어지는 십자가를 받아들이기로 작정합니다. 하나님에 대한 근원적 신뢰가 있기에 가능한 일입니다. 믿음도 자칫 잘못하면 허위의식이 될 수 있습니다.

욥은 시련의 시간을 겪으면서도 무너지지 않았습니다. 무너지지 않았을 뿐 그의 고뇌가 사라진 것은 아닙니다. 그의 얼굴에서 빛이 사라졌을 수도 있습니다. 의연하게 시련을 견딘 욥을 보며 하나님은 기뻐하십니다. 그래서 욥을 참소했던 사탄을 꾸짖으십니다. 그럼에도 사탄은 물러서지 않습니다.

> 가죽은 가죽으로 대신할 수 있습니다. 사람은 자기 생명을 지키는
> 일이면, 자기가 가진 모든 것을 버립니다. 이제라도 주님께서 손을

들어서 그의 뼈와 살을 치시면, 그는 당장 주님 앞에서 주님을
저주하고 말 것입니다! (욥 2:4-5)

집요함과 논리정연함이 사탄의 특색인가 봅니다. 사탄은 인간의 자기중심주의를 지적합니다. 재산도, 자식도, 종들도 모두 타자의 세계에 속할 뿐이라는 것입니다. 그러면서 인간은 다른 이들의 고통 앞에서는 의연할 수 있을지 몰라도 그것이 정작 자신에게 닥쳐오면 어쩔 수 없는 존재라고 강변합니다. 욥의 살과 뼈를 치면 그가 당장 주님을 저주하리라는 것이었습니다.

이쯤에서 하나님이 빙그레 웃으면서 "이제 됐다"고 하셨더라면 욥기라는 드라마는 나오지 않았을 것입니다. 하나님은 사탄에게 욥의 운명을 맡깁니다. 이번에도 역시 유보 조항이 있기는 합니다. "그렇다면, 그를 너에게 맡겨 보겠다. 그러나 그의 생명만은 건드리지 말아라!"(욥 2:6)

사탄은 신이 나서 주님 앞에서 물러와 즉시 욥을 칩니다. 발바닥부터 정수리까지 난 악성 종기 때문에 욥은 몹시 시달렸습니다. 잿더미에 앉아서 옹기 조각으로 자기 몸을 긁어야 했습니다. 처절합니다. 그 광경을 보며 욥보다 더 참담한 심정에 사로잡힌 것은 욥의 아내입니다. 그래서 말합니다. "이래도 당신은 여전히 신실함을 지킬 겁니까? 차라리 하나님을 저주하고서 죽는 것이 낫겠습니다"(욥 2:9). "차라리"라는 말 속에 담긴 절망이 느껴집니까?

지난 강의에서 아브라함의 번제 이야기를 나눌 때, 렘브란트의 그림을 보여드리고 그 주제를 다룬 마르크 샤갈의 그림은 보여드리지 않았습니다. 「이삭의 희생」이라는 제목의 이 그림은 몇 가지 색채를 통해 등장인물과 공간의 분위기를 연출하고 있습니다.

마르크 샤갈, 「이삭의 희생」, 1966.

좌측 상단 천사가 머물고 있는 영역은 신적 영광의 세계로 흰색입니다. 하늘과 땅 사이 하나님의 보호 아래 있는 공간은 푸른색입니다. 신앙의 역설 앞에서 아들을 희생시켜야 하는 아브라함의 마음은 붉은색으로, 순종하듯 장작더미 위에 눕혀진 이삭은 노란색으로 표현되어 있습니다. 화면의 우측 상단에는 십자가를 지고 골고다 언덕을 오르고 계신 예수님과 슬퍼하는 예루살렘 여인들이 갈색 공간에 배치되어 있습니다. 그런데 뜻밖에도 우리는 화면의 좌측 중앙에 있는 나무 뒤에 전혀 생각하지도 못했던 한 인물의 모습을 볼 수 있습니다. 아브라함의 아내 사라입니다. 우리는 창세기 22장의 이야기를 아브라함과 이삭과 관련된 사건으로만 읽었습니다. 그런데 샤갈은 사라를 등장시킴으로 이 사건을 새로운 시선으로 보게 만듭니다. 사라가 나무 뒤에 숨어서 이제 막 벌어지려는 사건을 지켜보고 있습니다. 남편이 하려는 일이 무엇인지 깨닫자 사라는 경악합니다. 가슴 앞으로 추켜올려진 사라의 손이 경직되어 마비된 것처럼 보입니다. 이 그림을 보다가 저는 깜짝 놀랐습니다. 우리가 얼마나 상투적으로 성경을 읽는지 자각했기 때문입니다. 욥의 아내 이야기를 하다가 이 지점에 이르렀습니다. 욥의 아내를 악처 혹은 어리석은 여자로 취급하는 것은 적절치 않습니다.

신음과 탄식의 순간

욥기의 아름다운 대목 가운데 하나는 욥과 친구들의 우정입니다. 물론 나중에는 그 친구들이 욥을 가장 괴롭히는 사람이 됩니다. 욥이 말할 수 없이 큰 불행의 희생양이 되었다는 소식을 듣고 데만 사람 엘리바스와 수아 사람 빌닷과 나아마 사람 소발이 찾아옵니다. 세 친구가 멀리서 욥을 보았으나 알아보지 못합니다. 한참 뒤에야 형편없이 변한 벗의 모습을 알아보고 깊은 슬픔을 느낍니다. 그들은 슬픔을 못 이겨 소리 내어 울면서 겉옷을 찢고, 공중에 티끌을 날려서 머리에 뒤집어씁니다. 이어지는 말이 중요합니다.

> 그들은 밤낮 이레 동안을 욥과 함께 땅바닥에 앉아 있으면서도, 욥이 겪는 고통이 너무도 처참하여, 입을 열어 한 마디 말도 할 수 없었다(욥 2:13).

이만한 우정이 또 있을까요? 그들은 편안한 숙소에 머물지 않았습니다. 땅바닥에 앉아 친구의 고통에 동참했습니다. 이 대목은 우리 가슴을 뜨겁게 하지만 사실 앞으로 이어질 논쟁을 역설적으로 예고하고 있습니다. "입을 열어 한 마디 말도 할 수 없었다"고 하는 것은 깊은 공감 능력을 보여줍니다. 그의 불행을 해석하려는 무모한 시도도 하지 않았습니다. 생각이 없던 것은 아니었겠지만 그들은 침묵을 택했습니다.

친구들의 존재가 기댈 언덕처럼 느껴졌기 때문일까요? 욥기는 3장부터 분위기가 아주 달라집니다. 경건하고 진중했던 욥이 거리낌 없이 자기 아픔을 토로하고 하나님을 원망하기도 합니다. 욥기 1-2장과 42장이 산문인 반면, 3장부터 41장까지는 운문입니다. 문학 양식이 아주 다르다는 말입니다. 욥기를 연구하는 이들은 욥기의 핵심이 운문 부분에 있다는 사실에 대체로 동의합니다. 욥기가 한국 교회에서 소비되는 방식을 보면 대체로 1-2장과 42장이 본문으로 선택되는 경우가 많습니다. 몇 군데 더 있기는 합니다. 우선 "처음에는 보잘것없겠지만 나중에는 크게 될 것이다"(욥 8:7)라는 구절입니다. 이 대목은 개역개정 번역인 "네 시작은 미약하였으나 네 나중은 심히 창대하리라"가 더 익숙합니다. "그러나 나는 확신한 다. 내 구원자가 살아 계신다. 나를 돌보시는 그가 땅 위에 우뚝 서실 날이 반드시 오고야 말 것이다"(욥 19:25)라는 구절도 자주 인용되는 본문입니다. 설교에서 3장부터 41장까지를 잘 다루지 않는 것은 조금 복잡하기 때문입니다. 욥의 친구들의 말이 더 경건하게 들리기도 합니다. 욥의 편을 들기가 쉽지 않습니다. 욥의 친구들이야말로 우리가 기대고 있는 신앙을 대변하는 것처럼 보입니다.

　욥기 3장은 욥의 탄식입니다. 욥은 내가 차라리 태어나지 않았더라면 좋았을 것이라고 말합니다. "어찌하여 내가 모태에서 죽지 않았던가?……어찌하여 나를 무릎으로 받았으며, 어찌하여 어머니가 나를 품에 안고 젖을 물렸던가?"(욥 3:11-12)라고 말합니다. "주신 분도 주님이시요, 가져가신 분도 주님이시니, 주님의 이름을 찬양할 뿐입니다"라고 말했던 욥은 지금 어디에 있는 것일까요? 그때 욥은 허위의식에 사로잡혀 마음에도 없는 이야기를 했던 것일까요? 그렇지 않을 것입니다. 탄식하는 것도 욥이고, 받아들이는 것도 욥입니다. 그의 마음에는 하나님을 경외하는 사람이 있는가 하면, 슬픔에 삼켜진 사람도 있습니다. 시간이 흐르면서 나타나지 않았던 마음의 한 부분이 드러난 것입니다. 친구들의 존재가 한몫을 했습니다. 그들은 거울이 되어 욥으로 하여금 자기 마음을 돌아보게 했던 것입니다. 슬픔에 삼켜진 자신의 모습을 보고 욥은 신음합니다. 두 모습이 다 욥입니다.

　욥을 괴롭히는 것은 또 있었습니다. 이전에는 잘 안다고 생각했던 하나님이 아주 낯선 분이 되어 버린 것입니다. 그 괴로움이 얼마나 큰지 마치 전능하신 분이 자기를 과녁으로 삼아 화살을 쏘시는 것 같다고 합니다(욥 6:4). 하나님이 그를 몰아치셔서 두려움에 사로잡히게 만들었다는 것입니다. 그는 하나님의 존재를 부정하지 않지만, 하나님의 낯선 얼굴을 대하고 당혹감을 감추지 못합니다.

> 내 생명이 한낱 바람임을 기억하여 주십시오. 내가 다시는 좋은 세월을 못 볼 것입니다(욥 7:7).

"바람"은 숨 혹은 한 호흡을 뜻합니다. 욥은 유한한 존재의 슬픔을 적나라하게 경험하고 있습니다. 친밀하던 하나님이 내게서 멀어진 것 같고, 안다고 생각하던 것들이 전혀 알 수 없는 것으로 변하고, 맛있다고 생각하던 것이 맛을 잃게 되었습니다. 인생이 마치 모래알을 씹는 것 같고 소태처럼 씁니다. 모름의 세계가 돌연 닥쳐온 것입니다. 한 치 앞도 내다볼 수 없는 어둠이 확고하게 우리를 사로잡을 때가 있습니다. 한계상황에 직면할 때가 그렇습니다. 굳건하다고 여겼던 토대가 무너지고, 어지럼증이 나를 뒤흔들어 놓습니다. 하나님의 전면적인 부재 앞에서 그는 어찌할 바를 몰라 당황합니다. 그러한 체험을 '영혼의 어둔 밤'이라 표현했던 십자가의 성 요한은 이런 글을 남겼습니다.

> 이 단계에 있는 사람은 그 지성을 들쑤시는 오뇌의 시련에
> 시달리고 의지는 바싹 메말라 기진맥진하고 기억 속에서는
> 자신의 비참한 신세만 무겁게 되새기며 신음한다. 그는 영혼의
> 가장 깊은 데까지 자포자기와 극도의 빈곤과 메마름과 차가운
> 불감증, 때로는 뜨거운 고뇌로 신음한다. 아무것도 그의 고통을
> 덜어 줄 수 없고 그에게 위로가 될 만한 한 가닥 상념도 떠오르지

않는다. 그의 마음을 하느님께로 들어 올릴 수도 없다. 그는 이 정화의 불꽃에 짓눌려 있기 때문이다.……영혼이 이 모든 고통을 한꺼번에 당할 때는 정말로 하느님께서 자기를 괘씸하게 여기시고, 잔혹해지신 것처럼 생각된다.[5]

이런 상황에서 우리가 할 수 있는 일은 아무것도 없습니다. 욥도 다만 자기가 한낱 바람임을 기억해 달라고 청할 뿐입니다. 그런데도 하나님은 모습을 드러내지 않으십니다. 하나님의 침묵이 더욱 괴롭습니다. 그래서 욥은 하나님께 이렇게 여쭙니다.

사람을 살피시는 주님, 내가 죄를 지었다고 하여 주님께서 무슨 해라도 입으십니까? 어찌하여 나를 주님의 과녁으로 삼으십니까? 어찌하여 나를 주님의 짐으로 생각하십니까? 어찌하여 주님께서는 내 허물을 용서하지 않으시고, 내 죄악을 용서해 주지 않으십니까? 이제 내가 숨겨 흙 속에 누우면, 주님께서 아무리 저를 찾으신다 해도, 나는 이미 없는 몸이 아닙니까?(욥 7:20-21)

친구들은 욥의 탄식을 불경하게 여기며 그를 책망합니다. 엘리바스는 인간이 하나님보다 의로울 수는 없으니 돌이켜 참회하라고 다그칩니다(욥 4:17). 징계를 받은 사람은 복된 사람이라는 것입니다. 빌닷은 하나님의 공의에 이의를 제기하는 욥을 보며 화를 냅니다. 죄를 지으면 벌을 받는 것이 당연하니, 자식들에게 닥친 불행은 그 죄의 삯이라고 말합니다(욥 8:4). 친구들의 말은 마치 살갗이 벗겨진 사람에게 소금을 뿌리는 격이었습니다. 그들은 하나님의 변호인이 되어 욥을 몰아붙입니다. 욥의 탄식이 깊어집니다.

하나님이 나와 같은 사람이기만 하여도 내가 그분께 말을 할 수
있으련만, 함께 법정에 서서 이 논쟁을 끝낼 수 있으련만, 우리 둘
사이를 중재할 사람이 없고, 하나님과 나 사이를 판결해 줄 이가
없구나!(욥 9:32-33)

욥은 차라리 하나님과 법정에서 논쟁이라도 벌이고 싶어 합
니다. '논쟁'을 뜻하는 헬라어 '안틸로기아'ἀντιλογία는 '안티'ἀντί와 '로
고스'λόγος가 결합된 단어입니다. '논변'이라고 번역하기도 합니다.
그리스의 도시 국가에서는 시민들이 모여 공적인 문제를 놓고 치열
한 토론을 벌였습니다. 쟁론의 현장에서 여러 가지 담론들이 서로
부딪힙니다. 설득력 있는 논변들이 대중의 지지를 받게 마련입니
다. 소피스트들은 사람들에게 수사학을 가르쳐 안틸로기아 곧 논쟁
에서 승리하도록 돕던 사람들입니다. 그리스의 비극 작품에도 안틸
로기아가 종종 등장합니다. 특이한 것은 그 쟁론의 현장에서 신들
조차 특권을 얻지 못합니다. 그저 여러 구성원 가운데 하나로 나설
뿐입니다. 욥기도 그런 상황을 그려 보여줍니다. 하나님이 모습을
드러내신다면 법정에 서서 하나님과 당당하게 맞설 수 있을 것이라
고 말합니다. 욥의 말이 조금 더 과감해집니다.

나를 죄인 취급하지 마십시오. 무슨 일로 나 같은 자와 다투시는지
알려 주십시오. 주님께서 손수 만드신 이 몸은 학대하고
멸시하시면서도, 악인이 세운 계획은 잘만 되게 하시니 그것이
주님께 무슨 유익이라도 됩니까?(욥 10:2-3)

욥의 말이 점점 공격적으로 변해가고 있습니다. 하나님의 이

해할 수 없는 침묵 때문입니다. 지금까지는 하나님이 모든 판단과 세계관의 기초였지만 이제는 상황이 달라진 것 같습니다. 토대가 흔들린 것입니다. 폴 틸리히는 현대인들에게 비종교적 언어로 하나님을 설명하기 위해 '존재의 근원'ground of being이라는 표현을 사용했습니다. 신플라톤 철학에서는 존재의 질서를 설명하기 위해 위계적인 용어를 사용했습니다. 세상에 존재하는 모든 것은 '일자'一者로부터 유출되어 나왔다는 것입니다. 지성과 영혼 그리고 물질세계가 모두 한 뿌리에서 나온 셈입니다. 감각의 세계와 지성의 세계가 완전히 분리되지 않습니다. 틸리히의 경우, 존재의 근원이신 하나님은 존재 질서의 맨 꼭대기에 계신 분이 아닙니다. 하나님은 모든 것의 기초를 세우시는 분입니다. 하지만 욥은 지금 그 든든한 토대가 흔들리고 있다고 느끼며 거기에서 비롯된 어지럼증을 겪고 있습니다. 하나님이 사라진 자리에 들어서는 것은 무의미입니다. 의미 있던 모든 세계가 해체되어 버린 것입니다. 이런 상황을 고대 그리스인들은 '에포케'ἐποχή라고 말합니다. '판단 중지'를 뜻하는 말입니다. 후설의 현상학에서도 이 개념은 매우 중요하게 다루어집니다. 그는 일상적인 관점, 자연적인 태도를 일시 중지해야 순수한 의식을 획득할 수 있다고 말합니다. 욥은 하나님의 뜻이 무엇인지 모르고, 인생의 의미가 무엇인지도 모르는 궁지에 몰렸습니다. 이 상황이야말로 어쩌면 하나님의 본모습을 알아차릴 수 있는 기회인지도 모르겠습니다. 하지만 아직은 아닙니다.

신의 일식을 의식하며 산다는 것

친밀하던 하나님이 이해할 수 없는 분이 되었고 낯익었던 하나님이 낯선 존재가 되었지만 욥은 그래도 하나님을 포기할 수 없었습니다. 무의미의 심연이 잡아당기고 있었지만 그는 하나님을 버리고 자기 삶을 구성할 수 없었습니다. 회의에 빠졌던 그는 다시 신뢰의 방향으로 마음을 돌립니다.

> 하늘에 내 증인이 계시고, 높은 곳에 내 변호인이 계신다! 내
> 중재자는 내 친구다. 나는 하나님께 눈물로 호소한다. 사람이
> 친구를 위하여 변호하듯이, 그가 하나님께 내 사정을 아뢴다
> (욥 16:19-21).

하나님이 자신에게 낯선 존재가 되었지만 그래도 그분만이 자기의 억울함을 풀어 주실 것이라고 고백하고 있습니다. 19장에서는 이러한 소망을 담은 확신이 더 극적으로 표현됩니다.

> 그러나 나는 확신한다. 내 구원자가 살아 계신다. 나를 돌보시는
> 그가 땅 위에 우뚝 서실 날이 반드시 오고야 말 것이다. 내 살갗이
> 다 썩은 다음에라도, 내 육체가 다 썩은 다음에라도, 나는
> 하나님을 뵈올 것이다. 내가 그를 직접 뵙겠다. 이 눈으로 직접 뵐
> 때에, 하나님이 낯설지 않을 것이다. 내 간장이 다 녹는구나!
> (욥 19:25-27)

하나님이 "구원자", "돌보시는 분"으로 소개되고 있습니다. 자기 생명이 스러지더라도 하나님을 뵈올 수 있다면 더 바랄 것이 없다는 것입니다. 그러나 그럴 가능성이 별로 보이질 않습니다. 간장이 다 녹는 것 같습니다. 간장이라 번역된 히브리어 '킬야'כּלְיָה는 '콩

끝'을 가리킵니다. 인간의 깊숙한 감정과 특질이 머무는 곳으로 여겨졌던 곳입니다. 욥이 처한 에포케의 상황이 고스란히 담긴 표현입니다. 그런데도 하나님은 여전히 침묵하십니다. 우리가 그 상황 가운데 있더라도 이 심연과도 같은 침묵을 견디기 어려울 것입니다. 욥은 마침내 이렇게 탄식합니다.

> 그러나 동쪽으로 가서 찾아보아도, 하나님은 거기에 안 계시고, 서쪽으로 가서 찾아보아도, 하나님을 뵐 수가 없구나. 북쪽에서 일을 하고 계실 터인데도, 그분을 뵐 수가 없고, 남쪽에서 일을 하고 계실 터인데도, 그분을 뵐 수가 없구나(욥 23:8-9).

이것은 정확하게 시편 139편의 뒤집힘입니다. 시편 기자는 하나님의 무소부재함을 노래합니다.

> 내가 주님의 영을 피해 어디로 가며, 주님의 얼굴을 피해서 어디로 도망치겠습니까? 내가 하늘로 올라가더라도 주님께서는 거기에 계시고, 스올에다 자리를 펴더라도 주님은 거기에도 계십니다. 내가 저 동녘 너머로 날아가거나, 바다 끝 서쪽으로 가서 거기에 머무를지라도, 거기에서도 주님의 손이 나를 인도하여 주시고, 주님의 오른손이 나를 힘있게 붙들어 주십니다(시 139:7-10).

하나님이 아니 계신 곳이 없다는 사실이 시편 기자에게는 든든한 삶의 기초입니다. 역사는 어쩌면 하나님을 피해 달아나는 인간과 그를 찾으시는 하나님의 숨바꼭질인지도 모르겠습니다. 영국 시인인 프랜시스 톰슨의 「하늘의 사냥개」는 그런 하나님의 모습을 절절하게 표현하고 있습니다.

> 나는 그분을 피해 달아났다, 무수한 밤과 낮이 지나도록.
> 나는 그분을 피해 달아났다, 수많은 세월의 회랑을 따라서.
> 나는 그분을 피해 달아났다, 내 마음의 미로를 따라서.
> 그리고 그분을 피해 눈물의 안개 속으로,
> 끝없는 웃음소리 아래로 숨었다.
> 거칠 것 없는 희망의 가로수 길을 달리다가
> 그 강인한 발걸음에 걸려들어, 바닥 모를
> 공포의 거대한 어둠 속으로 곤두박질쳤다.
> 발걸음은 그렇게 쫓아오고 또 쫓아왔다.
> 그러나 서두르는 법이 없었다.
> 보폭의 동요도 없었다.
> 냉정한 속도로, 긴박하나 당당하게
> 발걸음은 울렸다. 그리고 그 발걸음 소리보다
> 더 빠르게 음성이 울려 퍼졌다.
> "네가 나를 배신하므로 모든 것이 너를 배신하는구나." 6

하나님을 피해 달아나려는 이들이 오히려 하나님의 현존을 더 깊이 느끼는 것일까요? 하나님과 대면하고 싶어 하는 욥의 희망은 계속 지연되고 있습니다. 『나와 너』로 잘 알려진 마르틴 부버의 저작 가운데 『신의 일식』이라는 책이 있습니다. 부버는 하나님의 부재 체험을 '일식'이라는 말로 표현하고 있습니다. 하나님은 없는 분이 아닙니다. 무언가에 가려서 보이지 않을 뿐입니다. 신의 일식을 의식하며 산다는 것은 고단한 일입니다. 그분의 존재를 부정할 수도 없습니다. 욥의 고백을 조금 더 따라가 보겠습니다.

> 내게 호흡이 남아 있는 동안은, 하나님이 내 코에 불어넣으신
> 숨결이 내 코에 남아 있는 한, 내가 입술로 결코 악한 말을 하지
> 않으며, 내가 혀로 거짓말을 하지 않겠다. 나는 결코 너희가
> 옳다고 말할 수 없다. 나는 죽기까지 내 결백을 주장하겠다
> (욥 27:3-5).

친구들은 계속 욥에게 네가 어려움을 겪고 있는 것은 죄 때문이라고, 죄에 대한 벌을 받고 있는 것이라고 말합니다. 욥은 그것을 쉽게 받아들이지 않습니다. 하나님 앞에서 자기 죄가 무엇인지 밝혀 달라고 청할 뿐입니다. 짐짓 "내 탓이오, 내 큰 탓이로소이다" 할 수는 있겠지만, 욥은 그것이 성실한 태도가 아니라는 사실을 잘 알고 있습니다. 하나님의 침묵을 이해하기 어렵지만, 그렇다고 하여 하나님을 부정하지도 않겠다고 작정합니다. 마음으로 수긍할 수 없는데도 상황이 불리하다고 거짓으로 엎드리지는 않겠다는 것입니다. 어쩌면 이런 것이 인간의 품격인지 모르겠습니다.

한동안 이런저런 격리 수용소에 갇혔던 사람들의 수기나 그 경험을 소설로 형상화해 놓은 책을 많이 읽었습니다. 그중에는 솔제니친의 『수용소군도』나 도스토옙스키의 『죽음의 집의 기록』도 있지만, 대개 나치의 포로수용소를 경험한 사람들이 쓴 책이었습니다.[7] 빅터 프랭클의 『죽음의 수용소에서』라는 책이 준 충격을 잊지 못합니다.[8] 이탈리아의 화학자이자 소설가였던 프리모 레비의 책이나, 홀로코스트를 경험했던 헝가리 작가 임레 케르테스의 『운명』, 『좌절』, 『태어나지 않은 아이를 위한 기도』도 참 많은 생각거

리를 던져 주었습니다.[9] 제게 무엇보다 큰 충격을 주었던 책은 오스트리아 작가인 장 아메리의 『죄와 속죄의 저편』입니다.[10] 책을 읽는 동안 몸살을 앓는 것처럼 힘겨웠던 기억이 납니다. 그런 극한의 경험을 한 이들이 이구동성으로 하는 이야기가 있습니다. 자기들이 그 극한의 상황에서 살아남을 수 있었던 것은 인간다움을 포기하지 않았기 때문이라는 것이었습니다. 그들은 깨진 유리조각으로 면도를 하고, 신발을 꺾어 신지 않으려 하고, 동료들에게 친절한 사람이 되려고 애를 썼습니다. 프리모 레비가 들려주는 이야기도 아주 인상적입니다. 그는 강제노역장을 오가는 중에 단테의 『신곡』을 잘 아는 이와 동행하면서 그 책에 나오는 문장들을 암송하는 가운데 어두운 시간을 이겨냈습니다.

얼마 전에 유제프 차프스키의 『무너지지 않기 위하여』를 읽었습니다.[11] 이 책에는 '어느 포로수용소에서의 프루스트 강의'라는 부제가 달려 있습니다. 폴란드의 화가이자 작가인 저자는 소비에트 연방 그랴조베츠 포로수용소에 갇혀 있었습니다. 그곳에서 그는 포로들을 위해 1940년부터 1941년까지 마르셀 프루스트를 주제로 강의를 했습니다. 일전에도 말씀드렸지만 프루스트의 『잃어버린 시간을 찾아서』는 읽기 어려운 책입니다. 작품의 분량 또한 만만치 않습니다. 그런데 그에게 있는 것이라고는 프루스트의 작품에 대한 기억뿐이었습니다. 기억을 더듬으며 강의를 하는 그의 모습과 경청하는 수감자들의 모습을 그려 보십시오. 그들은 어찌 보면 자기들의 현실과는 아무런 상관도 없는 '정신'의 세계를 생각하고 거기에 반응했던 것입니다. 그들은 참혹한 상황 속에서도 인간 정신의 위대함을 드러내 보였습니다. 장 아메리는 수용소에서 겪었던 고문의 체험을 몸서리치게 되돌아봅니다. 그는 고문을 가리켜 "타자에

의한 내 자아의 경계 침해"라고 말합니다. 그의 문장은 우리 가슴에 예리하게 파고듭니다.

> 고통으로 울부짖으며 폭력에 내맡겨진, 어떤 도움도 기대할 수 없는, 어떤 정당방위의 가능성도 없이 고문을 당하는 사람은 오로지 육체일 뿐, 더 이상 아무것도 아니다.[12]

> 고문에 시달렸던 사람은 이 세상을 더 이상 고향처럼 느낄 수 없다. 절멸의 수치심은 사라지지 않는다.[13]

첫 번째 구타를 당하는 순간, 한 존재가 기대고 있던 세상이 무너집니다. 세상에 대한 신뢰라고 부르고 싶던 것이 사라지는 것입니다. 이 악마와 같은 이들이 득세하는 세상에서 그들이 무너지지 않을 수 있었던 비결은 무엇일까요? 프리모 레비와 빅터 프랭클이 들려주는 이야기가 하나의 해답인 것 같습니다. 그들은 수용소 관리들이 자기들이 가진 것은 물론이고 인간적 존엄까지 다 박탈했지만 끝내 빼앗을 수 없는 것이 하나 있었다고 말합니다. 그것은 "그들에게 동의하지 않을 수 있는 능력"입니다. 인간적 존엄은 그렇게 발생하는 것인지도 모르겠습니다.

우리는 욥에게서도 그런 태도를 발견합니다. '운명의 타격이 제아무리 크다 해도 나는 그 운명 때문에 하나님을 저주하거나 없다고 부인하지 않겠다.' 친구들의 거듭되는 책망을 들으면서도 그는 자기 생각을 꺾지 않습니다. 누군가는 욥기 29장부터 31장까지를 가리켜 '욥의 아리아'라고 말합니다. 어쩌면 이 대목은 아리아라기보다는 낭송조의 레치타티보라는 생각이 들기도 합니다. 여기서 욥은 자기 삶을 아련하게 돌아봅니다. 좋았던 시절도 있었습니다. 하나님이 등불로 머리 위를 비추시고, 빛으로 인도해 주시던 시절 말입니다. 자녀들은 우애롭게 지내고, 기름진 가축 떼가 들에 가득 차 있고, 사회적 존경도 누렸습니다. 가난한 이들의 처지를 못 본 척하지 않았고, 고아와 과부도 성심껏 돌보아 주었습니다. 정의를 세우기 위해 용기를 발휘할 때도 있었습니다. 그러나 그 좋았던 시절은 다 지나가고 어린 것들까지도 그를 조롱합니다. 사람들이 성난 파도처럼 달려와 자기를 치려 합니다. 기력조차 쇠해져서 뼈를 깎는 아픔을 견딜 수 없습니다.

> 고난받는 사람을 보면, 함께 울었다. 궁핍한 사람을 보면, 나도
> 함께 마음 아파하였다. 내가 바라던 행복은 오지 않고 화가
> 들이닥쳤구나. 빛을 바랐더니 어둠이 밀어닥쳤다. 근심과
> 고통으로 마음이 갈기갈기 찢어지고, 하루도 고통스럽지 않은
> 날이 없이 지금까지 살아왔다(욥 30:25-27).

이 대목을 읽을 때마다 헨델의 오페라 「리날도」에 나오는 소프라노 아리아 '울게 하소서'가 떠오릅니다. 너무나 절절합니다. 욥은 이 긴 노래를 마치면서 다시 한번 하나님을 무대 위로 초대합니다. 자기의 죄과를 기록한 소송장이라도 있어서 읽어 볼 수만 있다면, 그것을 어깨에 메고 다니고 왕관처럼 머리에 얹고 다니겠다고 하면서 이렇게 말합니다.

> 나는, 내가 한 모든 일을 그분께 낱낱이 말씀드리고 나서, 그분
> 앞에 떳떳이 서겠다. 내가 가꾼 땅이 훔친 것이라면, 땅

주인에게서 부당하게 빼앗은 것이라면, 땅에서 나는 소산을
공짜로 먹으면서 곡식을 기른 농부를 굶겨 죽였다면, 내 밭에서
밀 대신 찔레가 나거나 보리 대신 잡초가 돋아나더라도, 나는
기꺼이 받겠다. 이것으로 욥의 말이 모두 끝났다(욥 31:37-40).

욥이 말을 그치자 세 친구도 욥을 설득하려던 노력을 그만둡
니다. 이어서 등장하는 것이 엘리후입니다. 그는 욥과 친구들이 벌
인 논변의 현장에 처음부터 있었던 것 같습니다. 엘리후는 매우 당
찬 젊은이입니다. 그는 세 사람의 이야기를 귀 기울여 듣고 나서 한
가지 깨달은 사실이 있다고 말합니다. 나이가 많아진다고 지혜로워
지는 것이 아니며, 시비를 더 잘 가리는 것도 아니더라는 것입니다.
그는 하나님을 원망하는 욥을 못마땅하게 생각합니다. 하나님이 인
간의 불평에 대해 일일이 대답을 하지 않으신다고 해서 원망할 수
없고, 설령 하나님이 말씀하신다 하더라도 인간이 못 알아들을 때
가 더 많다는 것입니다. 그는 고난을 죄의 열매로만 보는 세 친구의
견해를 비판합니다. 고난은 하나님의 교정 수단일 수도 있다는 것
이 그의 입장입니다. 엘리후는 하나님이 옳으시다는 것을 밝히기
위해 사용할 수 있는 모든 논리를 끌어옵니다. 그리고 마침내 창조
주이시며 세상을 섭리하시는 하나님의 장엄한 세계를 보라고 말합
니다. 37장에 나오는 이 대목은 38장부터 나오는 하나님의 질문과
연결됩니다. 엘리후는 그런 연결고리 역할을 하고는 홀연히 사라집
니다.

알 수 없음의 세계 앞에서

하나님은 마침내 폭풍이 몰아치는 가운데 욥에게 나타나십니다. 욥의 질문에 친절하게 답을 주셨더라면 좋았겠지만, 하나님은 그의 질문에 대답하실 생각이 전혀 없어 보입니다. 오히려 욥에게 허리를 동이고 대장부답게 일어서서 묻는 말에 대답해 보라고 하십니다. 38장부터 41장까지 이어지는 질문은 욥을 유구무언의 상태로 만듭니다. 대답할 수 없는 질문이었기 때문입니다.

내가 땅의 기초를 놓을 때에, 네가 거기에 있기라도 하였으냐?
(욥 38:4)

바닷물이 땅 속 모태에서 터져 나올 때에, 누가 문을 닫아 바다를 가두었느냐?(욥 38:8)

죽은 자가 들어가는 문을 들여다본 일이 있느냐? 그 죽음의 그늘이 드리운 문을 본 일이 있느냐?(욥 38:17)

해가 뜨는 곳에 가 본 적이 있느냐? 동풍이 불어오는 그 시발점에 가 본 적이 있느냐?(욥 38:24)

메마른 거친 땅을 적시며, 굳은 땅에서 풀이 돋아나게 하는 이가 누구냐?(38:27)

누가 들나귀를 놓아 주어서 자유롭게 해주었느냐? 누가 날쌘

나귀에게 매인 줄을 풀어 주어서, 마음대로 뛰놀게 하였느냐?
（욥 39:5）

네가 낚시로 리워야단을 낚을 수 있으며, 끈으로 그 혀를 맬 수
있느냐?（욥 41:1）

욥은 단 한 마디도 대답할 수 없었습니다. 이 일련의 질문들
은 인간이 하나님이 만드신 신비의 세계에 초대받은 존재임을 드러
냅니다. 인간을 만물의 영장이라 하지만 인간은 우주의 중심이 아
닙니다. 우리는 우리가 만들지 않은 세상에 잠시 머물다 갈 뿐입니
다. 세상이 운행되도록 하기 위해 우리가 기여한 것이 거의 없습니
다. 40장과 41장은 사람들이 혼돈의 괴물이라고 생각하는 베헤못
과 리워야단조차 하나님의 피조물이라고 말합니다. 그것이 왜 이
세상에 있는지 알지 못한다 하여 그 존재를 부정할 수는 없습니다.
알 수 없음의 세계가 욥의 눈앞에 전개되었습니다.

하나님의 실상에 눈을 뜰 때

마침내 욥은 주님께 대답합니다.

주님께서는 못하시는 일이 없으시다는 것을, 이제 저는 알았습니다.
주님의 계획은 어김없이 이루어진다는 것도, 저는 깨달았습니다.
잘 알지도 못하면서, 감히 주님의 뜻을 흐려 놓으려 한 자가
바로 저입니다. 깨닫지도 못하면서, 함부로 말을 하였습니다.
제가 알기에는, 너무나 신기한 일들이었습니다（욥 42:2-3）.

소크라테스가 아테네에서 가장 지혜로운 사람으로 인정받은 까닭은 무엇입니까? 자기가 무지하다는 사실을 알고 있었기 때문입니다. 무지의 지知입니다. 알지 못하는 이들일수록 자기가 안다고 여기기 일쑤입니다. 하나님이 던지신 질문 앞에 서는 순간, 욥은 세상에는 인간의 합리적 이성으로 파악할 수 없는 일들이 너무나 많다는 사실을 자각합니다. 그럴 때 나타나는 반응이 바로 경외심입니다. 경외심에 사로잡힌 이들은 많은 말을 하지 않습니다. 욥은 이미 언어의 부질없음을 인정했습니다.

> 저는 비천한 사람입니다. 제가 무엇이라고 감히 주님께 대답할 수 있겠습니까? 다만 손으로 입을 막을 뿐입니다. 이미 말을 너무 많이 했습니다. 더 할 말이 없습니다(욥 40:4).

마침내 우리는 욥기에서 매우 유명한 고백에 이르렀습니다.

> 주님이 어떤 분이시라는 것을, 지금까지는 제가 귀로만 들었습니다. 그러나 이제는 제가 제 눈으로 주님을 뵙습니다. 그러므로 저는 제 주장을 거두어들이고, 티끌과 잿더미 위에 앉아서 회개합니다(욥 42:5-6).

귀로만 듣던 하나님을 이제는 눈으로 뵙는다는 것입니다. 하나님의 실상에 눈을 뜬 것입니다.

그림 한 점을 보겠습니다. 알브레흐트 뒤러의 「욥과 그의 아내」라는 작품입니다. 뒤러는 15-16세기에 활동했던 독일의 화가인데 정말 대단한 분입니다. 그림 공부를 위해 이탈리아 유학도 하고 플랑드르 지역에 가서 그림을 배우기도 했습니다. 우리나라 그리스도인에게는 「기도하는 손」(1508)으로 유명합니다.

이 그림은 매독의 위협이 유럽을 휩쓸고 있을 때 루터의 후원자였던 작센의 선제후 프리드리히가 고통을 겪고 있는 사람들에게 희망을 주기 위해 주문한 것입니다. 이이제이以夷制夷라는 말이 있습니다. '오랑캐로 오랑캐를 친다'는 뜻으로, 우리 삶에 두루 적용될 수 있는 사자성어입니다. 고통은 직면해야지, 감추거나 피한다고 해서 스러지지 않습니다. 사람들은 이 그림을 보면서 자기 혼자만 고통을 겪고 있는 것이 아니라는 사실을 자각하게 되었을 것입니다. 벌거벗다시피 한 욥은 힘겨운 듯 손으로 얼굴을 받치고 있습니다. 깊은 고뇌 속에 있음을 알 수 있습니다. 육체적인 고통보다 그를 괴롭히는 것은 무의미함 같습니다. 몸에는 군데군데 종기의 흔적이 보입니다. 욥의 아내도 그렇게 그악스럽게 보이지는 않습니다. 오히려 가려움증에 시달리는 그를 위해 물을 부어 주고 있습니다.

욥의 이야기를 다룬 것은 아니지만 고통을 겪는 이들을 돕기 위해 제작된 그림을 한 점 더 보겠습니다. 마티아스 그뤼네발트의 「십자가 책형」입니다. 이 그림은 이젠하임에 있는 성 안토니오 수도원에 있던 제단화로, 지금은 프랑스의 콜마르에 있는 운터린덴 미술관에 소장되어 있습니다. 중세에 성 안토니오 수도원은 병에 시달리는 이들을 치료하기 위해 자선 병원을 운영했다고 합니다. 이 그림이 그려질 무렵 유럽은 맥각병이 유행하고 있었습니다. 밀에 생기는 곰팡이균 때문에 생기는 병으로, 이 병에 걸리면 피부가 퍼렇게 변하고 아주 큰 고통을 안겨 주었다고 합니다. 그뤼네발트는 바로 그 수도원에서 이 그림을 그린 것입니다. 한스 홀바인의

알브레흐트 뒤러, 「욥과 그의 아내」, 1504.

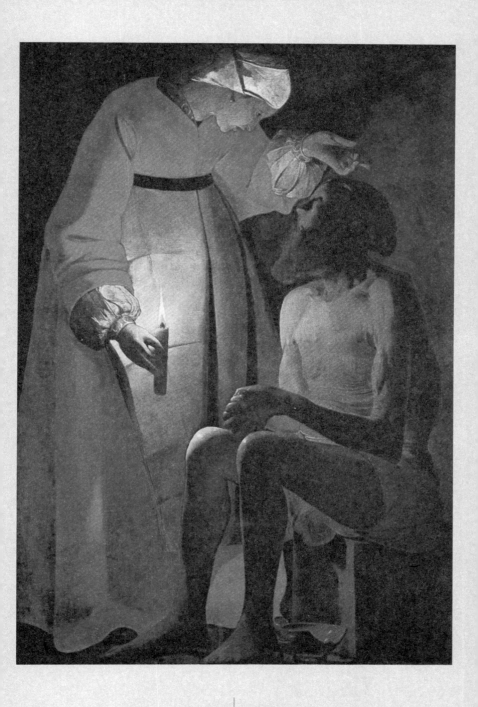

조르주 드 라 투르, 「아내에게 비웃음당하는 욥」, 1630.

「무덤 속 그리스도의 시신」(1520-1522) 못지않게 충격적인 모습입니다. 자세히 보면 예수님의 온몸이 상처투성이이고 피부색은 변색되어 있습니다. 고통에 시달리는 그리스도의 모습이 너무나 적나라하게 표현되어 있습니다. 예수님의 경직된 손은 고통이 얼마나 큰지를 보여줍니다. 십자가 옆에서 손가락으로 예수님을 가리키고 있는 사람은 세례 요한입니다. 그가 들고 있는 책은 예수님이 약속된 메시아임을 암시합니다. 세례 요한의 오른발 곁에 어린양이 피를 받고 있는 모습이 보이는데, 이것은 성찬을 상징합니다. 그 반대쪽에 있는 사람이 마리아입니다. 혼절 직전인 것 같습니다. 예수님의 사랑받는 제자가 그 몸을 지탱하고 있고, 막달라 마리아는 두 손을 그러모은 채 슬퍼하고 있습니다. 맥각병에 시달리던 사람들은 이 그림을 보며 자기들과 동일한 고통을 겪으신 그리스도를 떠올리며 희망을 품었을 것입니다.

욥과 관련된 그림을 한 점 더 보겠습니다. 17세기 프랑스 바로크 미술을 대표하는 화가라 할 수 있는 조르주 드 라 투르의 작품입니다. 그는 카라바조의 영향으로 빛을 잘 활용한 것으로 유명한데, 카라바조와는 달리 라 투르는 화면 안에 광원을 두고 있습니다. 작품 속에서 한 인물이 초를 들고 있는 성화는 대개 그의 작품입니다. 이 그림에서 욥의 아내는 상당히 거대하게 표현되어 있습니다. 붉은 오렌지빛 옷도 화려합니다. 남편이 겪고 있는 고통과 극단적으로 대비되고 있습니다. 피골이 상접한 욥이 낮은 의자에 앉아 아내를 올려다보고 있습니다. 하지만 그의 눈은 초점이 없습니다. 먼지에 찌든 수염은 지저분하고, 입은 벌어져 있습니다. 욥의 발 밑 어둠 속에는 옹기 조각이 보입니다. 가려운 데를 긁는 데 사용한 것입니다. 이 그림 속에서 욥은 확고한 믿음의 소유자처럼 보이지 않

마티아스 그뤼네발트, 「십자가 책형」, 1515.

습니다. 그저 고통에 짓눌린 사람처럼 보일 뿐입니다. 과연 이 그림을 성화라 할 수 있을까요?

욥기는 회복의 이야기로 끝납니다. 욥이 주님께 자기 친구들을 용서해 달라고 기도를 드리고 난 다음에 주님께서 욥의 재산을 회복시켜 주셨는데, 그가 이전에 가졌던 모든 것보다 배나 더 돌려주셨습니다. 재산도 불어나고 아들 일곱과 딸 셋을 더 낳았습니다. 그 뒤에 욥은 백사십 년을 살면서 아들과 손자 사 대를 보았습니다. "욥은 이렇게 오래 살다가 세상을 떠났다"(욥 42:17). 왠지 싱거운 결말입니다. 한 가지 질문이 떠오릅니다. 고통의 심연을 보았던 욥이 이전과 같은 기쁨을 누릴 수 있었을까요? 이것은 질문으로만 남겨 두겠습니다.

이 시점에서 함석헌 선생의 시를 다시 떠올려 보십시오. 처음부터 우리가 하나님을 알았던 것은 아닙니다. 하나님은 처음에 낯선 분으로 다가오십니다. 모든 만남은 우리 삶에 모종의 변화를 일으킵니다. 만해 한용운은 「님의 침묵」에서 "날카로운 첫 키스의 추억은 나의, 운명의 지침을 돌려놓고, 뒷걸음쳐서, 사라졌습니다"라고 노래했습니다.[14] 하나님과의 만남이 그러합니다. 무한하신 하나님은 우리의 인식 속에 포착될 수 있는 분이 아니었습니다. 우리는 그분을 겪을 수밖에 없습니다. 두렵고 떨리는 시간을 통과하면서 조금씩 신적인 지혜를 깨닫게 되었습니다. 함석헌 선생의 시에서 "야릇한 지혜의 뚫음"이 그것입니다. 가만히 그것을 만지자, 따뜻한 사랑이 맥동치는 것을 느낄 수 있었습니다. 그 사랑 안에서 한껏 놀아도 되는 자유의 지평이 열렸습니다. 그 지평은 빛으로 나타납니다. 그 빛 안에 녹아들자, 하나님과의 깊은 일치를 맛볼 수 있었습니다. 그러나 여전히 하나님은 우리에게 친밀하지만 낯선 분으로 남습니다. 사도 바울의 말이 적실합니다.

> 지금은 우리가 거울로 영상을 보듯이 희미하게 보지마는,
> 그 때에는 얼굴과 얼굴을 마주하여 볼 것입니다. 지금은 내가
> 부분밖에 알지 못하지마는, 그 때에는 하나님께서 나를 아신 것과
> 같이, 내가 온전히 알게 될 것입니다(고전 13:12).

'거룩의 정치학'과 '자비의 정치학' 사이에서

그리스도인들에게 하나님은 예수 그리스도를 통하여 모습을 드러내신 분입니다. 우리의 하나님에 대한 인식 근거가 예수 그리스도의 말씀과 삶이라는 말입니다. 요한복음에서 예수님은 자신을 '보냄을 받은 자'로 드러내십니다. 실로암이 곧 그리스도십니다. 예수님은 보내신 분의 뜻을 행하는 것을 자신의 소명으로 삼았습니다. 예수님의 사명은 다음의 구절 속에서 오롯이 드러납니다.

> 나는, 양들이 생명을 얻고 또 더 넘치게 얻게 하려고 왔다. 나는
> 선한 목자이다. 선한 목자는 양들을 위하여 자기 목숨을 버린다
> (요 10:10-11).

생명을 주눅 들게 하고 파괴하는 것이 인간의 현실입니다. 지배 욕구에 사로잡힌 정치인들도, 이익을 최우선의 가치로 여기는 경제인들도, 신적 카리스마의 가면을 쓰고 사람들을 조종하려는 종교인들도 사람들의 생명을 위축시킵니다. 하나님은 자신의 뜻을 따라 살 수 있도록 하기 위해 율법이라는 선물을 주셨지만, 예수님 당

시의 유대교는 그것을 사람들을 가르고 통제하는 수단으로 삼았습니다. 율법은 좋은 것이지만 율법주의가 문제입니다. 세상의 모든 '이즘'-ism은 위험합니다. 프로크루스테스의 철 침대로 작용하기 때문입니다.

마르크스의 철학은 자본주의를 신봉하는 사람들에게는 불편할지 몰라도 세상을 해석해 주는 매우 훌륭한 분석 도구입니다. 문제는 그것을 신봉하는 이들이 이데올로기로 변질시키는 데 있습니다. 수많은 사람들을 죽음으로 내몰았던 스탈린주의를 생각해 보면 좋겠습니다. 전통은 좋은 것입니다. 하지만 전통주의는 경계해야 합니다. 그것이 사람들을 고착시키기 때문입니다. 옛것을 본받아 새로운 것을 창조하는 법고창신法古創新의 지혜가 뚫고 들어갈 틈이 없습니다. 예수님 당시의 유대교는 율법주의에 깊이 침윤되어 있었습니다. 성공회 신학자인 마커스 보그는 예수님 당시 유대교의 특색을 '거룩의 정치학'politics of holiness이라는 말로 요약합니다. 제사장들과 율법학자들은 거룩이라는 척도를 가지고 사람들을 평가했습니다. 거룩의 정치학의 특징은 갈라놓는 것입니다. 거룩한 것과 속된 것, 의로운 것과 부정한 것, 유대인과 이방인, 남성과 여성을 가릅니다. 가름은 차별을 낳고, 그 차별은 정당화됩니다. 가름의 한편에 있는 이들은 '우리'라고 하고, 다른 편에 있는 이들은 '그들'이라 칭합니다. '우리-그들'의 이분법입니다. 이 순간 권력관계가 작동합니다. '우리'의 결속력을 높이는 가장 쉬운 길은 '그들'에게 어떤 색깔을 씌우는 것입니다. '그들'은 더럽고 위험한 존재로 낙인찍힙니다. 혐오와 폭력이 따라오게 마련입니다. 예수님이 비유로 말씀하신 바리새파 사람의 기도가 전형적인 예입니다.

하나님, 감사합니다. 나는, 남의 것을 빼앗는 자나, 불의한 자나,

간음하는 자와 같은 다른 사람들과 같지 않으며, 더구나

이 세리와는 같지 않습니다(눅 18:11).

바리새파 사람의 기도에서 가장 두드러진 것은 자신을 다른 이들로부터 갈라놓으려는 태도입니다. '같지 않다'는 말은 타자를 밀어내는 말입니다. 그들은 구별됨에 대한 자부심을 권력으로 바꾸는 일을 즐깁니다. 종교적 권위는 가끔 이렇게 부정적 방식으로 만들어집니다.

하지만 예수님은 전혀 다른 태도로 사람들을 대하십니다. 마커스 보그는 그것을 '자비의 정치학'politics of compassion이라 칭합니다. 정치학이라 하지만, 정치인들이 하는 정치 행위를 가리키는 말이 아닙니다. 사람들이 함께 사는 세상에서는 미세한 권력이 작동하게 마련입니다. 보그는 그것을 정치학이라고 이름 짓고 있습니다. '거룩'과 '자비'는 상반되는 개념이 아닙니다. 성결법전은 '거룩함'은 '사랑'과 결합되어야 한다고 가르칩니다. 자비로부터 멀어질 때 거룩은 다른 이들을 찌르는 칼이 되는 법입니다. 자비를 뜻하는 영어 단어 'compassion'은 '함께'라는 뜻의 'com'과 '고난'을 나타내는 'passion'이 결합된 단어입니다. 자비에서 '자'慈는 자애롭다는 뜻이고, '비'悲는 슬프다는 뜻입니다. 한마디로 자비는 타자의 고통을 자기 것으로 수납하는 마음을 가리킵니다.

앞에서 언급한 대만 출신 신학자 송천성의 'The Compassionate God'이라는 제목의 책이 떠오릅니다. 번역자인 이덕주 교수는 이것을 '대자대비하신 하느님'으로 번역했습니다.[15] 조금 낯설게 느껴지지요? 대자대비하면 늘 떠오르는 분이 있기 때문입니

다. 그것을 모를 리가 없는데 이렇게 번역한 것은 의도가 있을 것입니다. 아마도 자비라는 말을 기독교 세계에 복권시키려는 것이 아니었을까요? 이와 같이 자비는 하나님의 성품이기도 합니다. 거룩이 가르는 것이라면, 자비는 품어 안는 것입니다. 양 아흔아홉 마리를 산에 남겨 두고 길을 잃은 양 한 마리를 찾아가는 목자의 이야기(눅 15:1-7), 가산을 탕진하고 돌아온 작은아들을 따뜻하게 맞아 주는 아버지의 이야기(눅 15:11-32), 간음 현장에서 잡혀온 여인을 보며 "나도 너를 정죄하지 않는다"고 하신 예수님의 이야기(요 8:1-11)는 모두 자비가 무엇인지 보여주고 있습니다. 앞서 살펴본 거룩의 정치학에 기대어 사는 이들은 남의 눈에서 티끌을 빼겠다고 나서는 이들입니다. 에베소서는 자비의 정치학이 아름답게 구현된 세상의 모습을 보여줍니다.

> 그리스도는 우리의 평화이십니다. 그리스도께서는 유대 사람과
> 이방 사람이 양쪽으로 갈라져 있는 것을 하나로 만드신
> 분이십니다. 그분은 유대 사람과 이방 사람 사이를 가르는 담을
> 자기 몸으로 허무셔서, 원수 된 것을 없애시고, 여러 가지
> 조문으로 된 계명의 율법을 폐하셨습니다. 그분은 이 둘을 자기
> 안에서 하나의 새 사람으로 만들어서 평화를 이루시고, 원수 된
> 것을 십자가로 소멸하시고 이 둘을 한몸으로 만드셔서, 하나님과
> 화해시키셨습니다(엡 2:14-16).

담을 허무는 것, 그래서 원수 된 것을 없애시는 것이 그리스도의 길입니다. 거룩의 정치학과 자비의 정치학 가운데 한국 교회를 사로잡고 있는 것은 거룩의 정치학입니다. 경계를 만들고 누군가를

배제하고 혐오하면서 그것을 믿음이라 생각합니다. 경계를 만드는 순간, 경계 너머에 있는 이들은 함께 살아야 할 이웃이 아니라 적이 될 가능성이 큽니다.

　이웃과 오손도손 친밀하게 허물없이 잘 지내다가 어느 날 갈등이 생겨서 담을 쌓았다고 가정해 보십시오. 담이 낮아서 이웃이 하는 일이 눈에 보이면 자꾸 거슬립니다. 그래서 담을 더 높이 쌓아 올립니다. 이웃이 눈에 보이지 않으니 속이 다 시원합니다. 그런데 불안이 스멀스멀 찾아옵니다. 이웃이 자기를 해치기 위해 땅굴을 파고 있을지도 모른다는 생각도 들고, 투석기를 가지고 돌을 날릴 수도 있다는 생각도 듭니다. 상상이 괴물을 만들어 내는 법입니다. 그래서 내가 먼저 그를 칠 생각을 품습니다. 이것이 전쟁입니다. 사람들은 상상 속의 타자가 자기에게 적대적이라고 가정합니다. 그렇기 때문에 그는 극복해야 할 대상입니다. 사랑의 대상이 아니라 잠재적 적입니다. 복음은 우리에게 타자를 환대하며 살라고 하지만 우리는 적대감을 지으며 삽니다.

환대 속에 형성해 가는 하나님 나라

　예수님은 바로 이런 세상의 질서를 뒤집으십니다. 예수를 따르는 이들도 마찬가지입니다. 데살로니가에 살던 유대 사람들은 바울 일행을 찾다가 찾지 못하자 야손과 신도 몇 사람을 관원들에게 끌고 가서 고발합니다. 그들은 예수를 따르는 이들을 가리켜 "세상을 소란하게 한 그 사람들"(행 17:6)이라고 말합니다. 영어 성경은 이 구절을 "These that have turned world upside down"(KJV)이라고 번역합니다. 세상을 뒤집어 놓는 사람들이라는 뜻입니다. 복음은 인습적인 가치관을 전복시킵니다. 세상에서 누릴 것을 다 누리며 사는 이들이 복음을 미워하는 것은 그 때문입니다.

적대감이 정상처럼 여겨지는 세상에서 주님은 환대의 세상을 열자고 우리를 부르십니다. 마태복음 25장에 나오는 '최후의 심판 비유'는 아주 강력합니다. 거기에 언급된 사람들 곧 굶주린 사람, 목마른 사람, 나그네, 헐벗은 사람, 병든 사람, 감옥에 갇힌 사람은 그 사회에서 성원권을 갖지 못한 사람들입니다. 그들은 비존재나 마찬가지입니다. 이주민들이 늘어나고 난민들이 늘어나고 있습니다. 경계선이 무너지고 새로운 경계가 만들어지고 있습니다. 낯선 이들에 대한 경계심과 적대감이 증대되고 있습니다. 자끄 데리다가 말하는 '절대적 환대'는 불가능한 것으로 보이기도 합니다. 그가 누구인지, 무슨 목적으로 왔는지 묻지 않고 그를 맞아들이기 위해서는 위험을 감수하지 않을 수 없습니다. 절대적 환대가 불가능하다면, '상대적 환대'라도 제도화되었으면 좋겠습니다. 그들을 법에 의해 보호하는 노력이 필요합니다. 예수님은 그런 이들을 소중히 여겨 맞아들이는 사람이라야 하나님 나라에 받아들여질 것이라고 말씀하십니다. 하나님 나라는 기성품으로 주어지는 것이 아니라, 삶의 과정을 통해 함께 형성해 가는 나라입니다. 이사야는 메시아가 도래할 때 이루어질 세상의 모습을 아름답게 그렸습니다.

그 때에는, 이리가 어린 양과 함께 살며, 표범이 새끼 염소와 함께 누우며, 송아지와 새끼 사자와 살진 짐승이 함께 풀을 뜯고, 어린아이가 그것들을 이끌고 다닌다. 암소와 곰이 서로 벗이 되며, 그것들의 새끼가 함께 눕고, 사자가 소처럼 풀을 먹는다. 젖 먹는 아이가 독사의 구멍 곁에서 장난하고, 젖 뗀 아이가 살무사의 굴에 손을 넣는다(사 11:6-8).

이런 세상이 과연 가능할까요? 가능하지 않은 것처럼 보입니다. 그러면 이런 어처구니없는 꿈은 폐기처분해야 할까요? 만약 그렇게 한다면 인간은 희망을 말할 수 없습니다. 믿음은 바라는 것들을 실현하는 것이고, 눈에 보이지 않는 것들을 가시화하는 것입니다. 이런 세상이 불가능하다는 생각에 사로잡힌 이들이 무간지옥을 만듭니다. 중요한 것은 이러한 꿈을 조금씩 살아내는 것입니다. 한완상 박사는 "폭력을 정상적인 것으로 제도화하는 문명과 제국의 삶을 대체할 새로운 삶의 문화를 세워가야 한다"고 말합니다.[16] 경쟁에서 이기기 위해 수단과 방법을 가리지 않는 곳에 남는 것은 불화와 갈등뿐입니다. 새로운 문화를 만드는 길은 하나입니다. 강자의 식성이 변해야 합니다. 한완상 박사는 "사자가 소처럼 풀을 먹는다"는 대목에 주목합니다. 강자가 약자의 주식을 먹어야 비로소 둘 사이의 관계가 아름답게 변할 수 있다는 것입니다. 약자의 주식은 무엇입니까? 덜 갖고, 조금 불편하게 사는 것입니다. 강자들이 다른 이들을 해치면서까지 자기 배를 채우는 삶의 방식을 바꿀 때, 약자들의 형편과 처지를 이해하고 그들을 배려할 때 평화의 세상은 시작됩니다.

세상을 바라보는 방식이 바뀌어야 합니다. 요한복음 9장에는 날 때부터 앞을 보지 못한 사람이 등장합니다. 딱하지만 도울 길이 없다고 생각한 제자들이 주님께 묻습니다. "선생님, 이 사람이 눈먼 사람으로 태어난 것이, 누구의 죄 때문입니까? 이 사람의 죄입니까? 부모의 죄입니까?"(요 9:2) 제자들의 질문에 전제되어 있는 것이 있습니다. 이 사람이 앞을 보지 못하는 것은 누군가의 죄 때문이라는 판단이 이미 서 있습니다. 제자들이 편협한 사람이기 때문이 아니라, 이것이 바로 그 시대를 살아가는 이들이 공유하는 의식입니다. 예수님은 그들의 전제 자체가 잘못되었음을 넌지시 지적하십니다.

> 이 사람이 죄를 지은 것도 아니요, 그의 부모가 죄를 지은 것도
> 아니다. 하나님께서 하시는 일들을 그에게서 드러내시려는 것이다
> (요 9:3).

이 말을 오해하면 안 됩니다. 하나님이 자신의 능력을 드러내기 위해 이 사람을 불행에 빠뜨렸다는 말이 아닙니다. 앞을 보지 못하는 사람이 지금 눈앞에 있습니다. 동일한 대상을 바라보면서도 제자들과 예수님의 시선은 사뭇 다릅니다. 세상에는 신학적으로 해명되기 어려운 일들이 참 많습니다. 신정론의 문제는 정말 다루기 어렵습니다. 처음에 장애를 안고 태어나는 이들도 있고, 중도에 장애인이 되는 이들도 있습니다. 그들이 왜 그런 상황에 처했는지 알기 어렵습니다. 의학적인 설명이 가능한 경우도 있겠지만 그렇지 못할 때가 더 많습니다. 모르는 것은 모르는 것으로 남겨 두어야 합니다. 신학적으로 그런 현실을 설명하고 싶어 하는 이들이 있습니다. 그런 모진 시도가 당사자들의 아픔을 더 크게 한다는 사실을 그들은 고려하지 않습니다.

예수님은 날 때부터 눈먼 사람을 신학적 해석의 대상으로 보지 않습니다. 그를 회복시켜 주는 것이 하나님의 뜻임을 알기 때문입니다. 질문을 바꾸어야 합니다. 해석하고자 하는 욕구를 내려놓고 그의 이웃이 되려는 노력이 필요합니다. 예수님이 계신 곳에서

생명의 기적이 나타나고 억눌렸던 사람들이 자리를 떨치고 일어설 수 있었던 것은 생명을 풍성하게 하려는 주님의 마음과 접속되었기 때문입니다. 오늘 우리가 예수님을 제대로 믿는 사람인지 아닌지를 보려면, 나와 내가 속해 있는 공동체나 교회를 통해 사람들의 생명이 풍성해지고 있는지, 아니면 그 속에 들어가서 오히려 주눅 들고 왜곡되고 억압당하고 기를 펴지 못하는지를 보면 알 수 있습니다. 안타까운 것은 교인이 되었기 때문에 더 편협해지고 작아진 사람도 있다는 사실입니다.

신뢰, 하나님의 손에 맡기는 것

예수님이 하나님을 어떻게 이해하고 있었는지를 보여주는 성경구절을 몇 군데 읽어 보겠습니다.

아버지께서는, 악한 사람에게나 선한 사람에게나 똑같이 해를 떠오르게 하시고, 의로운 사람에게나 불의한 사람에게나 똑같이 비를 내려 주신다(마 5:45).

그러므로 그들을 본받지 말아라. 하나님 너희 아버지께서는, 너희가 구하기 전에, 너희에게 필요한 것이 무엇인지를 알고 계신다(마 6:8).

공중의 새를 보아라. 씨를 뿌리지도 않고, 거두지도 않고, 곳간에 모아들이지도 않으나, 너희의 하늘 아버지께서 그것들을 먹이신다. 너희는 새보다 귀하지 아니하냐?(마 6:26)

너희의 아버지께서 자비로우신 것같이, 너희도 자비로운 사람이
되어라(눅 6:36).

참새 두 마리가 한 냥에 팔리지 않느냐? 그러나 그 가운데서
하나라도 너희 아버지께서 허락하지 않으시면, 땅에 떨어지지
않을 것이다. 아버지께서는 너희의 머리카락까지도 다 세어 놓고
계신다(마 10:29-30).

내 아버지께서 이제까지 일하고 계시니, 나도 일한다(요 5:17).

아들은 아버지께서 하시는 것을 보는 대로 따라 할 뿐이요,
아무것도 마음대로 할 수 없다. 아버지께서 하시는 일은
무엇이든지, 아들도 그대로 한다. 아버지께서는 아들을
사랑하셔서, 하시는 일을 모두 아들에게 보여주시기 때문이다.
또한 이보다 더 큰 일들을 아들에게 보여주셔서, 너희를 놀라게
하실 것이다(요 5:19-20).

나를 보내신 분이 나와 함께하신다. 그분은 나를 혼자 버려두지
않으셨다. 그것은, 내가 언제나 아버지께서 기뻐하시는 일을 하기
때문이다(요 8:29).

세 시쯤에 예수께서 큰소리로 부르짖어 말씀하셨다. "엘리 엘리
라마 사박다니?" 그것은 "나의 하나님, 나의 하나님, 어찌하여
나를 버리셨습니까?"라는 뜻이다(마 27:46).

예수께서 큰소리로 부르짖어 말씀하셨다. "아버지, 내 영혼을 아버지 손에 맡깁니다." 이 말씀을 하시고, 그는 숨을 거두셨다 (눅 23:46).

예수님에게 하나님은 공평하시고, 자비로우시고, 우리의 필요를 아시고, 섬세하게 돌보시고, 창조 사역을 지속하시고, 택한 이들을 홀로 버려두지 않으시고, 때로는 침묵하시지만 끝내 품어 안으시는 분입니다. 십자가 위에서 예수님은 하나님으로부터 버림받은 것 같은 상실감에 잠시 당황하셨지만, 결국 하나님께 자신의 영혼을 맡기셨습니다. 이해할 수 없지만 신뢰하셨기 때문입니다. 프랑스 출신의 수도자인 샤를 드 푸코를 아시는지요? 사하라 사막에서 은수생활을 하다가 알제리 남부로 삶의 터전을 옮겨 투아레그족 사람들과 함께 지냈던 선교사입니다. 그는 그곳에서 이슬람의 문화와 습속을 배우며 원주민들의 좋은 이웃이 되어 살아가다가 불행히도 원주민 반란이 일어나 순교하였습니다. 그의 '의탁의 기도'는 언제 보아도 감동적입니다.

아버지, 이 몸을 당신께 바치오니 좋으실 대로 하십시오. 저를 어떻게 하시든지 감사드릴 뿐, 저는 무엇이나 준비되어 있고 무엇이나 받아들이겠습니다. 아버지의 뜻이 저와 모든 피조물에 이루어진다면 이 밖에 다른 것은 아무것도 바라지 않습니다. 제 영혼을 당신 손에 도로 드립니다. 당신을 사랑하옵기에 이 마음의 사랑을 다하여 하느님께 제 영혼을 바치옵니다. 당신은 제 아버지시기에 끝없이 믿으며 남김없이 이 몸을 드리고 당신 손에 저를 맡기는 것이 어쩔 수 없는 저의 사랑입니다.[17]

믿음은 신뢰입니다. 신뢰는 맡김입니다. 하나님이 일하시는 방식은 우리의 이성으로 이해되지 않을 때가 많습니다. 백 세에 얻은 아들을 바치라 하시면 어찌 당혹스럽지 않겠습니까? 하나님의 꿈을 가슴에 품고 살던 예언자들과 사도들의 운명을 떠올려 보아도 그렇습니다. 그들의 삶은 곤고하기 이를 데 없었습니다. 바울은 예수님을 길로 삼은 이들에게 두 가지 특권이 주어진다고 말합니다. 하나는 그리스도를 믿는 것이고, 다른 하나는 그리스도를 위하여 고난을 받는 것입니다(빌 1:29). 하나님을 믿는다는 것이 꽃길만 걷는 것이 아님을 알 수 있습니다. 함석헌 선생의 「지독한 아버지」라는 시에는 하나님의 뜻대로 살다가 시련을 겪은 사람들의 심정이 고스란히 담겨 있습니다. 조금 길지만 천천히 읽어 보겠습니다.

아버지로라시더니,
사랑하는 아들이라 날 부르시더니,
온 세상 둘러서서 이 나를 몰아치는데,
본 체도 않으시노나,
인정 없는 하나님!

모든 것 다 내게 주신다더니,
새 봐라, 꽃을 봐라, 걱정 말라 하시더니,
넓으나 넓은 천지에 머리 둘 곳 하나 없고,
마지막 기도 터에서 날 잡아 넘기시노나,
잊지 못할 하나님!

온 세상을 건지라시면서,

너 영접이 내 영접이라 알려주시면서,
믿었던 열두 마음 열두 방향으로 흩어지고,
내 기른 강아지 내 발꿈치를 물게 하시니,
알 수 없는 하나님!

구하면 주신다더니,
주시기 전 받은 줄 알라시더니,
피땀 흘려 앙탈하건만 죽음의 쓴 잔
기어이 기어이 내 입에 쏟아넣고야 마시는,
지독한 지독한 하나님!

엘리 엘리 불러도,
나를 버리시나이까 애걸해도,
대답도 않고 소리도 없고,
가엾은 여자들만 울어 식은 심장에 칼질을 하노나,
야속도 야속도 한 하나님!

그래,
그러라지!
그래요, 좋아요!
나 죽어 하나님 좋으실 거야요!
당신 면목도 좋고 맘도 시원하시고!

이 나 죽어 파리한 시체 들개가 뜯고
당신 향해 하소연하던 눈 까막까치 파먹고,

내 대적, 또 당신 대적 손뼉치고 비웃고,

나 따르던 것들 지렁이처럼 흙 속에 울면

당신 맘 기쁘지 통쾌하시지!

아닙니다 아닙니다

그럴 나는 아닙니다

그럴 나거든이야

나를 아들이라 부르셨사오리까?

내 비록 죽기로서 아버지 아니시오리까?

주신 세계보다야

주시는 아버지 맘 더 아니 크니까?

안겨주신 사랑보다야

안겨주시는 아버지 사랑이 더 아니 높으니까?

내 무엇을 아껴 무엇에 잡혀 아버지 모르리까?

주셨던 것 빼앗음

그보다 더 크란 무한한 사랑 아니리까?

믿었던 것 깨어짐

그보다 더 높으란 영원한 거룩 아니리까?

크리다, 높으리다, 하늘처럼, 아버지처럼[18]

「지독한 아버지」라는 제목이 이미 도발적입니다. 아버지 하면 떠오르는 이미지는 우리의 든든한 울타리가 되어 주시는 분입니다. 어려운 일이 생길 때마다 태산처럼 굳건하게 서서 흔들리는 우리 마음을 붙들어 주시는 존재 말입니다. 그러나 하나님 아버지는 우리의 모든 문제를 해결해 주는 해결사Deus ex Machina가 아닙니다. 5연에 이르기까지 하나님은 "인정 없는 하나님", "잊지 못할 하나님", "알 수 없는 하나님", "지독한 하나님", "야속한 하나님"으로 표현되고 있습니다. 아프고 아립니다. 그런데 이 모든 표현이 거친 투정처럼 보이지만 이상하게도 저속하거나 불경하게 느껴지지 않습니다. 6연과 7연에는 슬쩍 하나님에 대한 원망이 묻어나옵니다. 왜 안 그렇겠습니까? 8연은 마치 도리질하듯 그런 생각을 떨쳐내고 오히려 하나님에 대한 깊은 신뢰를 드러냅니다. 시인은 십자가를 더 커지라는 사랑의 요구로 받아들입니다. "크리다, 높으리다, 하늘처럼, 아버지처럼"이라는 마지막 구절은 우리 시선을 장엄한 세계로 이끕니다.

정답을 알 수 없는 현실 속에서

우리 시대의 어둠이 깊습니다. 도처에서 전쟁이 벌어지고 있고 무고한 어린이들과 여성들이 죽고 있습니다. 18세기에 칸트가 세계의 모든 국가가 공화주의를 채택한다면 영구한 평화가 가능할 것이라 말했습니다만, 그것은 그야말로 원망 사고에 지나지 않는 것 같습니다. 평범한 행복이 영원히 유보된 것처럼 보일 때 사람은 절망합니다. 전쟁터에서만이 아닙니다. 산업의 현장에서 안전조치가 미흡하여 노동자들이 죽어갑니다. 이익에 대한 관심이 사람에 대한 존중을 압도할 때 세상은 보이지 않는 전장이 됩니다. 불의한 현실에 오래 노출되다 보면 우리는 다소 무감각해집니다. 불의에 대해 분노하지 않게 된다는 말입니다. 도스토옙스키의 『까라마조프 씨네 형제들』에 나오는 무신론자 이반은 매우 예민한 사람입니다. 그는 의미 있는 고통이 있다는 사실을 부인하지 않습니다. 조금 더 조화로운 세상을 만들기 위해 스스로 고통을 짊어지는 사람들이 있습니다. 예수 그리스도의 십자가는 그 극단적 예라 할 수 있습니다. 하지만 이반이 도무지 이해할 수도 없고 견딜 수도 없는 고통이 있습니다. 무고한 어린이들이 겪는 고통입니다. 그는 보상받지 못하고 버려진 아이의 눈물이 부조리하다고 느낍니다. 그리고 절규하듯 말합니다.

> 난 용서하고 싶고 포옹하고 싶어. 나는 더 이상 사람들이 고통을 겪는 것을 원치 않아. 그리고 만일 어린애들의 고통으로 진리를 구입하는 데 드는 꼭 필요한 고통의 총액을 보충해야 한다면, 나는 미리 단언해 두는 바이지만, 진리 전체도 그만한 가치가 없다는 거야. 그리고 그 어머니가 사냥개들을 풀어 자기 아들을 물어 죽게 한 그 가해자를 포옹하지도 않았으면 좋겠어! 그 어머니도 그자를 용서할 수 없을 테니까! 만일 용서하고 싶으면 자기 몫만 용서하면 되고, 어머니로서의 끝없는 고통에 대해서만 가해자를 용서하면 되는 거야. 그러나 그녀는 갈가리 찢겨 죽은 아이의 고통에 대해서는 압제자를 용서할 권리도 없고, 감히 용서할 수도 없는 거야. 그애 스스로가 그자를 용서한다고 치더라도 말이야! 그런데 만일 그렇다면, 만일 그들이 용서할 수 없다면 조화란 어느 곳에 있을까? 그렇다면 이 세상에 용서할 수 있고 용서할 권리를 가진 사람은 존재하는 걸까? 나는 조화를 원치 않아, 인류에 대한 사랑 때문에 원치 않는단 말이야. 난 차라리 보상받지 못한 고통과 함께 남고 싶어. 비록 내 생각이 틀렸다고 하더라도 차라리 보상받지

못한 고통과 해소되지 못한 분노를 품은 채 남을 거야. 게다가
조화의 값이 너무 비싸서 내 주머니로는 입장료를 도저히 지불할
수 없단 말이야. 그래서 나는 서둘러 입장권을 되돌려 보내 주는
거야. 만일 내가 정직한 사람이라면 가능하면 빨리 그걸
돌려보내야 한다고. 나는 그렇게 생각하고 있어. 신을 받아들이지
않는다는 것이 아니야, 알료샤. 난 그저 입장권을 정중히
돌려보내는 것뿐이야.

이반은 어린아이 하나의 고통을 덜어 줄 수 없는 진리라면 무
가치하다고 말합니다. 아이들을 처참한 죽음으로 내몬 이들을 용서
해서도 안 된다는 것입니다. 설사 그 아이의 어머니라 해도 용서의
권한은 없습니다. 이반은 값싼 조화를 택하는 대신 보상받지 못한
분노를 품고 살겠다면서 신에게 조화로운 세상의 입장권을 돌려보
내겠다고 말합니다. 형의 이야기를 듣던 알료샤는 큰 충격을 받습
니다. 그리고 남을 용서할 수 있고 그런 권리를 가진 사람이 존재할
수 있냐고 물었던 이반에게 그런 분은 존재한다고 말합니다.

그런 분은 존재하십니다. 그분은 모든 것을, 그리고 '모든 것에
대해서' 사람들이든 어떤 죄악이든 용서하실 수 있어요. 왜냐하면
그분은 모든 사람을 대신해서 그리고 모든 것을 대신해서 무고한
피를 스스로 내놓으셨기 때문이죠. 형은 그분을 잊고 계시지만,
건물은 그분을 토대로 만들어졌고 사람들은 그분을 향해 "주여,
당신이 옳았나이다. 이는 당신의 길이 열렸기 때문입니다"라고
외칠 거예요.[19]

두 세계관이 충돌하고 있습니다. 이반은 굳이 알료샤의 세계를 부정할 생각은 없습니다. 다만 그에게 새로운 생각의 단초를 던져 주려 합니다. 바로 이 대목에서 이반이 알료샤에게 들려주는 것이 바로 그 유명한 '대심문관' 이야기입니다. 종교 재판관에 의해 이단이나 마녀로 낙인찍힌 이들을 태우는 장작불이 활활 타오르던 16세기 스페인의 세비야를 배경으로 한 이반의 서사시입니다. 이미 권력으로 변한 기독교 세계는 재림한 예수를 맞아들이기는커녕 그를 추방하고 만다는 내용입니다. 한밤중에 지하 감옥에 갇힌 예수를 찾아온 대심문관은 광야에서 사탄에게 시험을 받을 때 주님이 단호하게 거절했던 기적과 신비와 교권이야말로 대중들이 간절히 원하는 것이라고 말합니다. 예수는 자유를 감당할 능력도 의사도 없는 사람들에게 자유를 안겨 줌으로 그들을 더욱 힘들게 만들었다는 것입니다. 이 심각한 대목을 찬찬히 톺아볼 시간이 없는 것이 유감입니다.

그럼에도 한 가지만은 더 언급하고 넘어가야 하겠습니다. 하나님은 자비롭고 은혜로우시며 노하기를 더디 하시는 분이지만, 동시에 질투하시고 분노하시는 분이기도 합니다. 예언자들은 역사를 바라보며 분노하시는 하나님의 정념pathos에 사로잡힌 사람들입니다. 예언서는 사람들에게 잘 읽히지 않습니다. 다양한 역사적 배경을 이해하기도 어렵고, 묵시록적 언어들도 쉽게 다가오지 않기 때문입니다. 그러나 좀 더 심층적인 이유는 그 메시지의 급진성이 부담스럽기 때문일 것입니다.

이 백성 가운데 어느 한 사람이나 예언자나 제사장이 너에게 와서 '부담이 되는 주님의 말씀'이 있느냐고 묻거든, 너는 그들에게

대답하여라. '부담이 되는 주님의 말씀'이라고 하였느냐? 나 주가
말한다. 너희가 바로 나에게 부담이 된다. 그래서 내가 이제
너희를 버리겠다 말하였다고 하여라(렘 23:33).

예언자들은 언약을 파기하고 우상을 섬기고 이웃을 수단으로
삼는 사람들, 특히 기득권자들에 대한 하나님의 분노를 직접적인
언어로 전합니다. 힘을 숭상하는 이웃 나라들에 대한 준엄한 심판
을 예고하기도 합니다.

악한 궁리나 하는 자들, 잠자리에 누워서도 음모를 꾸미는 자들은
망한다! 그들은 권력을 쥐었다고 해서, 날이 새자마자 음모대로
해치우고 마는 자들이다. 탐나는 밭을 빼앗고, 탐나는 집을
제 것으로 만든다. 집 임자를 속여서 집을 빼앗고, 주인에게 딸린
사람들과 유산으로 받은 밭을 제 것으로 만든다(미 2:1-2).

너희는 망한다! 상아 침상에 누우며 안락의자에서 기지개 켜며 양
떼에서 골라잡은 어린 양 요리를 먹고, 우리에서 송아지를 골라
잡아먹는 자들, 거문고 소리에 맞추어서 헛된 노래를 흥얼대며,
다윗이나 된 것처럼 악기들을 만들어 내는 자들, 대접으로
포도주를 퍼마시며, 가장 좋은 향유를 몸에 바르면서도 요셉의
집이 망하는 것은 걱정도 하지 않는 자들, 이제는 그들이 그 맨
먼저 사로잡혀서 끌려갈 것이다. 마음껏 흥청대던 잔치는
끝장나고 말 것이다(암 6:4-7).

오늘 우리는 우리를 세심하게 보살피시는 하나님의 이미지에

집착하면서, 역사를 바라보며 분노하시고 심판하시는 하나님은 잊고 있는 것이 아닌지 돌아보아야 합니다.

세상에는 여전히 짙은 어둠이 드리워 있습니다. "하나님이 계시다면 어떻게 이런 일이 일어날까?" 사람들은 대답이 없는 줄 알면서도 이 질문을 던집니다. 정답을 모르면서도 하나님을 믿고 신뢰할 수 있을까요? 신뢰해도 좋은 것일까요? 정답이 없다 하여 인생을 포기할 수도 없습니다. 삶이란 결국 선택입니다. 부조리한 세상에 부딪혀 난파할 수도 있고, 그 세상을 뚫고 나아가 더 나은 세계에 이를 수도 있습니다. 세상의 무의미성에 짓눌린 채 숙명론자가 되어 살 수도 있고, 숙명의 당기는 힘에 저항하면서 새로운 삶을 향해 도약할 수도 있습니다. 나희덕 시인의 「가능주의자」라는 시가 세상의 어둠에 질린 우리에게 길라잡이가 되어 줄지도 모르겠습니다.

나의 사전에 불가능이란 없다,
그렇다고 제가 나폴레옹처럼 말하려는 건 아닙니다

오히려 세상은 불가능들로 넘쳐나지요
오죽하면 제가 가능주의자라는 말을 만들어냈겠습니까
무엇도 가능하지 않은 듯한 이 시대에 말입니다

나의 시대, 나의 짐승이여,
이 산산조각난 꿈들을 어떻게 이어붙여야 하나요
부러진 척추를 끌고 어디까지 가야 하나요
어떤 가능성이 남아 있기는 한 걸까요

그럼에도 불구하고,

저는 가능주의자가 되려 합니다
불가능성의 가능성을 믿어보려 합니다

큰 빛이 아니어도 좋습니다
반딧불이처럼 깜빡이며
우리가 닿지 못한 빛과 어둠에 대해
그 어긋남에 대해
말라가는 잉크로나마 써나가려 합니다

나의 시대, 나의 짐승이여,
이 이빨과 발톱을 어찌하면 좋을까요
찢긴 살과 혈관 속에 남아 있는
이 핏기를 언제까지 견뎌야 하는 것일까요

그럼에도 불구하고,

아직 무언가 가능하다고 말하는 사람이 되는 것은
어떤 어둠에 기대어 가능한 일일까요
어떤 어둠의 빛에 눈멀어야 가능한 일일까요

세상에, 가능주의자라니, 대체 얼마나 가당찮은 꿈인가요[20]

믿음의 본질을 그대로 보여주고 있는 시입니다. 우리 시대는 야만의 시대처럼 보입니다. 사람들은 이빨과 발톱으로 서로를 물고 할큅니다. 욕망의 전장에서 패배하지 않으려고 발버둥치는 동안 내면에서 온기가 사라지고 있습니다. 타자들을 바라보는 시선이 날카롭기만 합니다. 여백이 없는 말들이 횡행하며 다른 이들의 가슴에 상처를 남깁니다. 내가 살기 위해 다른 이들을 벼랑 끝으로 내모는 일에 주저함이 없습니다. 적대감이 넘칩니다. 기후 재앙이 현실이 되고 있지만, 사람들은 큰일이라고 말하면서도 소비 중심의 생활방식을 바꾸려 하지 않습니다. 폭염과 한파가 예기치 않은 장소에 찾아오고, 산불의 빈도수와 규모도 점점 커지고 있습니다. 빙하가 녹으면서 해수면이 상승하여 섬지역이나 연안도시들이 위기에 처해 있습니다. 물 부족 또한 심각합니다. 생활용수는 물론이고 산업용수도 부족합니다. 지하수를 많이 사용해서 지구의 자전축이 흔들리고 있다는 묵시론적 보고도 나왔습니다. 식량 부족 문제 역시 지구촌의 평화를 위협하는 요인이 될 것이 분명합니다. 코로나19 사태가 우리에게 경고한 대로 전염병도 더 자주 창궐할 것입니다.

오늘의 시대를 가리켜 '인류세'Anthropocene라고 칭하는 이들도 있습니다. 인류가 지구 지질이나 생태계에 미친 영향에 주목하여 제안된 지질 시대 구분 중 하나로, 인간의 활동으로 인해 지구에 돌이킬 수 없는 재앙이 닥쳐올 것이라는 음울한 경고입니다. 인류세라는 용어가 파탄의 책임 주체를 모호하게 한다 생각하여 '자본세'Capitalocene라는 말을 대신 사용해야 한다고 주장하는 이들도 있습니다. 탐욕적인 자본주의가 자연과 노동력을 착취한 결과가 오늘의 현실이라는 것입니다. 자본세를 우려의 시선으로 바라보는 이들은 이런 사회가 결국 파시즘으로 넘어갈 수도 있다고 경고합니다.

악마에 사로잡힌 돼지 떼가 비탈길을 내리달아 바다에 빠져 죽는 것으로 귀결되는 거라사 광인의 이야기는 우리 시대에 대한 적절한 경고가 아닌가 싶습니다. 멈출 수 있을까요? 세상에는 가능한 것보다 불가능한 것들이 더 많은 것 같습니다. 시인은 그래도 몸부림을 쳐 보아야 한다고 말합니다. 말라가는 잉크로나마 빛과 어둠에 대해 말해야 한다고 말합니다. 이것이 시인의 소명인지도 모르겠습니다. 시인은 다른 세계를 상상하는 사람입니다. 그런 의미에서 예수님도 시인이었고 예언자들도 시인이었습니다.

나희덕 시인은 불가능이 넘쳐나는 세상에서 살아가기 위해 가능주의자라는 말을 만들었습니다. 믿는 이들조차 절망의 어둠에 유폐된 채 허둥대는 세상에서 그는 가능주의자가 되기로 작정한 것입니다. 라인홀드 니버는 믿음을 '불가능의 가능성'impossible possibility으로 설명합니다. 아가페적 사랑은 현실 속에서 거의 불가능한 것처럼 보이지만 우리는 그 세계로 초대받았습니다. 그 지향이 우리 삶을 가치 있게 만듭니다. 시인은 불가능에 짓눌려 살기보다는 실낱같은 가능성조차 포기하지 않겠다고 다짐하고 있습니다. 어둠을 직시한 사람만 할 수 있는 결단입니다. 바로 이것이 부활을 믿는 이들의 삶이 아닐까요?

하나님 안에서, 하나님과 함께, 하나님을 향하여

우리가 할 수 있는 일은 아주 작습니다. 그러나 반딧불이 하나의 깜빡임도, 그런 희미한 빛 하나 만드는 것도 소중합니다. 반딧불이 하나는 연약하지만 반딧불이들이 모여 함께 깜빡거리면 사람들은 꿈을 꾸기 시작합니다. 새로운 세상은 이런 꿈꾸는 이들을 통해 열립니다. 가당찮은 꿈이라 하여 웃어넘기는 것이 아니라, 그 꿈의 실현을 위해 애쓸 때 삶의 비애는 줄어들 것입니다. 우리는 하나님 안에서 태어났고, 하나님과 함께 인생의 길을 걸어가고 있으며, 우리가 가는 궁극적인 지점은 하나님을 향하여 가는 것입니다. "당신을 향해서 살도록 창조하셨으므로 우리 마음이 당신 안에서 안식할 때까지는 편안하지 않습니다."[21] 우리 마음은 불안에 시달리고 때때로 흔들리지만, 하나님을 향하도록 지음받은 우리가 대지에 발을 굳게 딛고 하나님을 향하여 나아가게 될 때 희망이 이 세상에 유입되리라 생각합니다. 하나님은 파악될 수 있는 분은 아니지만 순간순간 시간 속에서 우리와 동행하며 사건을 일으키시는 분이고, 그 사건을 통해 평화의 나라가 서서히 우리에게 다가올 것입니다.

강의를 마치며 마지막으로 케테 콜비츠의 「죽은 아들을 안고 있는 어머니」라는 작품을 보겠습니다. 독일 프롤레타리아 회화의 선구자인 콜비츠는 양차 세계대전에서 아들과 손자를 잃고 매일이 칼날 위에 서 있는 아픔이었을 형벌의 시간을 위대한 예술로 승화한 모성의 예술가로 알려져 있습니다. 콜비츠는 노동자의 삶을 진솔하게 표현한 판화가였으며, 사회적 약자를 따뜻한 시선으로 바라보고 사회의 비리를 고발한 뛰어난 통찰력의 소유자였습니다.[22] 1941년 일기에 "씨앗들이 짓이겨져서는 안 된다"는 괴테의 말을 인용해 유언으로 남긴 그녀는, 결국 전쟁이 끝나는 것을 보지 못한 채 눈을 감습니다. 1993년 독일이 통일되고 나서 전쟁 희생자를 추모하기 위해 노이에 바헤를 개관하면서 콜비츠가 남긴 피에타 조각상을 확대하여 설치했습니다. 하나님을 믿는 사람으로 산다는 것은 이 조각상처럼 세상의 아픔과 고통을 부둥켜안는 것이 아닌가 생각합니다.

인자는 섬김을 받으러 온 것이 아니라 섬기러 왔으며, 많은 사람을 위하여 자기 목숨을 몸값으로 치러 주려고 왔다(마 20:28).

예수님의 이 말씀이 우리의 지향이 되어야 합니다. 비극적 현실 속에서도 인간답기를 포기하지 않는 이들이 늘어나야 합니다. 『까라마조프 씨네 형제들』에서 친부 살해 혐의로 투옥된 미쨔는 자기를 찾아온 동생 알료샤에게 하나님이 존재하지 않는다면 인간은 선을 실천할 수도 없고, 누군가를 사랑하거나 감사할 수도 없을 것이라고 말합니다. 인류는 하나님 없이도 사랑할 수 있다는 주장을 그는 믿을 수 없다고 말합니다. 무신론적인 세계이지만 하나님이 안 계신 세상을 상상하기란 어렵습니다. 하나님의 초월적인 사랑이 중심으로 우뚝 서지 않는다면 인류는 결국 길을 잃고 방황하지 않을까요? 바다에 사는 물고기들이 바다의 존재를 모르듯, 우리는 하나님 안에 있으면서도 하나님을 찾고 있는지도 모릅니다. 하나님 안에서, 하나님과 함께, 하나님을 향하여 나아가는 우리의 발걸음이 닿는 곳마다 생명과 평화가 움터 나오면 좋겠습니다. 고맙습니다.

케테 콜비츠, 「죽은 아들을 안고 있는 어머니」, 1937-1938, 독일 노이에 바헤. ⓒ Jim Monk

주
|

서문

1 Thomas Merton, *Love and Living*(HarperOne, 2002), 27.

첫 번째 강의 | 인간이라는 수수께끼

1 최승호, 『세속도시의 즐거움』(세계사, 1990), 11.
2 아브라함 J. 헤셸, 『예언자들』, 이현주 옮김(삼인, 2004), 26.
3 칼 세이건, 『코스모스』, 홍승수 옮김(사이언스북스, 2006).
4 칼 세이건, 『창백한 푸른 점』, 현정준 옮김(사이언스북스, 2001).
5 같은 책, 26.
6 임철규, 『그리스 비극』(한길사, 2018), 343-344.
7 요한 볼프강 폰 괴테, 『파우스트 1·2』, 정서웅 옮김(민음사, 1999).
8 임마누엘 칸트, 『순수이성비판 1·2』, 백종현 옮김(아카넷, 2006).
9 임마누엘 칸트, 『실천이성비판』, 백종현 옮김(아카넷, 2009).
10 임마누엘 칸트, 『판단력비판』, 백종현 옮김(아카넷, 2009).
11 이청준, 『벌레 이야기』(심지, 1988), 29-30.
12 같은 책, 38-39.
13 어거스틴, 『성 어거스틴의 고백록』, 선한용 옮김(대한기독교서회, 2019), 45.
14 호메로스, 『오뒷세이아』, 이준석 옮김(아카넷, 2023).
15 오규원, 『오규원 시 전집 1』(문학과지성사, 2002), 89.
16 디트리히 본회퍼, 『옥중서신-저항과 복종』, 김순현 옮김(복 있는 사람, 2016), 333-335.
17 김광규, 『우리를 적시는 마지막 꿈』(문학과지성사, 1979), 19.
18 아브라함 J. 헤셸, 『누가 사람이냐』, 이현주 옮김(종로서적, 1988), 28.
19 N. K. 샌다즈, 『길가메시 서사시』, 이현주 옮김(범우사, 2000).

20 칼 세이건, 『코스모스』, 홍승수 옮김(사이언스북스, 2006), 36.

21 윤동주, 『윤동주 시집』(범우사, 1996), 77.

22 라이너 마리아 릴케, 『기도 시집』, 김재혁 옮김(세계사 1992), 11.

23 김춘수, 『꽃을 위한 서시』(미래사, 2002), 55.

24 미하엘 엔데, 『모모』, 한미희 옮김(비룡소, 1999).

25 나태주, 『꽃을 보듯 너를 본다』(지혜, 2015), 74.

두 번째 강의 | 하나님 안에서 태어나다

1 박노정, 『운주사』(펄북스, 2015), 40.

2 단테 알리기에리, 『신곡』, 한형곤 옮김(서해문집, 2005), 703-704.

3 윤동주, 『윤동주 시집』(범우사, 1996), 46.

4 어거스틴, 『성어거스틴의 고백록』, 성한용 옮김(대한기독교서회, 2019), 83-84.

5 카를로 콜로디, 『피노키오』, 김홍래 옮김(시공주니어, 2004).

6 메리 셸리, 『프랑켄슈타인』, 김선형 옮김(문학동네, 2012).

7 정현종, 『한 꽃송이』(문학과지성사, 1992), 112.

8 표도르 도스토옙스키, 『까라마조프 씨네 형제들 (중)』, 이대우 옮김(열린책들, 2009), 714.

9 사뮈엘 베케트, 『고도를 기다리며』, 오증자 옮김(민음사, 2000), 133.

10 아브라함 J. 헤셸, 『누가 사람이냐』, 이현주 옮김(종로서적, 1988), 47, 57-58.

11 함석헌, 『수평선 너머』(한길사, 2009), 289-290.

12 마르셀 프루스트, 『잃어버린 시간을 찾아서』, 김희영 옮김(민음사, 2012-2022).

13 호메로스, 『일리아스』, 이준석 옮김(아카넷, 2023).

14 구상, 『오늘서부터 영원을』(홍성사, 2011), 24.

15 지그문트 바우만, 스타니슬라우 오비렉, 『신과 인간에 대하여』, 조형준 옮김(동녘, 2016), 14.

16 호메로스, 『오뒷세이아』, 이준석 옮김(아카넷, 2023), 229.

17 헤로도토스, 『역사』, 천병희 옮김(도서출판 숲, 2009).

18 남영우, 『땅의 문명』(문학사상, 2018), 102-103.

19 이승우, 『사랑이 한 일』(문학동네, 2020), 25.

20 같은 책, 31.

21 같은 책, 147-149.

세 번째 강의 | 하나님과 함께 걸어가다

1 루돌프 불트만, 『학문과 실존 1』, 허혁 옮김(성광문화사, 1980), 97.
2 소포클레스, 『소포클레스 비극』, 천병희 옮김(단국대학교출판부, 2007), 110.
3 나희덕, 『말들이 돌아오는 시간』(문학과지성사, 2014), 84-85.
4 피에르 쌍소, 『느리게 산다는 것의 의미』, 김주경 옮김(동문선, 2000), 106.
5 김현경, 『사람, 장소, 환대』(문학과지성사, 2015), 193.
6 랍비 조너선 색스, 『랍비가 풀어내는 창세기』, 김대옥 옮김(한국기독교연구소, 2023), 66.
7 이승우, 『사랑이 한 일』(문학동네, 2020), 108-109.
8 표도르 도스토옙스키, 『죽음의 집의 기록』, 이대우 옮김(열린책들, 2009), 50.
9 맹자, 고자장구下15, "故로 天將降大任於是人也신댄 必先苦其心志하며 勞其筋骨하며 餓其體膚하며 空乏其身하여 行拂亂其所爲하나니 所以動心忍性하여 增益其所不能이니라."
10 맹자, 『오늘을 읽는 맹자』, 임자헌 옮김(루페, 2019), 357-359.
11 이재무, 『온다던 사람 오지 않고』(문학과지성사, 1995), 76.

네 번째 강의 | 하나님을 향하여 나아가다

1 표도르 도스토옙스키, 『죄와 벌 1·2』, 김연경 옮김(민음사, 2012).
2 파트마삼바바, 『티벳 사자의 서』, 류시화 옮김(정신세계사, 1995).
3 테오도르 모노, 『사막의 순례자』, 안-바롱 옥성, 안인성 옮김(현암사, 2003), 71.
4 구상, 『오늘서부터 영원을』(홍성사, 2011), 26.
5 메리 올리버, 『기러기』, 민승남 옮김(마음산책, 2021), 32.
6 토머스 머튼, 『새 명상의 씨』, 오지영 옮김(가톨릭출판사, 2023), 57.
7 한용운, 『님의 침묵』(미래사, 1991), 55.
8 아브라함 J. 헤셸, 『사람을 찾는 하느님』, 이현주 옮김(한국기독교연구소, 2007), 73.
9 라오서, 『루어투어 시앙쯔』, 최영애 옮김(통나무, 1992), 495.
10 도종환, 『담쟁이』(시인생각, 2012), 47.
11 한나 아렌트, 『예루살렘의 아이히만』, 김선욱 옮김(한길사, 2006).
12 토마스 만, 『요셉과 그 형제들 6』, 장지연 옮김(살림, 2001), 751-752.
13 어거스틴, 『성 어거스틴의 고백록』, 성한용 옮김(대한기독교서회, 2019), 47.
14 같은 책, 48.
15 강석경, 『숲속의 방』(민음사, 2009).
16 최인훈, 『광장/구운몽』(문학과지성사, 2008); 『회색인』(문학과지성사, 2008).

1   마르틴 하이데거,『존재와 시간』, 이기상 옮김(까치, 1998).
2   어거스틴,『성 어거스틴의 고백록』, 선한용 옮김(대한기독교서회, 2019), 45.
3   「산타루치아」, 이탈리아 민요.
4   니코스 카잔차키스,『그리스인 조르바』, 이윤기 옮김(열린책들, 2009), 156.
5   리처드 P. 하디,『無에의 追求』, 대구가르멜수녀원 옮김(분도출판사, 1986), 93에서 재인용.
6   켄 가이어,『영혼의 추적자』, 김동완 옮김(복 있는 사람, 2012), 215-216에서 재인용.
7   알렉산드르 솔제니친,『수용소군도 1-6』, 김학수 옮김(열린책들, 2020).
8   빅터 프랭클,『죽음의 수용소에서』, 이시형 옮김(청아출판사, 2020).
9   임레 케르테스,『운명』, 유진일(민음사, 2016);『좌절』, 한경민 옮김(민음사, 2018); 『태어나지 않은 아이를 위한 기도』, 이상동 옮김(민음사, 2022).
10 장 아메리,『죄와 속죄의 저편』, 안미현 옮김(도서출판 길, 2012).
11 유제프 차프스키,『무너지지 않기 위하여』, 류재화 옮김(밤의책, 2021).
12 장 아메리,『죄와 속죄의 저편』, 안미현 옮김(도서출판 길, 2012), 80.
13 같은 책, 91.
14 한용운,『님의 침묵』(미래사, 1991), 12.
15 송천성,『대자대비하신 하느님』, 이덕주 옮김(분도출판사, 1985).
16 한완상,『예수 없는 예수 교회』(김영사, 2008), 264.
17 샤를 드 푸코,『사하라의 불꽃』, 조안나 옮김(바오로딸, 2022), 59.
18 함석헌,『수평선 너머』(한길사, 2009), 398-400.
19 표도르 도스토옙스키,『까라마조프 씨네 형제들 상』, 이대우 옮김(열린책들, 2009), 546-548.
20 나희덕,『가능주의자』(문학동네, 2021), 100-101.
21 어거스틴,『성 어거스틴의 고백록』, 선한용 옮김(대한기독교서회, 2019), 45.
22 유리 빈터베르크, 소냐 빈터베르크,『케테 콜비츠 평전』, 조이한, 김정근 옮김(풍월당, 2022).